基于网络经济视角的研究

现代企业运营管理体系

第二版

高静波 / 著

MODERN ENTERPRISE
OPERATIONS MANAGEMENT
SYSTEM

经济管理出版社
ECONOMY & MANAGEMENT PUBLISHING HOUSE

图书在版编目（CIP）数据

现代企业运营管理体系 / 高静波著. —2版. —北京：经济管理出版社，2012.12
ISBN 978-7-5096-2246-9

Ⅰ．①现… Ⅱ．①高… Ⅲ．①企业管理－管理信息系统－研究 Ⅳ．①F270.7

中国版本图书馆CIP数据核字(2012)第288029号

组稿编辑：孟书梅
责任编辑：傅　平
责任印制：黄　铄
责任校对：超　凡

出版发行：经济管理出版社
　　　　　（北京市海淀区北蜂窝8号中雅大厦A座11层　100038）
网　　址：www.E-mp.com.cn
电　　话：(010)51915602
印　　刷：三河市延风印装厂
经　　销：新华书店
开　　本：720mm×1000mm/16
印　　张：19.75
字　　数：323千字
版　　次：2013年1月第2版　2013年1月第1次印刷
书　　号：ISBN 978-7-5096-2246-9
定　　价：35.00元

前　言

　　进入 21 世纪，随着以经济全球化、全球网络化为特征的网络经济时代的来临，互联网带来了时空观念、生产方式的根本性变革，它也必然会对企业的运营管理体系、运营管理理论和运营管理实践产生全方位的影响，新的运营管理理论正在不断形成。

　　网络经济是指基于互联网进行交易和运行的经济。网络经济与传统经济相比，互联网成为经济运行的基础技术平台和信息沟通平台，电子商务是网络经济的核心，由此形成了一个遍及全球的计算机网络虚拟空间。客户主导市场，速度成为企业竞争的核心要素，知识和信息成为经济发展的主要驱动因素，从而引起了企业运营模式、管理方式和管理方法的创新，并由此引发了企业运营管理体系的一系列变革。本书的研究对象是与战略管理相对应的广义运营管理概念下的运营管理体系。本书认为，网络经济时代的企业运营管理是指在企业总体发展战略的指导下，以互联网为运营基础设施，以电子商务为主要形式，面向企业的产业价值链管理过程，具体来说，是为了快速响应消费者的需求，对企业为消费者进行价值生产和传递的全过程，包括市场营销、产品销售、研究与开发、生产协作、物流配送、售后服务的全过程进行计划、协调、控制的管理过程。为了区别于传统的基于生产职能的狭义运营管理概念，我们将该概念下的运营管理体系称为"全方位运营管理体系 TOMS"（Total Operations Management System）。全方位运营管理体系以信息流为核心，面向产业价值链运作的全过程，构筑了企业与客户、供应商及其合作伙伴的整体价值网体系。

　　本书构筑了一个概念性的全方位运营管理体系框架，以研究运营管理体系的变革与发展趋势，也就是从运营管理体系中的四个基本要素即运营目标体系（Goal）、运营支撑体系（Support）、运营平台体系（Platform）和运营控制体系（Control）进行观察和分析。根据价值链理论和虚拟价值链理论，企业的价值创造活动分为基本活动和支援活动，基本活动是直接的产品生产和顾客价值传递，包括研究与开发、物料采购与供应、生产制造、营销和服务活动，它们构成了全方位企业运营的平台体系，形成企业的能力基础；支援活动是支持基本活动的活动，包括企业组织管理、财务管理、人力资源和信息管理，形成企业的资源基础，这些支援活动构成了全方位运营管理体系的支撑体系；通过对企业运营平台体系和支撑体系的控制活动而形成的控制体系来实现企业的运营目标体系。

　　笔者认为，狭义运营管理体系的核心是对生产系统的管理，主要目标是利用资源生产出合格的产品和服务，并作为与市场营销、财务管理相对应的一项职能管理；而全方位运营管理体系的核心是对企业整个产业价值链系统的管理，其主要目标是满足用户需要、为企业创造利润，是与企业战略管理相对应的日常基础管理，运营管理贯穿企业为客户创造和传递价值的产业价值链全过程，是对传统狭义运营管理体系概念的扩展与整合。网络经济时代竞争的核心要素是速度，而实现速度竞争的途径是基于电子商务平台的精准管理模式，全方位运营管理体系的构筑就是实现精准管理模式。本书突破了基于"运营战略、运作系统设计、运作过程管理、运作系统设计与改进"的关于运营管理体系的思维模式，打破了按照职能模块讨论运营管理机制体系的传统理论框架，按照基于产业价值链系统的价值创造过程提出了"客户目标—支撑资源—运营平台—管理控制"的运营体系思维模式，尝试建立了企业"GSPC"运营管理体系的基本框架，即G——Goal 基于客户价值导向的运营目标体系，S——Support 基于信息资源导向的运营支撑体系，P——Platform 基于核心能力导向的运营平台体系，C——Control 基于业务流程导向的运营控制体系，并按照业务流程体系讨论企业的运营管理机制的框架。本书提出了在网络经济条件下构筑企业运营管理体系的"一个中心，两个基本点"指导思想，即以客户价值和客户满意度为中心，以增强企业核心竞争力为基本出发点，以构筑基于互联网技术和信息资源的运营能力平台为落脚点的指导思想。提出了基于客户价值导向的运营目标体系的概念，提出了宗旨目标、运营目标与作业目标的划分方法，建立了以客户满意度为核心运营目标的价格、质量、品种、时间、信誉、环保、知识的七大运营作业目标体系和管理机制。提出了基于信息资源导向的运营支撑体系的概念，建立了以无形资源为核心的信息资源、知识资源、人力资源的运营支撑体系与管理机制。提出了基于核心能力导向的运营平台体系的概念，建立了以核心竞争力为核心的电子商务、研究开发、物流管理、生产制造、质量保证五大运营平台体系和管理机制。提出了基于业务流程导向的运营控制体系的概念，建立了以系统流程效率为核心的市场营销、产品设计、生产制造、物流供应的四阶段运营控制体系和管理机制。根据对企业运营管理体系的研究，提出了企业进行信息化建设实践的"三层面"思考模式，即第一层面的思想观念问题、第二层面的管理体系问题、第三层面的技术实现问题，三个层面问题的综合考虑是企业信息化建设成功的保证，并且认为思想观念问题、管理体系问题是信息化建设的关键，而企业恰恰没有形成正确的思想观念，忽视了管理体系的建设问题，片面重视第三层面的技术实现问题，导致信息化建设项目成功率不高。提出了全方位运营管理体系的精准运营管理模式的两种典型运作方式，即实时运作方式、虚拟运作方式，并详细讨论了两种基本运作方式的运行机制。本书从企业主体出发，从企业最高经营者的视角出发，从实践思考角度对企业的运营管理体系进行宏观层面的研究和讨论，是一种研究方法创新。

本书共分为八章：第一章导论，主要介绍六个部分内容。①选题依据。②研究目的。③研究对象与相关概念的界定。④研究思路和研究内容。⑤研究方法。⑥论文结构与创新尝试。第二章网络经济的发展对企业运营管理的挑战，主要对网络经济的运行规则与市场竞争环境的变化，用规范分析法和比较分析法进行研究网络经济条件下企业的运营环境和竞争要求，归纳企业运营管理体系的变革环境与变革需求。第三章企业运营管理理论综述与全方位运营管理体系，主要讨论企业运营管理体系的内涵与特征，将运营管理的概念从企业的生产过程管理扩展到企业的产业价值链过程管理，从价值生产的角度重新定义和界定，并对传统运营管理体系和运营管理理论的发展过程进行回顾，总结、梳理前人的理论和实践经验进行文献综述，在此基础上提出全方位运营管理体系的概念和模型。第四章基于客户价值导向的企业运营目标体系研究，主要研究在新的竞争环境下企业运营管理体系的目标体系的发展，建立了以客户满意度为核心运营目标的价格、质量、品种、时间、信誉、环保、知识的七大运营作业目标体系和管理机制。第五章基于信息资源导向的企业运营支撑体系研究，主要研究企业在知识经济条件下以互联网信息技术为基础的信息资源、知识资源和人力资源的发展变化与管理机制变革，与工业经济时代实体资产支撑下的运行支撑体系进行比较研究，发现变化趋势。第六章基于核心能力导向的企业运营平台体系研究，主要研究核心竞争力基础上电子商务平台、技术研发平台、生产能力平台、物流配送平台、质量管理平台五大基础运营平台及其管理机制。第七章基于业务流程导向的企业运营控制体系研究，主要研究企业流程再造理论基础上的市场营销过程（CRM）、产品设计过程（PDM/CPC）、生产制造过程（ERP）、物流供应过程（SCM）的计划与控制过程及其管理机制，探讨虚拟运营空间价值链与物理运营空间价值链的"价值生产与传递系统"。第八章研究结论与案例研究，主要对全方位运营管理体系的研究结论进行归纳，应用全方位运营管理体系理论考察中国企业信息化建设过程中的经验教训，以及全方位运营管理体系理论在企业信息化过程中的应用和指导作用；同时以全方位运营管理体系理论的视角研究美国 CISCO 公司、DELL 公司、中国海尔集团、联想集团在网络经济时代的运营管理体系和信息化案例，进行全方位运营管理体系的实证研究。

由于本人实践视野和理论水平有限，本书还有许多问题有待于进一步深入探讨，如精准管理模式的进一步实证研究，全方位运营管理体系与战略管理体系的关系问题，企业五大运营平台与平台型价值链关系问题的探讨等，书中缺陷之处在所难免，恳请各位老师、专家、读者批评指正！

作者

2008 年 8 月

Abstract

With the coming step of the globalization of economy and popularity of computer network in 21 century, the concept of space and time, production mode are transforming fundamentally. It will also fully impact on the enterprise operations management system, theory of operations management and operations practices. New operations management theories are coming into use.

"Internet economy is such kind of economy which is trading and running based on the Internet." Compared to the traditional economy, Internet becomes the basic technology platform and information exchange platform for economy running. E-commerce is the core of internet economy, which forms virtual space of computer networks worldwide. Customers have the voice rights, speed is the key factor of competition, knowledge and information becomes the major driven factors, which bring the innovation of enterprise operations mode, management style and management way. It will also change the enterprise operations management system.

The study object of this article is the concept of operations system, corresponding part of strategic management. In internet economy times, enterprise operations management is the industry value chain oriented process under the guide of enterprise overall development strategy. Internet is the basis of the operation infrastructure, and E-commerce is the major format. In order to response customer's demands quickly, company needs to produce value and transfer it to customers. Internet economy is the full process of planning, coordination and control, consists of marketing, sales, research and development, production collaboration, logistics, and after-sale services. Different from the traditional operational management concept based on narrow sense production function, the concept of operations management in this paper is called TOMS—Total Operations management System. The core of TOMS is information flow, industry value chain oriented, building integrated value mesh system among company, customer, suppliers and partners.

This article builds one conceptually full operations management framework, so as to study the changing and developing trends. That is to say we observe and analyze enterprise operations system from the four basic elements, goal, supporting system, operations platform and control system.

According to the theory of value chain and virtual value chain, company's value generating is divided into basic activity and supporting activity. Basic activity is direct product making and customer value transfer, consists of R&D, and materials purchasing and supplying, manufacture, sales and marketing and service activities, which builds overall company operations platform and capability foundation. Supporting activity support basic activity consists of corporation organization management, finance management, human resources management and information management, building the company resources foundation. Supporting activity forms overall enterprise operations management system. The control activity that controls the operations platform and supporting system builds up enterprise operations objective system.

This paper deems that the core of traditional operations management is the management for production system. Its objective is to utilize resource to make qualified products and services, which can be one item of functional management corresponding to marketing and finance management; actually, the core of operations management should be the whole system. Its objective is to meet customer needs and make profit, which is the daily management corresponding to the company strategic management. The operations management system runs through the whole industry value chain and value transfer process, extending and integrating the concept of operations management.

Precision Operations Management (POM) model is the typical way on the E — commerce platform to succeed in speed competition in Internet economy ages. TOMS aims to achieve the POM model.

Breaking through the thinking mode of "strategy-system design-process management-improvement" operations system based on production process, "customer objective-supporting resources-management mechanism" thinking mode was proposed from macro level, according to functional module discussion. We attempt to establish enterprise "GSPC" operations management system framework; G stands for goal based on customer oriented operations objective system; S stands for Support based on resources oriented operations supporting system; P stands for platform based on capability oriented operations platform system C-control; based on process oriented operations control system. We also discuss company operations management mechanism framework according to business process system.

Under the environment of internet economy, company build up guideline "one focus, two basic points", that is to say making customer satisfaction as focus, core competition enhancement as basic starting point, Internet based operations capability as direction point.

This article proposes the definition way for customer value oriented operations objective system, mission objective, operation objective and task objective. Establishing customer satisfaction oriented core operation objective system and management mechanism, including price, quality, type, time, credit, environment protection and knowledge. Proposing on concept based on information resources oriented operation supporting system; Establishing on operations supporting system and management, which core organization resources, information resources, human resources, capital resources intangible resources is intangible resources; Proposing on the concept of operations platform based on core competence oriented; Establishing on operations platform and management mechanism which core competition, including E-commerce, R&D, logistics, manufacturing, quality assurance.

Proposing on the concept of operations control system based on process oriented, establishing the four stage operations control system and management mechanism, which marketing, product design, manufacturing, and logistics as core process efficiency. This article proposed "Three—level thinking mode, first level thinking belief, second level management system, the third level technical realization.

This article proposes two typical operations modes, real time operations mode, and virtual operations mode with details, as the two kinds of the POM model. From the angle of top management and macro level, this article study and discuss how to build up operations management system.

This paper consists of eight chapters.

Chapter 1 Introduction, including six parts of contents: (1) Theme selection arguments; (2) Research goals; (3) Researching objective and definition; (4) Research idear and content; (5) Research method; (6) Paper structure and attempts for innovation.

Chapter 2 Challenges to enterprise operations management system by Internet economy development. This chapter gives research on enterprise operations environment and requirements for competition under Internet economy conditions by normative analysis and comparison methods, summarizing environment and requirement for the change of operations management system.

Chapter 3 Overview of enterprise operations management theory and overall operations management system, major in the connotation, character of enterprise operations management and the concept of enterprise operations management from production function management to company value process management. It also gives redefinition from the angle of value making and review of previous theory and practice on operation management. Finally, this chapter gives the new concept and module of enterprise operations management system.

Chapter 4 Research on customer value oriented operations management objective management system, major in objective system development under the new competitive environment, establishing seven tasks objective system and management including price, quality, types, time, credit, environment protection and knowledge, focusing on "Customer Satisfaction".

Chapter 5 Research on information resources oriented operations supporting system, major in information resources, knowledge resources and human resources based on Internet information technology. It also gives the comparison with traditional operations supporting system by entity assets in industry economy time.

Chapter 6 Research on core competence oriented operations platform system, major in five fundamental operations platform and management mechanism based on core competition power.

Chapter 7 Research on business process oriented operations control system, major in planning and control process for marketing (CRM), product design (PDM/CPC), manufacture (ERP), logistics and supply (SCM). It also discusses the "value making and transferring system" in virtual operations value chain and physical space value chain.

Chapter 8 Conclusions and case study. This chapter gives the summary of research results for total operations management system, applying it for review of experience and lessons of China enterprise information construction. Meanwhile, this chapter gives case study on operations management system for some leading companies, i. e. CISCO Inc, DELL Computer Inc, China Hair Group and Lenovo group, etc.

目　录

第一章　导　论

一、问题的提出

进入 21 世纪，随着经济全球化、全球网络化时代的来临，互联网、知识经济、信息革命带来了时空观念、生产方式的根本性变革，它也必然会对企业的运营管理体系、运营管理理论和运营管理实践产生全方位的影响。比尔·盖茨在其《未来时速——数字神经系统与商务新思维》的序言中指出："如果说 80 年代是注重质量的年代，90 年代是注重再设计的年代，那么 21 世纪的头 10 年就是注重速度的时代，是企业本身迅速改造的年代，是信息渠道改变消费者的生活方式和企业期望的年代。质量的提高和商务流程的改进将快得多。当速度提高到足够快时，商务的本性就会发生变化。对销售变化在数小时内而不是数周内做出反应的制造商或零售商，其本质上已不再是制造产品的公司而是提供产品的服务公司。"① 在这样一个高速的数字时代，企业的本质发生了什么变化，应该"如何改造"而成为"服务公司"？盖茨认为企业需要类似人类神经系统的高效运作能力和高效率，而实现这一目标的基础就是完美利用各种数字工具，在 21 世纪获得成功的公司将是那些建立了出色数字神经系统的公司，是可以以思维的速度高速运作的公司。作为一家处于网络经济时代的企业，特别是处于市场化、网络化双重挑战下的中国企业，指导企业运营的管理理论发生了什么变化，如何建立"以思维的速度运作"的企业运营管理体系？如何

---

① ［美］比尔·盖茨著，蒋显憬、姜明译：《未来时速——数字神经系统与商务新思维》，北京大学出版社 1999 年版，第 5～6 页。

建立以"速度"为核心竞争要素的运营管理体系，这是需要认真研究的课题。一个明确的事实是，传统的企业管理理论和实践已经不能完全适应时代发展的要求，面对全球化、信息化、网络化、知识化的一系列冲击，企业适时地做出调整，呈现出了一些新特点和新趋势。研究国际、国内企业发展的新动向及企业运营管理的新趋势，必将对日益走向国际市场的中国企业具有借鉴和启迪意义。

（一）网络经济时代的来临

20 世纪 90 年代以来，随着计算机、电子通信等技术的日益发展和融合，以及互联网的普及应用与快速发展，信息处理和传递突破了时间和空间的局限，使整个地球成为联系紧密的被迈克卢汉称为的"地球村"，以互联网为基础的信息技术正在改变我们的生活方式、工作方式和商务方式，人类社会开始进入网络经济时代。我们认为，网络经济时代的标志就是互联网进入商业化应用和电子商务的兴起，互联网成为整个社会运行的信息技术基础。

1. 国际互联网的发展

互联网是众多计算机网络的互联系统。互联网最初起源于阿帕网（ARPAnet），阿帕网是 1969 年由美国国防部高级研究计划署 Advanced Research Projects Agency 资助建设的一个网络，其主要目的是通过这个阿帕网把美国的几个军事及研究用的计算机主机联结起来，形成一个新的军事指挥系统。1981 年，另一个美国政府机构全国科学基金会（NSF）开发了由 5 个超级计算机中心相连的网络，从而开始了互联网真正快速发展阶段。1983 年 TCP/IP 成为 ARPAnet 上标准的通信协议，这标志着真正意义上的互联网出现了。1988 年底，NSF 把全国的 5 大超级计算机中心用通信干线连接起来，组成全国科学技术网 NSFnet，并以此作为互联网的基础，实现同其他网络的联结。20 世纪 90 年代初，Internet 已不是全部由政府机构投资，出现了一些私人投资。正是由于私人投资的加入，使得在 Internet 上进行商业活动有了可能。1991 年底专门为 NSFnet 建设高速通信线路的 Advanced Network and Service Inc. 公司宣布推出 CO＋RE 的商业化 Internet 骨干通道。Internet 商业化服务提供商的接连出现，使工商企业终于可以堂堂正正地从正门进入 Internet。截至 1994 年底，Internet 已通往全世界 150 个国家和地区，连接了 3 万多个子网，320 多万台计算机主机，直接的用户超过 3500 万户，成为世界上最大的计算机网络。1995 年 4 月 30 日，NSFnet 正式宣布停止运作，代替它的是由美国政府指定的三家私营企业：Pacific Bell Ameritech Advanced Data Service 和 Bellcore 以及 Sprint。至此，Internet 的商业化彻底完成。①

因此，可以将 1995 年称为因特网年。如果说 18 世纪初蒸汽机的发明把人类社会从农业社会带入了工业社会，20 世纪互联网的发明和广泛应用则把人类社会从工业社会带入了信息网络社会，人类开始进入网络经济时代。

• 1995 年 4 月 30 日，NSFnet 正式宣布停止运作，代替它的是由美国政府指定的三家私营企业：Pacific Bell Ameritech Advanced Data Service 和 Bellcore 以及 Sprint。至此，Internet 的商业化彻底完成。

• 1995 年因特网上主机数量超过 500 万台。

• 1995 年 7 月美国的 Jeff Bezos 在美国西雅图创立了第一家网上书店 Amazon.com，开创了网上电子商务的新纪元。

• 1995 年 8 月，以互联网浏览器软件 Mosaic 为核心产品的美国网景公司的股票在纽约证券交易所上市，这家成立仅 16 个月、未赢利一分钱的公司创造了每股 71 美元开盘价、58.25 美元收盘价的奇迹。

• 1994 年 Marc Andreessen 发明的浏览器软件 Mosaic 导航者 1.0 版，使欧洲量子物理研究所（CERN）的 Tim Berners Lee 在 1992 年发明的环球网（即 World Wide Web 简称 WWW）进入大众化时代，1995 年相继发布了 Mosaic 导航者 1.1/1.2/2.0 版本，使环球网成为商业和文化的普遍现象，其产品为《财富》全球 100 强 70% 的公司使用。

• 1995 年，美国《时代周刊》将年度风云人物的桂冠授予一个非自然人，就是因特网。

自 1995 年起，因特网成为"信息高速公路"的同义语，互联网用户数直线上升，1993 年美国互联网用户数 500 万人，1997 年达到 6200 万人，

---

① 胡泳、范海燕：《网络为王》，海南出版社 1997 年版，第 1～15 页；Allan Afuah、Christopher L. Tucci 著，李明志、郭春垒、史晓峋译：《互联网商务模式与战略》，清华大学出版社 2002 年版，第 11～15 页；杨坚争等：《虚拟市场：经济全球化中的电子商务》，上海社会科学出版社、高等教育出版社 2001 年版，第 47～50 页。

连到互联网的主机 1993 年 180 万台，1997 年达到 1950 万台。[①] 公司间利用互联网从事的商务活动急剧增加，全球网上销售额从 1995 年的 2 亿美元发展到 1998 年的 500 亿美元，以因特网产业和电子商务为核心的网络经济成为世界经济关注的焦点，围绕网络经济背景的经济学研究和管理学研究成为理论和实践的新热点。

2. 中国互联网的发展

中国的互联网发展始于 20 世纪 80 年代末期，1987 年 9 月 20 日，钱天白教授发出了中国第一封电子邮件，主题是"越过长城，通向世界"八个字。1990 年，我国电子工业部十五所、中国科学院、上海复旦大学、上海交通大学等单位和德国 GMD 合作，通过拨号 X.25 线路，连通了 Internet 电子邮件系统。清华大学校园网 TUNET 也和加拿大 UBC 合作，实现了基于 X.400 的国际 MHS 系统。因而，国内科技教育工作者可以通过公用电话网或公用分组交换网，使用 Internet 的电子邮件服务。1990 年 10 月，中国正式向国际互联网中心（InterNIC）登记注册了最高的域名".CN"，从而开通了使用自己域名的 Internet 电子邮件。1994 年开始至今，中国实现了和国际互联网的 TCP/IP 连接，逐步开通了互联网的全功能服务，大型电脑网络项目正式启动，互联网在我国进入飞速发展阶段。到 2000 年，国内可直接连接互联网的非经营性网络有 4 个，即中国教育和科研计算机网（CERNET）、中国科学技术网（CSTNET）、中国公用计算机互联网（CHINANET）、中国金桥信息网（CHINAGBN），经营性网络5 个，即中国长城互联网（GWNET）、中国联合通讯网（UNINET）、中国网络通讯网（CNCNET）、中国移动通讯网（CMNET）、中国对外贸易网（CIENET）。据中国互联网络信息中心（CNNIC）最新发布的《中国互联网络发展状况统计报告》显示：截至 2004 年 12 月 31 日，中国的上网计算机数已达 4160 万台，是 1997 年第一次统计时的 29.9 万台的 139.1 倍；上网用户数量达到 9400 万人，是 1997 年第一次调查结果 62 万人的 151.6 倍。WWW 站点数（包括.CN、.COM、.NET、.ORG 下的网站）大约 432007 个。虽然我国互联网用户数很大，且仍在高速增长，已经引起全世界的关注，为互联网的应用、电子商务和网络经济的发展奠定了网民

---

① 姜奇平：《浮现中的数字经济》，中国人民大学出版社 1998 年版，第 17 页。

基础，但是目前 9400 万网民只占全国 13 亿人口的 7.2％，我国的互联网普及程度还很低，仍然存在巨大的发展空间。①

中国的互联网明星企业如新浪、搜狐、盛大、当当书店、携程网等，创造了一个又一个创业神话。传统企业大力实施信息化工程，利用互联网构筑电子商务运营体系，网络开始成为中国企业的信息基础设施，中国迎来了网络经济时代，中国企业将面对网络经济的挑战，变革企业运营管理体系。

（二）网络经济时代管理的挑战

在网络经济环境下，互联网引发了公司、雇员、顾客、交易商和供应商之间沟通方式的变革，重新构建了产业价值链，带来了企业竞争范式的变革，企业面临着新的竞争空间和新的竞争规则，必然带来运营管理体系的深刻变革。首先，企业内联网（Intranet）改变着企业内部人与人、人与物、物与物之间传统的沟通方式，从而改变着企业的生产方式、管理方式和组织形式；其次，企业外联网（Extranet）改变着企业与其上游企业、下游企业乃至一般顾客的沟通方式，从而改变着企业的生产方式、管理方式和组织形式；最后，互联网为企业间的竞争提供了一个全球性的舞台，市场竞争环境发生了根本性的变化，突出表现在经济的全球化、知识化、绿色化发展趋势，企业运营管理的内涵和范围、运营管理模式、运营管理体系必将发生根本的调整和变革。互联网对于企业的运营管理体系来说是一个"十倍速的变化"因素，将全方位地影响和变革企业的运营管理体系。

1. 关于经济全球化

原对外贸易经济合作部副部长龙永图先生指出："经济全球化确实已经成为一个不能回避的现实，一个不以人的意志为转移的大趋势。"② 经济全球化是指世界各国在全球范围内的经济融合，使各国之间在经济上越来越多地相互依存。20 世纪 50 年代以来人类大量的技术进步构建了全球化的物质基础，如大型喷气式客机、集装箱运输、卫星通信、计算机技术，

---

① 中国互联网络信息中心（CNNIC）2005 年 3 月发布的《中国互联网络发展状况统计报告》。

② 龙永图：《关于经济全球化问题》，载《中国外资》1998 年第 9 期。

特别是互联网的出现，将世界变成了一个"地球村"，突破了地区和国界的限制，空间的距离在消失。自 20 世纪 80 年代起，许多国家放松了管制政策，对通信、银行、保险、航空、运输、电力、自来水等原有国家垄断行业陆续放松，向国际投资者开放，促进了区域经济一体化和全球化的发展进程。网络经济将世界变成了一个庞大的"地球村"，突破了地区和国界的限制，空间的距离在消失，从这个意义上说，网络经济是全球一体化经济。经济趋于全球化，我们将看到真正的全球企业、全球产品、全球市场、全球消费。世界统一大市场的形成，高科技武装的通信联系、低廉的运输成本、无国界的自由贸易正在把整个世界融成一个唯一的市场。

2. 关于经济知识化

1990 年，联合国的研究机构在《以知识为基础的经济》的报告中提出了"以知识为基础的经济"的概念，1996 年经济合作与发展（OECD）确定了一个普遍接受的概念：知识经济是建立在知识和信息的生产、分配和使用之上的经济，并归纳了知识经济的主要特征：

（1）科学和技术的研究与开发日益成为知识经济的重要基础。

（2）信息和通信技术在知识经济的发展过程中处于中心地位。

（3）服务业在知识经济中扮演了主要角色。

（4）人力的素质和技能成为知识经济实现的前提条件。

经济知识化就是指知识日益成为经济发展的核心资源和推动力。1985 年保罗·罗默提出的"新增长理论"认为：知识已经成为经济活动的最重要的生产资料，成为经济增长的关键。

3. 关于经济绿色化

进入 21 世纪以来，人类面临着全球气候变暖、温室效应、臭氧层破坏等生态环境失调的问题，风暴、洪水、热带森林大火对环境的破坏，濒危物种不断增加。人类赖以生存的自然界受到了人类工业生产的严重污染，反过来又威胁到了人类的生存。环境保护运动得到了发展和支持，可持续发展成为经济发展的目标，出现了以绿色产品、清洁生产、绿色营销为主要内容的经济绿色化趋势。绿色经济概念是网络经济时代企业的一种经营哲学和行为规范，是产品进入国际市场的通行证。

面对网络经济时代的全球化、知识化、绿色化的挑战，企业如何在新的背景下思考和评估企业的发展环境、运营目标、运营控制体系，使自身融入互联网、融入网络经济，建立起适应新的全球市场环境、新的信息技术平台的运营管理体系，成为每一个企业经营者的管理课题。中国社会科学院副院长、研究员陈佳贵指出："网络经济的发展，特别是作为网络经济的核心内容之一的电子商务的发展，意味着企业在战略思想、运行方式、组织结构等各个方面都面临某种革命性的变革。它对现代企业的生存与发展，既是一种机遇，也是一种挑战。"① 中国企业在从传统商业模式向电子商务模式转型的过程中，必须引进以互联网为核心的电子商务技术，对传统的商业机构和商业流程进行改革，制定出适合电子商务环境下的企业管理模式和商业模式。对于企业经营者而言，以互联网为基础的新技术必然给企业的战略管理和运营管理带来巨大的冲击，同时也给企业的成长与发展带来极大的调整，这种调整既是巨大的机遇，也是巨大的挑战。可以这样说，如果成功地完成了调整，则为企业未来的发展打下了最坚实的基础，而一旦没能顺利完成这一调整，则企业的发展可能会受到很大的影响，甚至于最终走向不可挽回的失败。

二、研究目的与目标

关于网络经济对于整个人类社会和经济发展所带来的革命性变化，国内外学者研究成果较多，但是网络经济对企业管理所带来的革命性的变革，虽有诸如美国管理大师德鲁克等的先知先觉："传统的跨国公司最终将被电子商务摧毁"，这是"历史上划时代的变化"，以及世界著名公司的实践经验总结，如戴尔电脑公司的网上"直销模式"、思科系统公司"网络就绪"、IBM公司的"电子商务"、微软公司的"数字神经系统"等，但从整体上尚未对网络经济时代的企业运营管理体系进行系统深入的研究。我国国内的企业管理理论与实践正在进入一个变革的时代，诸多学者从各项管理职能的角度对如网络营销、网上商店、电子商务、网络人力资源管理、业务流程再造、网络财务管理、网络审计以及供应链管理等方面进行

---

① 陈佳贵：《中国企业与网络经济》，载《中国信息导报》2001 年第 5 期。

了深入的专项研究，也有诸多研究成果，但是大多偏重于互联网技术本身和电子商务概念的介绍和解释。以联想集团、海尔集团、上海宝钢集团等为代表的中国企业也在实践中探索企业信息化运作模式，联想集团的"信息化全景图"模式，以 ERP 为核心的循序渐进信息化模式；海尔集团提出的"人单合一"运营模式以及"一流三网"模式实现电子商务增值，少数先进中国企业在信息化方面取得了一定的成绩，但是大多数企业对于网络经济的革命性影响认识不足，与网络经济的结合仍停留在建立自我宣传网站的粗浅层次上。

2001 年 12 月，原国家经贸委曾经发布了《企业互联网应用和电子商务发展水平报告》指出："我国企业互联网应用的总体水平还比较低，尚处在信息发布与交流的初级阶段，建立在网络基础之上的企业内部信息化建设，取得了一定的进展，正在由信息孤岛向信息集成跨越，但建立在互联网应用基础之上的电子商务建设，仍处在尝试阶段。"[①] 2001 年 12 月，全国企业信息化工作领导小组办公室审定了 50 家企业信息化优秀案例在全国推广，从 50 家企业的信息化应用来分析，真正进行综合应用和电子商务层次应用的企业只有 16 家，占全部优秀案例的 32%。[②] 详见表 1-1。

表 1-1　　　　　　　全国企业信息化优秀案例应用类型分析

序号	信息化应用类型	企业数（家）	所占比例（%）
1	综合应用	11	22
2	CAD/CAM（计算机辅助设计/计算机辅助制造）引用	1	2
3	财务管理信息化应用	6	12
4	CIMS（计算机集成制造系统）引用	12	24
5	MRPII（制造资源计划）应用	1	2
6	ERP（企业资源计划）应用	11	22
7	CRM（客户关系管理）应用	3	6
8	电子商务应用	5	10
	合计	50	100

资料来源：《企业信息化优秀案例选》统计分析。

---

① 参见 www.china.com.cn。

② 全国企业信息化工作领导小组办公室审定、中国国家企业网编：《企业信息化优秀案例选》，经济科学出版社 2001 年版。

中国的企业信息化已经有近 20 年的历史了，可是从 MRP、MRPII，再到 ERP，它们的成功率有人说是 10％以下，有人干脆说成功率就是零，还有人说："上 ERP 是找死，不上 ERP 是等死。"以至于许多企业在是否要信息化，是否要上 ERP 等问题上踌躇不前。是什么原因导致 ERP 项目成功率低下？笔者认为管理信息化，根本的问题在于"管理"，在于我们是否真正理解了网络经济的内涵，洞悉网络经济时代企业竞争的本质和规则，形成正确的管理理念和管理方法，才能借助信息化技术、工具提升企业的管理能力和核心竞争力。我们只有把网络经济时代的"管理"问题首先研究清楚，形成了正确的管理理念和管理方法，管理信息化才有了实施的基础和方向。利用以互联网为代表的信息技术进行企业运营体系和管理流程的变革，很多企业投入巨资，并没有得到应有的效果，形成事实上的"IT 黑洞"，笔者认为存在着理论指导上的误区和理论空白点。没有形成一套相对成熟的业务流程体系，没有规范的管理制度和办事规则，甚至没有按照制度和规则办事的习惯，如何实现信息化？"旧规则＋信息化＝管理失败＋资金浪费"将可能成为企业信息化实践的恒等式。因此，企业信息化必须有正确的管理理论体系的指导才能成功，没有正确的管理理论只能导致盲目的信息化，盲目的信息化建设不会给企业带来任何利益。中国企业在信息化建设过程中，没有一个整体的运营管理体系理论的指导，将企业的管理变革工程作为一个"信息化技术项目"进行定位和管理，按照一般的"项目管理理论"作为基本方法论进行操作层面的管理，而没有在新的网络经济时代企业运营管理体系理论的层面进行研究和探索。在我们的文献检索中，目前还没有发现系统、全面地从企业主体实践的角度，研究企业在网络经济时代运营管理体系的成果文献，可以说是一个理论空白点。

本书将以互联网和电子商务为代表的网络经济作为研究背景，以传统制造业企业的运营管理体系为研究对象，以企业经营者的视角，从企业整体系统角度，从宏观上探索、研究网络经济时代企业运营管理体系的变革和发展新趋势，以期构筑新的网络经济时代的运营管理体系理论。研究的基本目标有三个：一是研究网络经济如何改变了企业的运营环境，企业的运营管理正在发生什么变化，希望能够从理论上探索企业运营管理理论发展的新趋势，并试图进行概括总结，提出适应网络经济时代的企业运营管理体系框架；二是要研究在网络经济新管理范式下的全方位运营管理体系框架是什么，具有什么新的特征，从而为企业经营者在网络经济条件下构筑运营管理体系提供理论思想模型，我们认为思想的冲击才是最根本的冲击，思想的变革才是最根本的变革；三是探讨中国企业的信息化建设实践中存在的问题，并根据研究结论提供理论指导建议。

三、概念的界定

（一）网络经济

当重大的技术变革向整个社会广泛渗透，就会带来经济的结构性进步。19世纪末出现的铁路，20世纪中期的电子和汽车工业，都是促成经济质变的关键因素。当前知识经济革命的一个重要技术基础，就是信息网络。按照发展过程与分布层次划分，人类历史存在三种经济形态：

（1）农业经济：以农牧业经济为主，面向个人与小集体，进行直接的实物生产，尤其是衣食等基本生活必需品。

（2）工业经济：属于货币经济，以生产工具与渠道的生产和建设为主，由于分工而形成间接经济，生产与消费按照集体和区域进行组织，金融资本是活跃的生产因素，经济发展主要依托于稀缺自然资源。工业经济时代的基础设施是物质形态的铁路、公路、航空、石油、电力、电话等。

（3）知识经济：属于信息经济，高效率、高效益的生产与组织方式，生产和消费再一次融合，工业时代的分工被重新整合，生产与消费高度社会化；人力资本是最活跃的生产要素，文化和知识本身成为最重要的产品。

对于工业经济之后的经济时代的概念有很多，如知识经济、后工业经济、信息经济、数字经济、注意力经济、网络经济等，不同的学者给出了对于这一时代经济内涵的不同层面的解释。

1973年，丹尼尔·贝尔在《后工业社会的来临》中从五个方面解释了后工业社会的概念：①

---

① 丹尼尔·贝尔：《后工业社会的来临》，新华出版社1997年版，第14页。

（1）经济方面：从产品生产经济转变为服务性经济。

（2）职业分布：专业和技术人员阶级处于主导地位。

（3）中轴原理：理论知识处于中心地位，它是社会革新与制定政策的源泉。

（4）未来发展方向：控制技术发展，对技术进行鉴定。

（5）制定政策：创造新的"智能技术"。

丹尼尔·贝尔在 1976 年版《后工业社会的来临》序言中指出："'后工业的'概念与'前工业的'和'工业的'概念是对应的。前工业部门主要是资源采撷的，它的经济是以农业、矿业、林业以及天然气或石油等其他资源为基础的。工业部门主要是使用能源和机器技术从事制造商品的。后工业部门从事加工处理，其中电讯和电脑对于信息和知识的交流极其重要。""广泛地说，如果工业社会以机器技术为基础，后工业社会是由知识技术形成的。"托夫勒（A. Toffor）1980 年在《第三次浪潮》中指出，提出后工业经济强调了人类社会从农业时代到工业时代再到后工业时代的一种发展趋势和演变过程。信息经济是美国经济学家和未来学家奈斯比特（J. Naisbitt）1982 年在《大趋势》中提出，主要是指信息产业成为经济中的支柱产业。1996 年经济合作与发展组织明确定义了知识经济是以知识为基础的经济，它直接依赖于知识的生产、分配和应用。数字经济是美国政府发布"数字经济报告"提出的概念，数字经济是指"由信息、研究、知识和技术驱动和引发的一系列经济转型及其对整个经济和社会的影响"。注意力经济的概念反映了随着互联网的普及，信息的爆炸性增长，人们的注意力成为稀缺资源，注意力成为竞争的对象。事实上，以上概念都是对网络经济的不同解释，一般认为，后工业经济在时间进程上说明网络经济是在工业经济之后的一个新的经济形态；信息经济是从经济核心资源的角度说明知识经济时代与农业经济时代、工业经济时代的区别，农业经济时代的核心资源是土地和劳动力，工业经济时代的核心资源是资本和能源，知识经济时代的核心资源是信息和知识；数字经济主要是指知识经济时代的资源、交易、产品的运作方式是数字化的；注意力经济反映了知识经济时代的竞争规则；网络经济是指以信息技术为工具进行的经济活动，是经济运行的方式。

知识经济时代，信息网络成为新经济的基础设施和基本环境，本书研究的主题是信息网络环境下的企业运营管理体系，因此，采用了网络经济的概念。关于网络经济的定义，早在 20 世纪 80 年代，有些日本学者鉴于第三产业中的商业、运输业、金融业均因有相应零售网络而发展起来，就把服务经济称为网络经济。我们今天所讨论的网络经济则是指基于互联网的经济，是指买卖双方基于互联网完成交易行为的经济运行方式。中国信息协会副会长乌家培先生从狭义和广义两个角度对网络经济进行定义："狭义的网络经济是指基于因特网的经济活动，如网络企业、电子商务以及网络投资、网络消费等其他网上经济活动。广义的网络经济是指以信息网络为基础和平台的，信息技术和信息资源的应用为特征的，信息与知识起重大作用的经济。"① 中国社会科学院副院长陈佳贵先生从企业运行的角度定义网络经济，"网络经济是建立在国民经济信息化的基础之上，是各类企业利用信息和网络技术整合各式各样的信息资源，并依托企业内部和外部的信息网络进行动态的商务活动和管理活动所产生的经济。"② 孙健在《网络经济学导论》中将网络经济定义为"因特网是目前实现计算机之间有效信息交流和资源共享的最好方式，而网络经济就是通过因特网进行的一切经济活动的总和。从信息经济和知识经济的角度也可以把网络经济定义为：信息和知识的生产、获取和使用的经济活动就是网络经济"。③ 赵守香在《网络经济学》中将网络经济定义为"基于计算机网络的经济。"④ 董艳玲在《网络经济与管理变革》中定义网络经济是"由于计算机发展到联网阶段而引发的经济运行方式的改变并导致经济迅速增长的现象"。⑤ 网络经济的发展集中体现在两个方面，一个是互联网产业本身的发展，互联网产业群一般可以分为互联网基础平台、技术支撑、内容提供、增值服务四个层次，也可以称为"显性网络经济"；另一个是以电子商务为核心的互联网应用所引起的整个国民经济的数字化发展，主要是通过利用互联网技术改造传统产业使传统产业释放出新的活力，网络经济绝不是简单网站经济，更不是 Dot com 网络公司的经济，真正的网络经济来自于传统产业，互联网改变了传统的交易方式，导致了企业运营效率的提高，互联网应用给整个经济、政治、社会、军事、个人生活各个方面带来变革，可以称为

---

① 乌家培：《关于网络经济与经济治理的若干问题》，载《当代财经》2001 年第 7 期。
② 陈佳贵：《实体企业应是网络经济的主角》，载《网络时代》2001 年 6 月。
③ 孙健：《网络经济学导论》，电子工业出版社 2001 年版，第 3 页。
④ 赵守香：《网络经济学》，中国物资出版社 2001 年版，第 1 页。
⑤ 董艳玲：《网络经济与管理变革》，中共中央党校出版社 2002 年版，第 4 页。

"隐性网络经济"。

从研究企业运营管理体系的角度，陈佳贵先生的定义较为简练和准确。本书认为："网络经济就是指基于互联网进行交易和运行的经济。"网络经济与传统经济相比，互联网成为经济运行的基础技术平台和信息沟通平台，电子商务是网络经济的核心，由此形成了一个遍及全球的计算机网络虚拟空间，知识和信息成为经济发展的主要驱动因素，引起了企业经营模式、管理方式和管理方法的创新，并由此引发了企业运营管理体系的一系列变革。

本书认为，对于网络经济的发展进程可以划分为三个阶段，即萌芽阶段、发展阶段、成熟阶段，三个阶段的基本特征与判断标准：

（1）萌芽阶段（1969～1995）：主要是互联网技术的诞生、发展与互联网产业本身的发展，表现为显性网络经济的发展，在局部开始电子商务应用。

（2）发展阶段（1995至现在）：主要是互联网技术的逐步成熟与电子商务应用的发展，表现为隐性网络经济的发展。

（3）成熟阶段：互联网成为整个社会运行的基本基础设施，表现为电子商务的全面广泛应用。

根据以上判断标准，本书认为我们目前处在网络经济的发展阶段，经济运行中已经表现出了网络经济的一些基本特征。

（二）运营管理

在管理上，运营的定义比较含糊，它通常和后勤、制造、生产等概念交叉使用，通常认为运营（Operations）是指"将投入人力、设备、物料、技术、信息、能源等生产要素变换为产出（包括有形产品和无形产品）的活动过程"，运营管理（Operations Management）最早被称为"生产管理"（Production Management），局限于对生产制造过程的研究，且主要是"研究有形产品生产制造过程的组织、计划和控制"，[①] 后来由于服务行业的发展以及系统论的发展，人们开始把有形产品的生产过程和无形产品，即服

---

① 赵纯均等：《工商管理研究备要——现状、趋势和发展思路》，清华大学出版社 2003 年版，第 183 页。

务的提供过程都看做是一种"投入—转换—产出"的过程来研究。按照赵纯均老师等著的《工商管理研究备要——现状、趋势和发展思路》提出的"这种扩大了的生产概念,即'投入—产出'的概念,就被称为运作。这就是现代运作管理的概念"。

本书认为,运营管理的概念有两种理解:一种是与营销管理、财务管理职能相对应的生产管理职能的运营管理概念,这是目前教科书中普遍采用的概念,本书称为狭义的运营管理;另一种是与战略管理相对应的运营管理的概念,本书称为广义的运营管理。

狭义的运营管理概念是以生产过程为研究对象,与营销管理、财务管理职能相对应的以生产职能为核心的运营管理概念,是企业经营管理体系的三项基本职能之一。其内涵是以企业生产过程中的"投入—转换—产出"为重点,以具体产品和服务为中心,是指对利用资源进行产品生产和服务提供的投入产出过程进行的管理,是指与营销职能、财务职能相对应的生产职能范畴。该概念下的运营管理体系主要是指生产管理体系,以工厂规划和车间现场管理为中心,以产品和物流管理为中心,运营管理是一种基本的业务管理职能,我们称该生产运营管理体系为狭义的运营管理体系。

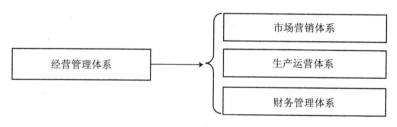

图 1-1 与营销、财务相对应的运营管理概念

例如,刘丽文老师在《生产与运作管理》一书中将企业经营定义为五大基本职能:财务、技术、生产运作、营销和人力资源管理,生产运作主要是指产品的加工制造过程,是一个社会组织通过获取和利用各种资源向社会提供有用产品的过程。见图 1-2。

与战略管理相对应的运营管理概念认为,现代企业的全部管理工作,一般地说可以分为两大类。一类管理工作是对关系企业全局性的发展方向做出决策,如制定企业新产品、新市场、新技术的发展方向,决定企业未来一定时期内经营和生产规模如何扩大,选定多种经营投资方向等。对这

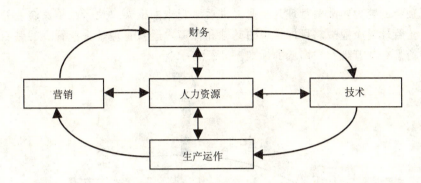

图 1 - 2 企业经营的基本职能

资料来源：刘丽文：《生产与运作管理》，清华大学出版社 2002 年版。

类问题的总体设计、谋划、抉择和计划实施，直到达成企业预期的总体目标的全过程管理，称为战略管理。战略管理决定企业的使命与目标、业务组合、竞争战略、资源配置、战略协同，关键是机会把握与方向决策，强调决策力。另一类是在产品方向和市场方向既定的前提下，全力组织好产品的生产和销售工作。这一类工作经常反复地出现，周而复始地循环进行，通常可以制定出一套相对稳定的工作程序，使之规范化和标准化，我们将它称为日常运营管理。日常运营管理中的决策属于短期性或技术性的决策，又称为战术性的决策。这一类决策一般由企业中层和基层管理人员负责，是在企业战略性和全局性决策的基础之上，为了保证战略任务的完成而对具体的任务所做的决策，是战略的执行环节，强调执行力。战略管理与运营管理构成了企业经营管理体系，见图 1 - 3。

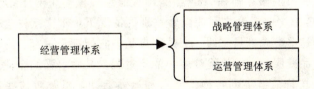

图 1 - 3 与战略管理体系对应的运营管理体系

企业战略是关于企业发展方向、目标和发展路径的规划，运营管理则是在战略管理的框架下来具体地加以实施。战略更多地关注效果，即"做正确的事"，而运营关注的是效率，即"正确地做事"。战略的形成基于企业独特的能力，战略管理为企业提供运营管理的框架以执行战略。企业的运营管理是企业战略目标实现的基础和保障，运营管理是企业管理的基石和衡量企业管理水平高低的标准。见图1－4。

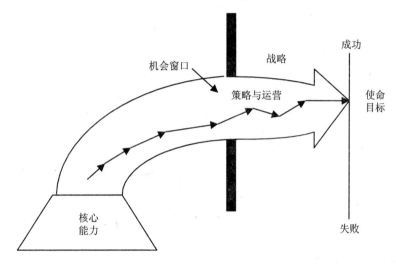

图1－4　战略管理与运营管理的关系

资料来源：芮明杰、余光胜：《产业致胜——产业视角的企业战略》，1999年版。

与战略管理体系相对应的运营管理体系涵盖了企业日常运营的全部管理职能和运营全过程，包括了市场营销、生产制造、采购供应、技术研发、产品设计、行政管理、人力资源、财务管理、会计核算、信息管理等全部职能，涉及企业价值链过程的所有环节。

陈红斌、黄卫伟老师在《运营模式与信息强度》中对于运营曾经提出："在不考虑这些概念之间的微妙差别的情况下，本文接受这样一种观点，即认为这些概念都具有的一个共同点是，它们都是贯穿于从原材料购入到最终产品或服务交付给终端客户的全过程。其中，强调企业的主要业务流程发生在价值链上的转换、储存和运输活动，以及对这些活动的整合。把运营和战略进行对比，就更能理解运营管理的内涵。企业战略在很大程度上决定了企业为客户提供何种产品或服务，提供何种价值，运营系统则决定了企业以何种方式提供这些产品或服务。运营系统是实现企业战略的手段。"① 赵纯均老师在《工商管理研究备要》中提出："随着市场竞争的日益激烈，时间上的竞争（快速响应，快速开发产品，快速更新运作技术，缩短生产周期，快速交货）变得日益重要，这要求企业各个部门之间信息的及时沟通和紧密合作。另外，飞速发展和变得迅速廉价的信息技术给这种部门间的沟通和合作提供了强有力的武器。企业所面临的这些课题使企业的经营活动与运作活动、经营管理与运作管理之间的界限正变得越来越含混不清，运作管理与企业其他职能管理活动之间的界限也越来越模糊。企业的生产与经营，也包括营销、财务等活动在内，正在互相渗透，朝着一体化的方向发展，构成一个集成体，以便能够更加灵活地适应环境的变化和要求。"② 但是，这个"集成体"到底应该是一个什么样的体系？本书认为，在网络经济时代，我们应该重新定义运营管理的内涵。

本书主张和采用的是与战略管理相对应的运营管理体系概念，运营管理体系的内容包括了市场营销、生产制造、采购供应、技术研发、产品设计、行政管理、人力资源、财务管理、会计核算、信息管理等全部职能，是整个企业的集成化、一体化的管理体系。同时认为：在网络经济时代，市场竞争激烈，消费者居于市场的中心地位，客户需要的不单单是产品，而是一个问题的系统解决方案，客户需要的是全方位的满意服务，企业应该转变以产品为中心的观念，形成以客户为中心的经营理念，从卖产品转变为向客户提供解决方案；企业之间的竞争也已经超越了单纯的产品低成本、高性能，而进入了速度、质量、成本、服务、环境、知识等因素的全方位竞争阶段，为了获取竞争优势，必须为客户创造价值，企业运营管理的范围应该扩大到整个企业，利用企业内、外包括客户、供应商和合作伙伴的全方位资源，进行包括人、财、物、产、供、销的全方位管理。因此，企业运营管理的内涵应该超越传统的生产投入产出过程，实现企业各个职能体系的集成一体化管理，以整个产业价值链的运作过程为中心，构筑连接客户、供应商、合作伙伴的价值网。因此，我们将网络经济时代企业运营管理定义为：在企业总体发展战略的指导下，以互联网为运营基础设施，以电子商务为主要形式，面向企业的产业价值链过程，为了快速响应消费者的需求，对企业为消费者进行价值生产和传递的全过程，包括市

---

① 陈红斌、黄卫伟：《运营模式与信息强度》，载《中国人民大学学报》2003 年第 2 期。
② 赵纯均等：《工商管理研究备要——现状、趋势和发展》，清华大学出版社 2003 年版，第 185 页。

场营销、产品销售、研究与开发、生产协作、物流配送、售后服务进行计划、协调、控制的过程，从而保证企业内、外整个价值网上的信息流、物流、资金流的协调一致、顺畅流转，其根本目标是以客户为中心，为客户提供满意的解决方案，为企业获取利润。我们将这个广义的运营管理体系称为"全方位运营管理体系 TOMS"（Total Operations Management System）。全方位运营管理体系以信息流为核心，面向产业价值链运作的全过程，构筑了企业与客户、供应商及其合作伙伴的整体价值网体系。

四、研究思路与研究内容

（一）研究思路与研究模型

研究网络经济时代的运营管理体系的总体思路是，相对于工业经济时代而言，首先要研究工业经济时代与网络经济时代企业的运营环境与运行基础发生什么根本性的改变？这些因素引起了企业运营模式与运营体系的什么改变？运行管理体系的要素内容与管理机制要素发生了什么变革？见图1-5。

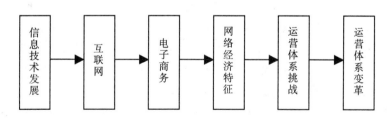

信息技术发展 → 互联网 → 电子商务 → 网络经济特征 → 运营体系挑战 → 运营体系变革

图1-5 研究思路

全方位企业运营管理体系将企业的运营过程视为是以客户为中心，面向产业价值链的价值创造过程，对价值链中的企业、客户、供应商及其合作伙伴围绕价值生产和传递过程进行全面的计划、协调与控制。价值链的概念是迈克尔·波特教授于1985年在其出版的著作《竞争优势》中提出来的，其目的是为了分析企业竞争优势的来源，"为了认识成本行为与现有的和潜在的经营歧异性资源，价值链将一个企业分解为战略性相关的许多活动。企业正是通过比其竞争对手更廉价或更出色地开展这些重要的战略活动来获得竞争优势的"。[①] 价值链理论将企业主要活动分为基本活动和辅助活动，基本活动主要包括：

（1）外部后勤：主要是处理从企业外部流向企业内部的物流，包括与接收、存储、分配相关联的活动，如原材料搬运、仓储、库存控制、车辆调度和向供应商退货。

（2）生产作业：主要是指运用各类资源生产各种产品的活动，如机械加工、包装、组装、设备维护、检测和设备管理等。

（3）内部后勤：主要是处理从企业内部流向市场渠道的企业产品物流，如产成品库存管理、原材料搬运、送货车辆调度、订单处理和生产进度安排等。

（4）市场营销：主要是使顾客可以买到企业的产品并激发他们的购买兴趣，包括广告宣传、促销、价格管理、渠道管理、销售人员管理。

（5）服务：为了保持与客户的良好关系，提供服务以提高或保持产品价值有关的各种活动，如安装、维修、培训、零部件供应和产品调整。

价值链的辅助活动包括四种基本类型：

（1）采购：是指购买用于企业价值链各种投入活动，包括厂商选择、资格鉴定、洽谈长期供货合同以及监控质量和交货时间，是与企业供应商的业务联系和执行过程。

（2）技术开发：是指改善产品和工艺的各种活动，形式有基础研究、产业研究、媒介研究、工艺装备的设计和服务程序等许多种。

（3）人力资源管理：是指包括各种涉及所有类型的人员的招聘、雇用、培训、开发和报酬等各种活动。

（4）企业基础设施：企业基础设施由大量活动组成，包括总体管理、计划、财务、会计、法律、政府事务和质量管理。企业的基础设施是通过整个价值链起辅助作用的。

基本价值链模型如图1-6所示。

[①]　［美］迈克尔·波特著，陈小悦译：《竞争优势》，华夏出版社1997年版，第33页。

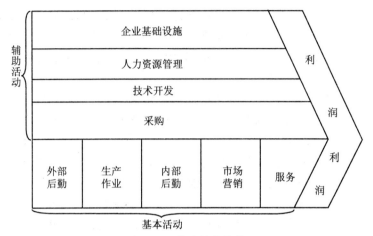

图 1-6　基本价值链①

　　价值链的各种活动是相互依存的一个系统，共同为客户创造价值，并为企业获取利润。同时，在一个产业中，企业的价值链与其供应商的价值链、渠道的价值链和客户的价值链共同构成了一个价值系统（Value System），许多研究人员和商业咨询顾问称之为"产业价值链"（Industry Value Chain）。供应商上游是供应商的价值链，企业的产品通过渠道价值链到达客户手中，并成为客户价值链的一部分。获取和保持竞争优势不仅取决于企业自身的价值链，而且取决于企业如何适应产业价值链。见图1-7。

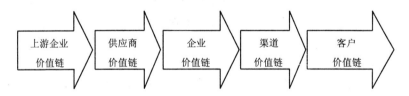

图 1-7　产业价值链

　　只有深刻理解了产业价值链，才能有效集成产业价值链内的各种活动，形成协调一致的价值链，支持企业在竞争中获取竞争优势。价值链思想和概念是波特在1985年提出的，从现在的环境看其存在着理论局限性，

　　① 〔美〕迈克尔·波特著，陈小悦译：《竞争优势》，华夏出版社1997年版，第37页。

首先，它是基于制造业的观点，价值链被看成是原材料转换成一系列产品的过程，其隐含的观点是价值的创造是在物流的运动过程中附加上去的，而没有考虑信息的价值创造过程；其次，波特没有将产品的研发与设计作为基本活动，隐含着观点是按照标准化的产品满足客户需求，而将技术开发作为辅助活动，没有考虑客户的定制化需求。

随着互联网和电子商务的出现，企业的运作形成了一个以计算机和互联网为核心的虚拟空间，从而形成了与实物价值链平行的虚拟价值链，虚拟价值链与实物价值链的各个阶段相对应，水平地使价值增值，企业为客户提供的价值。Rayport 和 Sviokla1995 年提出，任何一个企业组织都是在两个不同的世界中进行竞争：一个是管理人员能看得见、摸得着的有形资源世界，称为"市场场所"（Market Place）；另一个则是由信息而构成的虚拟世界，这一虚拟的信息世界导致了电子商务，这一新的虚拟世界称为"市场空间"（Market Space）。它们通过不同的价值链来展开价值创造活动，市场场所通过"有形价值链"（Physical Value Chain，简称 PVC），即采购、生产与销售活动，市场空间通过"虚拟价值链"（Virtual Value Chain，简称 VVC），即信息的收集、组织、选择、综合、分配，信息已经不仅是波特在 1985 年的价值链所认为的一系列价值创造活动的辅助因素，信息已经成为价值创造的源泉。通过将原始信息转换成新的服务和产品来增加价值是一种新的价值链，称为虚拟价值链，虚拟价值链是由信息驱动的增值活动。虚拟价值链上任一阶段创造价值包含如下 5 项活动：收集、组织、综合、选择、发布信息。通过这些活动收集原始信息创造价值，并将物理价值链和虚拟价值链结合在一起，形成了一个价值矩阵，使得企业可以更有效地确定并满足客户的需求。见图 1-8。

网络经济时代的企业，必须突破波特的基于物流的价值链思想，重新思考如何向其客户传递和创造价值。基于互联网的运营管理体系，必须有效地集成和管理这两个平行价值链的增值活动并统一、协调地服务于企业为客户创造价值的活动中，用互联网渠道取代传统渠道，与客户、供应商和其他合作建立基于信息流的运作体系，并用信息流指导和控制物理价值链的物流活动。通过互联网，电子商务集成了传统企业中的信息流、物质流、资金流，将企业、客户、供应商、经销商以及员工整合在一起，形成了新的价值创造模式，并改变了企业的传统价值链。

· 改变了传统的营销、销售和售后服务模式，形成了网上营销渠道。

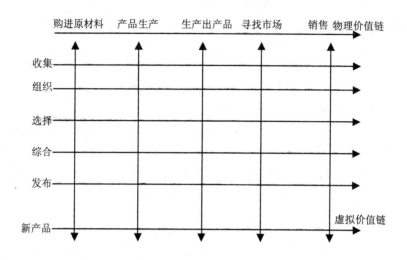

图 1－8　价值矩阵 [①]

- 改变了传统的采购模式，形成了集成一体化的电子供应链。
- 改变了企业的生产方式，从制造库存转向订单制造。
- 缩短了价值链环节。
- 产生了新的价值创造方式。

　　本书拟构筑一个概念性的全方位运营管理体系框架，来研究运营管理体系的变革与发展趋势，也就是从运营管理体系中的四个基本要素即运营目标体系（Goal）、运营支撑体系（Support）、运营平台体系（Platform）和运营控制体系（Control）进行观察和分析。由此，本书建立了网络经济时代企业运营管理体系的 GSPC 研究模型。这种概念框架便于思考、分析与交流，简明实用，构筑的研究模型框架如图 1－9 所示。

　　任何一个企业都是在一定的环境下发展和运营的，环境因素的变化将影响运营管理体系的运行模式和运作规则，首先要解决的是企业的运营目标问题。运营目标体系主要指企业运营要实现的管理目标及其变化规律、优先次序，是利润目标还是客户满意度目标，是追求成本目标还是质量目

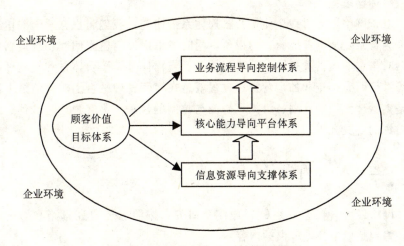

图 1 - 9　运营管理体系 GSPC 研究模型

标，这是运营管理体系的方向和灵魂；运营支撑体系主要阐明企业运营所依据的核心资源是什么，如何支持了企业的运营平台的建立和完善，这是运营管理体系的资源支撑；运营平台体系是企业运行的基础设施，提供了企业的运营能力，是企业竞争的基础，企业运行的基础和保障；运营控制体系是企业在运营平台上对业务活动进行计划和控制的过程。

　　根据价值链理论和虚拟价值链理论，企业的价值创造活动分为基本活动和支援活动，基本活动是直接的产品生产和顾客价值传递，包括研究与开发、物料采购与供应、生产制造、营销和服务活动，它们构成了全方位企业运营的平台体系，形成企业的能力基础；支援活动是支持基本活动的活动，包括企业组织管理、财务管理、人力资源和信息管理，形成企业的资源基础，这些支援活动构成了全方位运营管理体系的支撑体系。通过对企业运营平台体系和支撑体系的控制活动而形成的控制体系来实现企业的运营目标体系。在以互联网技术为基础的运营管理平台上，企业的运营过程就是和客户、供应商及合作伙伴的共同协作过程，形成了一个价值网。在这个价值网中，一方面，在虚拟运营空间的虚拟价值链上，企业通过与客户、供应商、合作伙伴共享供应链上各环节的信息流，完成企业与客户的互动；另一方面，在物理运营空间的物理价值链上，就是通过供应链的管理和运作完成原材料运输、产品制造、产品配送过程，完成客户价值的创造与传递过程。

对于网络经济时代企业运营管理体系的研究，我们将以互联网和电子商务为背景，从企业经营者的视角，同时考虑虚拟运营空间和物理运营空间，对于企业运营管理体系的目标体系、支撑体系、平台体系和控制体系过程进行研究。企业的运营管理过程就是在运营管理平台上对价值链上四个基本管理流程的计划、组织、协调与控制的过程，为客户创造价值、提供满意的解决方案。

（二）研究内容

网络经济时代企业运营管理体系研究，按照上述研究思路和研究模型，将包括以下几个方面的内容：

（1）网络经济的发展对企业运营管理的挑战，讨论网络经济的基本特征与运行法则，及其对企业运营环境产生的影响，以及对运营管理体系的挑战。

（2）企业运营管理理论综述与全方位运营管理体系，讨论运营管理的概念理解，运营管理理论的发展过程和文献综述，运营管理模式的演变过程，提出网络经济时代的精准运营管理模式与支撑该模式的全方位运营管理体系的概念与体系内容。

（3）基于客户价值导向的企业运营目标体系研究，讨论在以客户为中心的价值观指导下，建立客户满意度为核心的运营目标体系，以及运营目标体系的演变趋势。

（4）基于信息资源导向的企业运营支撑体系研究，讨论知识经济理论下企业的信息资源、知识资源与人力资源管理模式以及管理机制。

（5）基于核心能力导向的企业运营平台体系研究，讨论以核心竞争力为基础的企业电子商务平台、技术研发平台、生产能力平台、物流配送平台、质量管理平台五大基础运营平台及其管理机制。

（6）基于业务流程导向的企业运营控制体系研究，讨论以业务流程再造为基础的企业市场营销、产品设计、生产制造、采购供应四个核心运营流程及其管理机制。

（7）按照精准管理模式与全方位运营管理体系的 GSPC 理论模型，探讨中国企业信息化过程中的经验、教训和出路，并进行实证研究。

　　本书将站在企业经营者的立场，从建立和变革运营体系的角度，研究企业运营管理整体体系。企业运营管理体系讨论的是日常企业运营过程中基本业务流程和基本管理职能，属于日常运营管理范畴；但是建立运营管理体系本身是企业经营者进行企业战略管理的一项基本任务，是执行战略的基础和平台。"企业家的个性决定他们成立的企业是否成功，业务性质也许会影响公司营运，但是企业家本身的毅力才是主导公司营运好坏及是否能生存下去的关键。"① 企业经营者必须重视运营管理体系建设和变革。见图 1－10。

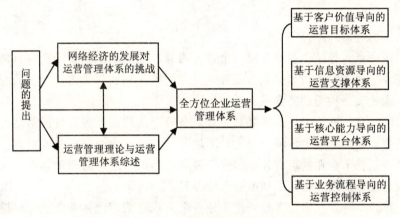

图 1－10　全方位运营管理体系研究内容框架

五、研究方法

　　（1）规范研究方法与实证研究方法相结合，既重视规范的理论分析和逻辑分析，又重视企业的案例研究中得出的实践经验结论。

　　（2）比较研究方法，在工业经济与网络经济的对比中进行运营管理体系的研究。

---

　　① ［美］贝丽卡桑德斯著，华经译：《亚马逊网络书店传奇》，机械工业出版社 2000 年版，第 3 页。

（3）静态研究与动态研究相结合，既考察企业运营管理体系各部分内容的基本结构和静态特征，又从互动发展的角度进行研究。

（4）宏观研究与微观研究相结合，即用系统论的研究方法，着重从宏观角度研究企业运营管理体系。

六、本书结构与创新尝试

本书分为八章。

第一章　导论，主要介绍六个部分内容。①选题依据。②研究目的与目标。③研究对象与相关概念的界定。④研究思路和研究内容。⑤研究方法。⑥论文结构与创新尝试。

第二章　网络经济的发展对企业运营管理的挑战，主要对网络经济的运行规则与市场竞争环境的变化，用规范分析法和比较分析法进行研究网络经济条件下企业的运营环境和竞争要求，归纳企业运营管理体系的变革环境与变革需求，提出了精准运营管理模式。

第三章　企业运营管理理论综述与全方位运营管理体系，主要讨论企业运营管理体系的内涵与特征，将运营管理的概念从企业的生产职能管理扩展到企业的价值过程管理，从价值生产的角度重新定义和界定，并对传统运营管理体系和运营管理理论的发展过程进行回顾，总结、梳理前人的理论和实践经验，进行文献综述，在此基础上提出精准运营管理模式与全方位运营管理体系的概念和模型。

第四章　基于客户价值导向的企业运营目标体系研究，主要研究在新的竞争环境下企业运营管理体系的目标体系的发展，建立了以客户满意度为核心运营目标的价格、质量、品种、时间、信誉、环保、知识的七大运营作业目标体系和管理机制。

第五章　基于信息资源导向的企业运营支撑体系研究，主要研究企业在知识经济条件下以互联网信息技术为基础的信息资源、知识资源、人力资源的发展变化与管理机制变革，与工业经济时代实体资产支撑下的运行支撑体系进行比较研究，发现变化趋势。

第六章　基于核心能力导向的企业运营平台体系研究，主要研究核心竞争力理论基础上电子商务平台、技术研发平台、生产能力平台、物流配送平台、质量管理平台五大基础运营平台及其管理机制。

第七章 基于业务流程导向的企业运营控制体系研究，主要研究企业流程再造理论基础上的市场营销过程（CRM）、产品设计过程（PDM/CPC）、生产制造过程（ERP）、物流供应过程（SCM）的计划与控制过程及其管理机制，探讨虚拟运营空间价值链与物理运营空间价值链的"价值生产与传递系统"。

第八章 研究结论与案例研究，主要对全方位运营管理体系的研究成果进行归纳，应用全方位运营管理体系理论考察中国企业信息化建设过程中的经验教训，以及全方位运营管理体系理论在企业信息化过程中的应用和指导作用；同时以全方位运营管理体系理论的视角研究美国 CISCO 公司、DELL 公司、中国海尔集团、联想集团在网络经济时代的运营管理体系和信息化案例，进行全方位运营管理体系的实证研究。

本书在如下方面进行了创新探索：

（1）本书对运营管理进行了概念扩展与创新，提出了"全方位运营管理体系"的概念，传统运营管理的核心是对生产系统的管理，主要目标是利用资源生产出合格的产品和服务，并作为与市场营销、财务管理相对应的一项职能管理；本书认为运营管理的核心是企业整个系统，其主要目标是满足用户需要为企业创造利润，是与企业战略管理相对应的日常基础管理，运营管理贯穿企业为客户创造和传递价值的产业价值链全过程，并对运营管理的概念进行扩展与整合。

（2）本书提出了网络经济时代竞争的核心要素是速度，而实现速度的途径是基于电子商务平台的精准管理模式，全方位运营管理体系的构筑就是支撑精准管理模式。运营管理体系的发展趋势是从农业经济时代的粗放化管理模式、工业经济时代的集约化管理模式发展成为网络经济时代的精准化管理模式，并研究了精准化管理模式的具体内涵和运行机制。

（3）本书突破了基于"运营战略、运作系统设计、运作过程管理、运作系统设计与改进"的关于运营管理体系的思维模式，打破了按照职能模块讨论运营管理机制体系的传统理论框架，按照基于产业价值链系统的价值创造过程提出了"客户目标—支撑资源—运营平台—管理控制"的运营体系思维模式，尝试建立了企业"GSPC"运营管理体系的基本框架，即 G（Goal）基于客户价值导向的运营目标体系，S（Support）基于信息资源导向的运营支撑体系，P（Platform）基于核心能力导向的运营平台体系，C（Control）基于业务流程导向的运营控制体系，并按照业务流程体系讨论企业的运营管理机制的框架。

（4）本书提出了在网络经济条件下构筑企业运营管理体系的"一个中心，两个基本点"指导思想，即以客户价值和客户满意度为中心，以增强企业核心竞争力为基本出发点，以构筑基于互联网技术和信息资源的运营能力平台为落脚点的指导思想。

（5）本书提出了基于客户价值导向的运营目标体系的概念，提出了宗旨目标、运营目标与作业目标的划分方法，建立了以客户满意度为核心运营目标的价格、质量、品种、时间、信誉、环保、知识的七大运营作业目标体系和管理机制。

（6）本书提出了基于信息资源导向的运营支撑体系的概念，建立了以无形资源为核心的信息资源、知识资源、人力资源运营支撑体系与管理机制。

（7）本书提出了基于核心能力导向的运营平台体系的概念，建立了以核心竞争力为核心的电子商务、研究开发、物流管理、生产制造、质量保证五大运营平台体系和管理机制。

（8）本书提出了基于业务流程导向的运营控制体系的概念，建立了以系统流程效率为核心的市场营销、产品设计、生产制造、物流供应的四阶段运营控制体系和管理机制。

（9）本书根据对企业运营管理体系的研究，提出了企业进行信息化建设实践的"三层面"思考模式，即第一层面的思想观念问题、第二层面的管理体系问题、第三层面的技术实现问题，三个层面问题的综合考虑是企业信息化建设成功的保证，并且认为思想观念问题、管理体系问题是信息化建设的关键，而企业恰恰没有形成正确的思想观念，忽视了管理体系的建设问题，片面重视第三层面的技术实现问题，导致信息化建设项目成功率不高。

（10）本书从企业主体出发，从企业最高经营者的视角出发，注重实践视角的理论研究，按照如何构筑企业的运营管理体系进行宏观层面的研究和讨论，是一种研究方法的创新。

第二章　网络经济的发展对企业运营管理的挑战

德鲁克认为，公司危机的根源"其弊端的症结在于，作为一个组织建立以及运作的那些基础假设条件已经不再适合当今的现实。这些假定决定了一个组织的运作方式，指导其经营策略的制定，定义了该组织存在和发展的根本目的，它们应该包含有市场，包含有顾客或是竞争者，以及他们的价值观念和处世之道。它们应和科技及其发展息息相关，与公司的优势以及缺点密切相连，它们指导着一个公司如何去争取利润。从我的定义而言，这些假设是公司的经营理论"。① 中国企业面对全球化、知识化、绿色化的多重挑战，面对企业信息化建设的巨大任务，如何思考网络经济时代新的"经营理论"，也就是如何回答以下三个经营假设：

• 关于公司所处环境的假设，即确立关于公司结构、市场的假设以及关于顾客和产品科学技术的假设。

• 关于公司自身根本目标的假设，即确立公司的宗旨、定位和目标。

• 认清公司自身能够确保实现预定目标的优势所在，也就是识别和培养公司的核心竞争力。

在环境假设、目标确立、核心能力培养等新的公司"经营理论"指导下，建立起高效的、基于互联网电子商务理念的运营管理体系，对企业运营的全过程进行全方位的有效管理已经成为了中国企业面临的一个紧迫问题。

网络经济时代，一方面由于互联网的诞生和企业电子商务的发展，引起市场竞争环境的变化，导致经济运行规则的变革，对企业运营管理体系提出了新的要求，既包括企业的核心业务流程如市场营销、产品设计、生

---

① ［美］德鲁克：《现代商业理论》，载《未来的管理》，四川人民出版社 2000 年版，第 2 页。

产制造、采购供应等，也包括企业的辅助管理职能如财务管理、人力资源管理、信息资源管理等，同时带来了企业组织机构和企业文化的变革；另一方面互联网为企业提供了新的技术基础平台，导致企业运行的基础资源和运营平台的变革，对企业运营提供了新的技术支撑和资源支撑，从而引起企业运营管理体系的变革和发展。网络经济时代的企业，互联网和电子商务是企业必须面对的挑战，其运营管理体系必须构筑于互联网的技术平台基础之上，并适应电子商务的运营平台。见图2-1。

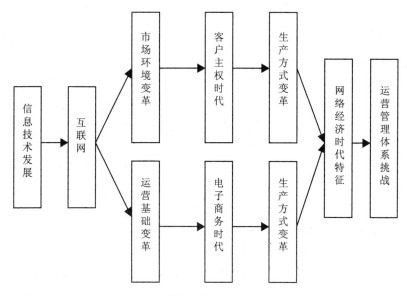

图2-1　运营管理体系变革的影响因素

一、信息技术的发展与在管理中的应用

（一）信息技术发展趋势

信息技术的发展是与电子计算机的发展分不开的，通常计算机的广泛应用被称为数字化，就是要把尽可能的内容转换为计算机能够处理的数字信号，成为数字化的信息。计算机技术的发展与应用可以分为五个阶段：[①]

（1）初创阶段：20 世纪 30 年代末～40 年代末。

（2）主机阶段：20 世纪 50 年代末～60 年代中。

（3）小型机阶段：20 世纪 60 年代中～80 年代初。

（4）微机（PC）阶段：20 世纪 80 年代初～90 年代中。

（5）网络阶段：20 世纪 90 年代中～2010 年左右。

网络化是把所有的单机联合起来组建而成的网络，是数字化的高级阶段。单机只是网络的一个结点，网络建设，尤其是互联网的发展，也可以分为三个阶段：

（1）APRA 阶段：1968～1986 年，互联网的研究与试用。

（2）NSF 阶段：1986～1995 年，互联网的科研应用。

（3）Internet 阶段：1995～2010 年，互联网的商业化和立体化。

互联网到底是什么？从本质上说，本书认为互联网可以归纳为以下五点：

（1）互联网是一个全球计算机的互联网络，构成了一个虚拟空间，它是未来商务和通信的一个环境。

（2）互联网本身是一个巨大的信息资源，形成了巨大的信息流量。

（3）互联网是人类共享的交互式信息沟通平台，彻底改变了人类的信息沟通方式，实现了实时互动沟通，成为继面对面、通过邮件、电话之后进行沟通的第四渠道。

（4）互联网是全球合作者的合作平台，形成了相互合作的运行机制。

（5）互联网引发了一场深刻的经济革命，使人类社会进入到网络经济时代。

根据使用目的的不同，互联网分为内联网（Intranet）、外联网（Extranet），内联网是一个组织的内部私有网络，运用防火墙（Firewall）技术将内联网与外部的互联网隔开，保证企业组织内部人员的信息共享和实时沟通，同时有效防止外部的非法侵入，本质上和互联网没有区别，只是访问内部网需要授权。外联网就是一个组织允许部分组织外部的个人和其他组织对他们内部网络进行有限的访问，被延伸到公司外部的授权用户的

---

① 刘吉、金吾伦等：《信息化与知识经济》，社会科学文献出版社 2002 年版，第 59 页。

私有内部网叫外联网,外联网把企业及其供应商和贸易伙伴联系在一起。

计算机网络改变了人类活动的平台。计算机网络一旦成为人的主要媒体的时候,人的活动将逐渐转向这个新的平台。由于平台的基础性作用,过去的经历可能不会完全适用于新的环境。信息化的最终目的就是给人类的活动创造一个新的活动环境,使人类的生活更加完美。计算机给人类带来的变革涉及的是媒体的转移,使人类社会从过去的活动平台转向以网络为基础的新的平台,平台的转移也就意味着人的基本活动环境的转移。在人类文明史上,已经出现过两次媒体的转移:口头到文字和手写到印刷,而每一次转移都与人处理信息的手段相关。第一次转移发生的时期主要以口头文化为基础的社会向以日益增多的书面文字为基础的社会的过渡时期。第二次转移将手写的文本转移到传播更广、机械方式印制的书本。而目前人类的文明又处于第三次媒体转移的转折点——从印刷媒体向电子媒体转移,也就是尼葛洛庞帝所称的"从原子时代向比特时代迈进"。比特正在迅速地取代原子成为人类社会的基本要素,它关系着我们未来的一切。然而,作为有限的人,我们不可能直接处理比特,必须借助于计算机这个工具进行间接的处理,于是人、计算机、计算机网络一起构成了第三种新的实在——"虚拟实在"。人类将从"物质实在"向"虚拟实在"转移。互联网与人类历史上出现的四种技术——印刷机(发明于15世纪50年代)、电报(发明于19世纪30年代)、铁路(诞生于19世纪20年代)、无线电(发明于1906年)技术一并被称为改变世界的"第五元素",[①] 必将对人类的经济活动和社会活动产生划时代的革命性影响。当人类的大部分活动在网络上进行,特别是当商业、金融、保险、外贸、税务等基础性的服务平台转向网络后,人类的生产方式、工作生活方式将发生革命性的变革,人类经济将从工业经济转向网络经济、知识经济。

互联网是21世纪一切产业发展、企业管理重构的核心要素和基础平台。

---

① 《互联网:改变世界的"第五元素"》,载 www.ccw.com.cn,2002年9月12日。

（二）企业信息技术（IT）应用架构

对于企业管理手段而言，可以划分为手工阶段和计算机技术阶段。随着信息社会的到来，计算机和网络技术的迅速发展，现代企业管理的手段已经更多的是计算机了。计算机手段在现代企业管理中的广泛应用，实现了没有计算机时管理者不可想象的目标。目前各种网络可以保证"在任何时间、任何地点、以任何形式"进行通信和信息共享，导致了组织战略、结构、人员、过程、分销渠道和工作的革命性变化。哈佛商学院的阿普尔盖特教授在《信息时代的管理：IT 的挑战和机遇》中提出："在过去的 30 年中，技术、工作、劳动力的协同发展，已经剧烈、深刻地影响到我们组织的理念和所从事的行业。IT 不再是一种支持'后台办公'事务的简单工具，它已变成大多数企业的战略组成部分；IT 使企业能够重新界定市场和产业，以及各公司进行竞争的战略和设计方案。今天的超音速喷气机可以在 3 个小时或更短的时间里跨越大西洋，全球通信网络可以在瞬间把信息传遍全世界。距离和时间在决定市场、组织结构和过程方面，已经不那么重要了。而且，信息已经变成为一种重要的、有经济价值的商品，与有形的商品和服务结合在一起，甚至取代有形的商品和服务，进行频繁的交换。20 世纪 90 年代，还出现了 IT 所促成的'虚拟'组织。在这种组织中，许多小型的代理机构（或公司）绑定在一起，作为信息网络的一个结点，戏剧性地扩大了企业的范围和规模。"[①] 阿普尔盖特教授将企业的 IT 体系结构的演化分为四个时代：大型主机时代、微机时代、分布式信息系统时代、无所不在的时代。[②]

1. 大型主机时代

20 世纪中期以前，企业的信息处理方式是手工处理，是基于纸张的信息系统。20 世纪 50 年代数字计算机的使用，成为组织信息处理发生根本性变革的催化剂。50～70 年代，是计算机应用于企业管理的大型主机时代。该阶段的特征是工作本身是不能改变的，而是通过开发每个计算机应

---

① Lynda M. Applegate：《信息时代的管理》，中国人民大学出版社 2003 年版，第 5 页。

② 参见 Lynda M. Applegate：《信息时代的管理》，中国人民大学出版社 2003 年版，第 6～17 页。

用程序重复各项任务，相应地提高了整体效率，并利用计算机数据处理取代办事员的工作。

IT 体系架构是一种集中式的大型计算机系统和网络，机器智能集中在大型主机中，用户通过由大型主机控制的各种输入输出终端和它"交流"，这些终端本质上是哑终端，在大型主机上开展的工作基本上限定在与大型机处在同一座大楼的用户，数据是成批处理的，管理处于数据处理阶段。大型主机时代是计算机主导的信息集中处理方式，是信息技术专家主导的 IT 体系结构，是"计算机房"自动化现有手工办事过程和数据处理的效率提高过程。

2. 微机时代

20 世纪 60 年代微机出现以后，体积越来越小，价格越来越便宜，用户逐步获得对信息的控制，个人计算机和电子表格软件使计划、预算和信息报告实现自动化；个人/便携技术以及支持协同工作的计算机软件冲破了时间和空间障碍所形成的"工作场所"和"工作时间"；销售点及自动化信用卡扫描器使销售过程实现了自动化；数字化机器控制和计算机辅助设计/计算机辅助制造（CAD/CAM）使生产系统实现了自动化。"自动化孤岛"延伸到整个组织的各个工厂、工作团体和个人办公桌的使用者。分散化的计算将 IT 意识弥散到整个组织并开始瓦解集中化的大型主机和中央 IT 职能部门的支配性地位。

微机时代是用户主导的分散化信息处理方式，是信息技术专家与管理专家共同主导的 IT 体系结构，是在"办公桌"上增加个人和组织效力的过程。

3. 分布式信息系统时代

20 世纪 90 年代，我们进入了分布式信息系统和客户端/服务器计算的世界。用户通过高效的本地网和全球网，利用连接到信息和通信服务的各种类型的强大的工作站和客户端便携技术，访问和交流信息。理想的客户端/服务器计算体系结构提供了一个"开放系统"的观点。集中化、职能职权和控制让位于更加具有协作性的信息管理设计，要求用户更加积极地参与。利用客户端/服务器计算，必须把"准时制"信息分发到成千上万组织内部和外部的用户。

分布式信息系统是更加开放的信息处理方式，网络和信息管理系统的设计和管理通常采用集中方式进行，支持商务用户的信息和通信网络通常由商务用户管理，是在"更大的区域"有力地提高了组织和个人的竞争地位，促进行业和组织的转型。

4. 无所不在的时代

1993 年 Gartner 集团公司调查发现：50％的公司至少实施了一项客户端/服务器应用；33％的公司正在引入一种应用；14％的公司正在进化一种应用。已有证据表明一种新的 IT 体系结构模型正在萌发，新的对等体系结构保证可以提供一个真正"无所不在"的 IT 平台，在这个平台上管理商务、简化我们的生活、娱乐和教育社区。在今后的几年中，今天的层级结构的客户端/服务器网络将演化为灵活的、非结构化的信息和通信网络，在这个网络中，可以迅速将数据、视频、声音、图像分发到个人和具有超级计算机能力的便携技术上，这种需要将趋向为"计算机导向的人类和人类导向的计算机提供一种完全自然的交互手段"。[①] 这种互联网服务的新模式会使企业和消费者把企业视为一个高效低成本的访问方式，可以获得高质量、可依赖的服务。每个公司都将既是互联网上服务的用户，也是服务提供商。无所不在的计算的最终目标是使服务成为互联网的基本，要将它延伸到那些先前没有被连接起来的设备上。

信息技术通过多种途径影响各个行业、战略和组织设计，IT 实际上扮演着双重角色，一方面帮助创造条件引起变革需求，另一方面提供了支持变革的工具。

二、客户主权时代的来临

网络经济时代，以互联网为代表的信息技术从创造条件引起变革的角度，对于一个企业最大的作用就是改变了市场中厂商和消费者的关系，消费者由于信息的充分占有而获得了广泛的自由选择权，互联网带来了网络

---

① Lynda M. Applegate：《信息时代的管理》，中国人民大学出版社 2003 年版，第 17 页。

经济的客户主权时代。

市场交易中买卖双方永远是一对矛盾的双方，利益不同，销售者的收入必然成为购买者的成本，在追求各自利益最大化的目标下双方进行着市场博弈。互联网改变了市场中厂商和消费者的权利关系，消费者获得了无限的选择权，客户主权时代到来。

工业经济时代，作为管理范式的是大规模生产，大规模生产的范式具有"以大家都能买得起的低价来进行开发、生产、销售、交货和服务等活动"的共同目标。大规模生产模式面向统一的市场生产标准化产品，通过规模化流水线生产实现低成本目标，通过产品标准化和分工专业化以实现高效率的目标，美国亨利·福特的汽车流水线是大规模生产范式的典范。在大规模生产的企业价值链环节中，市场营销的管理目标就是面向统一的市场需求，采用低价格战略，通过大规模地推销现有产品，获得市场份额，提高销售量；生产制造环节是通过大规模生产实现低成本，生产过程尽量自动化，保持生产过程稳定和产量稳定，基于生产量确定采购量与安全库存量；产品开发环节是尽量延长产品的生命周期，同时开发面向能够大规模生产的新产品。物流配送主要是依靠企业自身的力量完成，运输部门和仓储部门作为成本中心，尽量控制物流成本。大规模生产模式成功运行的前提条件主要包括三个方面：

（1）市场需求相对统一和稳定。

（2）产品生命周期较长。

（3）市场需求和产品更新变化缓慢。

大规模生产的管理范式在工业经济时代取得了巨大的成功，差不多整个 20 世纪，大规模生产模式的采用者获得了巨大的利益，进入《财富》杂志 500 强的工业巨头，包括福特、通用汽车、美国钢铁公司、IBM、通用电气、得州仪器等，都是采用大规模生产范式的成功企业，它们共同使美国成为具有统治地位的世界强国。

网络经济时代，影响市场竞争环境的主要是三种力量：客户（Customer）、竞争（Competition）、变化（Change），简称 3C。

（1）在买方市场环境下，客户需求日益多样化和个性化，客户选择范围越来越大，在生产者与消费者的关系中，消费者处于主导地位，客户不再满足于接受企业的标准产品，企业必须满足其个性化需求，才能赢得客户和订单。

（2）全球化使企业之间的竞争日趋激烈，产品相对过剩，价格不断降低，利润率越来越低。

（3）"唯一不变的就是变化"，客户的个性化需求在不断变化，市场竞争环境在不断变化，技术不断发展变化，变化成了网络经济时代的主要特征。

面对变化的市场和消费者需求，产品生命周期越来越短，市场越来越不可预测，库存急剧增加，企业运营资金沉淀日益庞大，客户流失，利润流失，大规模生产模式走到了尽头，取而代之的是大规模定制范式。

大规模定制模式的共同目标就是"开发、生产、销售、交付买得起的产品和服务，这些产品和服务具有足够的多样性和定制化，差不多人人都能买到自己所想要的产品"。① 大规模生产模式是面向客户生产个性化产品，制造过程需要高度的灵活性和适应性，柔性生产系统、虚拟生产系统、敏捷制造系统成为必然选择。美国戴尔计算机公司的"直销模式"是大规模定制模式的典范，根据每一个客户的不同要求定制计算机。

网络经济的技术基础是互联网，在网络经济日益发达的今天，消费者可以在数秒内就比较出价格和产品的特质，在搜索引擎网站上用鼠标轻轻一点，便可以比较各个竞争者所提供的价格，甚至消费者将自己的需求在网站上发布后，便立即有供应商做出回应。消费者可以获得几乎是即求即取的大量信息，今天的消费者几乎可以在世界上的任何一个角落购买到任何一种语言的一种报纸，各种商品广告、宣传手册铺天盖地，可以查阅网上的百科全书、词典、医疗信息、电影评比排名、消费者报道，以及数不清的信息来源，信息的充分性，保证了消费者可以及时了解所购买的商品、提供商品的商家、相关产品价格等信息。对于企业来说，改变了原来信息不对称的局面，过去是生产厂家制定市场规则转变成现在由用户制定市场规则。由于互联网的存在，厂商之间的竞争关系瞬间就可以展现在用户面前，因此满足用户的个性化需求成为厂家的头等大事。否则，企业就会被用户淘汰，被市场所淘汰。

---

① ［美］B. 约瑟夫·派恩著，操云甫等译：《大规模定制——企业竞争的新前沿》，中国人民大学出版社 2000 年版，第 42 页。

三、电子商务时代的来临

网络经济时代，互联网为代表的信息技术从提供支持变革的工具的角度，对于一个企业最大的作用就是信息化电子商务平台的引进和应用，改变了企业的运行规则和管理范式，互联网催生了网络经济的电子商务时代。

电子商务（Electronic Commerce，EC）作为一个完整的概念出现在20世纪90年代，它的主要源头是电子数据交换（Electronic Digital Interchange，EDI），俗称无纸贸易。EDI起源于20世纪60年代，从一开始就是应用在贸易及与贸易相关的运输业和行政管理上。到80年代末期已经形成规模，并在90年代伊始，在联合国有关组织的支持下，由各国和地区政府扶持和推动，应用到海关业务管理上。随着EDI应用到更多的领域，以及电子邮件（E－mail）、电子公告系统（BBS）和条形码等电子工具的广泛应用，EDI作为商务活动的局部应用，已经涵盖不了电子化商务活动的全过程了，这个阶段称为基于EDI的电子商务。1991年，互联网开始被应用于商业用途时，由于互联网费用低廉、覆盖面广、功能全面、应用灵活，使得电子商务在互联网的带动下快速发展。人们开始用电子商务这一新的术语来描述生产、流通和消费领域中的信息化、电子化、网络化和自动化的活动过程，这个阶段称为基于互联网的电子商务。人们习惯上称电子商务就是在互联网平台上进行的所有商务活动，甚至就是网上购物，由此产生了Internet商务。

电子商务协会对电子商务的定义是"用电子的方法进行商务活动"，[①]这是一个模糊的概念，根据这一定义，使用电话开展商务活动也叫电子商务。加拿大商业网（CommerceNet）给出的定义是："电子商务利用内部网络和计算机用来建立和转变商业关系。"[②]欧洲议会在"电子商务欧洲动议"中给出的定义是："电子商务是通过电子方式进行的商务活动。"IBM

---

①②　Peter Fingar，Harsha kumar，Tarun Sharma 著，董春连、吴宇昕译：《企业电子商务》，海天出版社 2001 年版，第 27 页。

公司给出的电子商务定义是"采用数字化电子方式进行商务数据的交换和开展商务业务的活动，是在互联网的广阔联系与传统信息技术系统丰富资源相互结合的背景下，应运而生的一种相互关联的动态商务活动"。HP公司对电子商务的定义是"从售前服务到售后支持的每一个环节实现电子化、自动化"。[①]从以上定义可以看出，大家都认为电子商务是通过电子方式进行的商务活动，而且互联网是一种主要的方式，但不是一种唯一方式。张铭洪指出"电子商务的根本在于它通过通信网络和传输系统使得交易更为便捷，在于它组织市场和开展交易的方式，即通过可视化的市场代理商、数字产品和电子过程进行交易。这样一种经济过程和承载它运作的技术平台没有必然和永远的联系"。[②]狭义上，电子商务就是利用计算机互联网为依托进行的商务活动，主要是将厂商、客户、供应商和其他合作伙伴通过Internet、Intranet、Extranet连接在一起的商务应用。广义上，电子商务是指利用电子方式为媒介进行的各种商务活动，包括利用电脑、电话、传真、EDI等各种电子方式所从事的商务活动。从宏观经济角度看，电子商务是计算机网络的一次革命，其宗旨就是通过电子手段建立一种新的经济秩序，它不仅涉及电子技术本身，而且涉及政府、银行、税收、教育等社会各个层面。从微观经济角度看，电子商务是指各种具有商业活动能力的实体利用网络和先进的数字化传媒技术进行的各种商业活动。电子商务的本质是企业通过实现运营管理的信息化，从而迅速和高效地链接电子商务的各个相关主体，包括商业企业、政府部门、银行、消费者等，进行电子化的信息共享和业务往来。

　　本书认为：电子商务不仅仅是一个网站或一个在线商店，也不仅仅是企业资源计划（ERP）的实施，电子商务的核心本质是以现代计算机通信技术尤其是网络技术为手段进行的一种社会生产活动，根本目的是提高企业生产效率、降低经营成本、优化资源配置从而实现社会财富的最大化，电子商务首先是"商务"，商务的本质和传统经济一样，只不过运营手段实现了"电子化"。电子商务应该定义为"利用互联网和其他电子技术方式来完成企业向客户提供产品和服务的全过程的商务活动，是由计算机、通信网络及程序化、标准化的商务流程和一系列安全、认证法律体系组成的集合；是一种以互联网为基础、以交易双方为主体、以银行电子支付和

---

　　①②　张铭洪：《网络经济学教程》，科学出版社2002年版，第18页。

结算为手段、以客户数据为依托的全新商务模式"。电子商务的过程以信息流为核心，利用在线方式将顾客、销售商、供应商和企业员工联系在一起，使各种商务活动、交易活动、金融活动和其他一些相关的综合服务活动达到电子化、自动化运作的商务形式。见图 2-2。

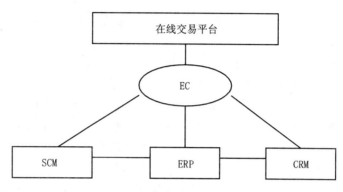

图 2-2　企业运营意义上的电子商务

　　企业运营意义上的电子商务，应该包括基于 Internet 的电子商务以及基于企业内部的信息化系统企业资源计划 ERP、供应链管理 SCM 和客户关系管理 CRM。电子商务旨在通过网络完成核心业务，缩短周转时间，从有限的资源中获取更大的收益，大大降低了企业的运营成本。必须明确，互联网永远只能作为一种商业工具，通用电气、思科公司这样的实体企业，DELL、DHL 这样以营销或服务模式起家的成功企业，他们也只是把互联网当做手段和工具，真正成功的原因是先进的商业模式和内部管理制度。互联网改变了企业的运营模式，企业要重新构筑基于电子商务要求的运营管理体系。

四、网络经济的基本特征与运行规则

　　肖明超在《信息时代的八大管理悖论》[①] 中提出信息技术与企业管理

　　①　肖明超：《信息时代的八大管理悖论》，载《博锐管理线》2006 年 10 月。

之间的关系，就好像交通工具和路的关系。信息技术的应用，只是让自行车变成了汽车，但是却不能使弯路变成直路。信息技术的发展和互联网的应用，将人类社会从传统的工业经济时代推进到网络经济时代，企业进入了一个崭新的竞争阶段。信息和知识资源的范围、形式、规模、获取、储存以及传送，都已经或正在发生着巨大变化，它使得全球经济活动管理规则在彻底变革，企业对世界的认知图式和价值判断方式在逐步渐变，企业原有的生存和发展模式也正在发生着相当大的变化。面对信息时代的到来，我们必须在新的时代特征和背景下来改进甚至重构自己的经营和管理模式，如果我们看不到这样的规则变化并积极地进行驾驭，要么被网络信息化的"第三次浪潮"所吞没，要么在变革面前无动于衷坐以待毙。因此，我们必须深入研究网络经济的基本特征和运行规则。

（一）网络经济的三大法则

网络经济的三大法则"摩尔定律"、"梅特卡夫法则"、"马太效应"决定了网络经济的基本特征和竞争规则。

1. 摩尔定律

Intel 公司创始人戈登·摩尔（Golden Moore）根据对 1959～1965 年半导体工业发展实际数据的观察，1965 年 4 月发表论文，提出著名的摩尔定律："计算机芯片集成电路上可容纳的元器件密度每 18 个月左右就会增长一倍，性能也会提升一倍"，后来进一步拓展为："每 18 个月左右性能提升一倍而价格下降一半"。摩尔定律被计算机和信息技术发展 30 多年的实践所证明，它反映了计算机技术、信息技术快速发展和持续更新的内在动力。这一定律在网络经济中也将继续起作用。Intel 公司为了能够在快速更新的芯片产业中处于主导地位，获取动态的竞争优势，不断地驱动技术向前发展，并在其竞争对手能够生产出性能相近的产品时，将价格大幅下降，利用规模经济和学习曲线来使竞争对手处于不利地位。李宝山教授根据摩尔定律提出了"定时出击"策略，加强企业对创新的时效管理，主动地、科学地排定创新的步伐。[①]

---

① 李宝山：《掌握新规律，制定新对策》，第二届企业管理研究与学科建设论坛，2002 年。

2. 梅特卡夫法则

3COM 公司创始人鲍勃·梅特卡夫（Bob Metcalfe）提出了著名的梅特卡夫法则，即"网络的价值等于网络节点数的平方，换言之，网络价值以用户数量的平方的速度增长"。网络外部性是梅特卡夫法则的本质，网络外部性产生了正反馈。如果一个网络中有 n 个人，那么网络对每个人的价值与网络中其他人的数量成正比，这样网络对所有人的总价值与 n * (n－1)＝n^2-n 成正比。在传真机时代，当我购买了一台传真机时，你的传真机的价值也增加：因为你现在可以向我发传真，并且可以接收我的传真了。即使你现在没有传真机，你也有更强的动机去购买一台，因为你现在可以用它和我通信了。正是由于网络价值存在的这种特性，导致了网络在特定情形下的边际收益递增现象。

3. 马太效应

马太效应最早出自《新约全书·马太福音》："倘若有的，则双倍给他，让他有余；没有的，将他仅剩的一点也拿走。"马太效应描述的是一种典型的正反馈，正反馈使强者愈强，弱者愈弱。在最极端的形式中，正反馈可以导致赢家通吃的市场，单个公司或技术击败了所有的对手。Intel 公司在芯片产业，Microsoft 公司在 PC 软件产业中地位的形成过程，充分说明了网络经济中正反馈的作用。

（二）网络经济的基本特征

网络经济的"三大法则"给产业发展与企业管理带来深刻的变化，与传统工业经济相比，网络经济表现出如下六个方面的基本特征：

1. 全天候经济

由于信息网络每天 24 小时都在运转中，从而基于互联网的经济活动可以全天候地连续进行，很少受到时间因素的制约，打破了一周 5 天、每天 8 小时工作的局限；互联网将整个地球变成了"地球村"，位于世界上任何地方的任何人都能够通过网络让世界上其他任何地方的任何人访问其网站，寻找到其所需要的信息，地理位置变得无关紧要，基于网络的经济活动把空间因素的制约降低到最小限度，使整个经济的全球化进程大大加快，世界各国经济的相互依存性空前加强。人类通过互联网，可以在任何地方、任何时间保持实时的沟通和联系。任何一家企业，不论实力大小，都可以在网上面对全球用户，产品通过网络"走向世界"，任何人都可以在网上工作、学习、聊天，网络经济打破时空限制，整个世界在成为企业的客户和合作伙伴的同时，也变成了企业的竞争对手，机遇与挑战并存。

企业的全球化运营、全天候运营成为选择和可能，企业运营的起点从本土经济转为全球经济。网络经济是全球化经济，全天候经济。

2. 虚拟经济

互联网形成了一个电子虚拟空间，在互联网上构筑的虚拟电子空间中进行的经济活动我们称为虚拟经济，因为它具有不受时间和空间限制的虚拟性，这里的虚拟经济不是指传统经济中的金融市场的虚拟性，由证券、期货、期权等有价证券的虚拟资本交易活动构成的虚拟经济。网络经济的虚拟性是由于网络的性质决定的，网上的经营活动如网上销售、网上采购、网上支付、网上拍卖等都属于虚拟经济，它们既可以是实物经济的虚拟化表现，如在当当网上利用网络订购图书，通过实际的物流配送渠道获得图书，也可以是完全的虚拟经济行为，比如在网上举办汽车展览会，它与现实中物理空间中的实体经济相互依存、相互促进。虚拟空间流动的是信息流，以信息流构成了一个虚拟价值链，与实体供应链共同为客户创造价值，为企业创造利润。网络经济是虚拟经济。

3. 直接经济

网络改变了人们的沟通方式，使企业组织结构趋向扁平化，生产者和消费者，企业与客户、供应商、合作伙伴可以直接联系，使传统经济中的中间管理层和中间商失去了存在的必要性，这必然改变企业的组织结构和生产、经营模式，比如美国戴尔计算机公司的直销模式，是网络经济的经典模式。同时，为企业组织提供了一个新的电子化营销渠道，互联网可以作为信息产品的分销渠道，如软件、音乐、电影票或飞机票、经济服务、保险业务以及研究数据都可以通过互联网分销。当产品本身无法通过互联网分销时，产品的特性、定价、分销时间或其他关于产品的有用信息可以通过互联网传递。互联网对已有的分销渠道的影响有两种：替代或扩充。

当互联网用于向与旧有分销渠道相同的客户服务，并不创造新的客户时，就会产生替代效应。旅行服务机构的机票分销服务形式的更替就是一个很好的例子，人们不会仅仅因为网络售票的出现去购买机票。在另一方面，那些无法承受从股票经纪人那里购买股票的投资者，在支付较低的在线经纪费后就可以使用互联网参与股票市场交易，这就是扩充效应。替代效应和扩充效应经常相伴发生。网络经济是直接型经济。

4. 需求方规模经济

网络效应是指当一种产品对一名用户的价值取决于该产品别的用户的数量时，我们称该产品具有网络效应，或该产品具有网络外部性。电话、传真、互联网都具有明显的网络外部性。例如传真机，苏格兰发明家亚历山大·贝恩在 1843 年就申请了传真机的基础技术的专利，美国电话电报公司（AT&T）于 1925 年在美国引入了有线图像传送业务。但是到了 20 世纪 80 年代中期，传真机仍然是在一种小范围内使用的产品。在 5 年的时间内，传真机的需求和供给爆炸了。在 1982 年以前，几乎没有人拥有传真机；在 1987 年之后，绝大多数企业都拥有了一台或更多的传真机。[①] 因此，增长是战略上的必然选择，不仅是为了获得通常的生产方规模经济，而且是为了获得由网络效应产生的需求方规模经济。在传统的工业经济时代，消费者接受标准产品，供应方或者说厂商的规模经济一直是产业竞争的基础，大批量制造、大规模销售以降低成本，获得规模经济效益，实现总成本领先战略目标。例如美国福特汽车公司，1903 年亨利·福特成立福特汽车公司，1908 年推出 T 型车，1914 年正式引入移动流水线，大大提高生产效率，汽车产量提高，成本下降，形成供应方规模经济，大批量流水线生产也成为工业经济时代的生产范式。网络经济时代打破了供给方规模经济一统天下的局面。网络经济条件下，由于存在正反馈效应，产品信息和知识含量提高，产品的固定成本高，而边际生产成本在很多情形下都处于很低的水平，甚至某些信息产品当中边际成本几乎为零。在这种情况下，仅仅依靠厂商自身利用规模经济降低产品成本是远远不够的，厂商必须利用网络效应建立起庞大的客户群基础，利用网络价值的增值来实现

---

① ［美］卡尔·夏皮罗、哈尔·瓦里安：《信息规则——网络经济的策略指导》，中国人民大学出版社 2000 年版，第 11 页。

"需求方规模经济"。例如微软公司，其公司的巨大价值不在于其开发软件的规模，而在于其客户规模。微软庞大的客户群和广泛的使用，使其软件成为事实上的行业标准，这是典型的需求方规模经济。

5. 注意力经济

网络经济时代由于客户网络价值的存在，吸引客户的注意力成为竞争的焦点，客户的注意力成为具有经济价值的稀缺资源。企业为了拓展自身的用户网络，就必须在全球的范围内吸引客户的注意力，吸引全世界更多"眼球"的关注，并形象地称为"眼球经济"。注意力经济的实质就是通过潜在用户群的控制来使网络价值最大化。注意力成为资源和商品，成为价值的源泉和财富，这意味着生产和消费的融合，意味着生产者和消费者的融合。在网络经济时代，产权不再是单方面的保护。知识产权维护的是生产者主权。与生产者主权相对应的是消费者主权，或者称为注意力主权。伴随着注意力经济，是全新的市场机构和市场关系的变革。当然，注意力是前提和基础，注意力经济的关键是把客户的注意力转变为企业实实在在的业务和实实在在的利润，但是如果没有注意力，则一切无从谈起。

6. 知识经济

农业经济时代的关键资源是土地，工业经济时代的关键资源是资本，网络经济时代的关键资源是知识和信息。随着生产力水平的提高和网络经济的发展，客户需要的不仅仅是产品和服务本身，而是基于自身需求的解决方案，解决方案的知识含量和信息要素越来越丰富。通用汽车公司是工业经济时代的代表，依靠物质资本为社会创造财富；微软公司则是依靠知识资本创造财富，是网络时代的代表。因此企业必须通过自身的客户知识积累和信息积累，为客户创造价值，作为知识载体的人才成为企业发展的支柱。

（三）　网络经济的运行规则

由于网络经济三大法则，使网络经济表现出与传统工业经济完全不同的竞争规则，表现在以下六个方面：

1. 客户主权

网络经济条件下，客户的选择范围扩大，客户可以在短时间内通过网络从大量的供应商中反复比较，找到理想的供应商，而不必像现在这样花费大量的时间和精力去"货比三家"；互联网由于减少了信息不对称，客户和经销商具有同样的信息，消费者的消费行为将变得更加理智，对商品的价格可以精心比较，不再因为不了解行情而上当受骗；消费需求将变得更加多样化和个性化，消费者可以直接参与生产和商业流通，向商家和生产厂家主动表达自己对某种产品的欲望，客户定制化生产将变得越来越普遍，客户成为市场的主导力量。企业以产品和自我为中心的运营模式将受到挑战。

2. 速度制胜

1999 年 4 月 24 日，世界经济论坛总干事司马加先生在中国企业管理协会成立 20 周年大会上发表了《21 世纪全球经济发展的四大特点》的主题演讲，提出："21 世纪经济是以知识为基础的经济，21 世纪经济将受到技术革新的推动，21 世纪经济不断向我们阐明几个重要概念，那就是速度、灵活性和多样性；21 世纪经济将面临着具有高度流动性的资本，人们将不懈地追求更高的资本回报率。"网络经济时代消费者需求趋于多样化、个性化、易变化，导致产品生命周期越来越短；网络信息传播的迅捷快速，使企业的运转速度加快，商机稍纵即逝，企业的核心竞争力就是不断推出新的产品，创造新的服务模式，在第一时间、第一个、以第一流的质量向客户提供满意的解决方案。21 世纪的竞争法则是"快鱼吃慢鱼"，输赢区别的标志是创造产品和服务的能力比对手更快，减少时间的成本，减少产品生产和产品上市的时间，即减少时间的能力，公司应有缩短决策从上到下时间的能力。

3. 创新为本

网络经济时代，为了应对产品生命周期缩短和客户多样化、个性化需求，获取市场竞争优势，企业必须不断创新，创新成为企业的效益源泉。

一个企业长期持续的发展需要有长期的竞争优势，而长期的竞争优势来源于有一个不断改革和发展的核心能力。核心能力的形成、发展、维护和再创新都要依赖于企业的不断创新活动。美籍奥地利经济学家约瑟夫·熊比特认为"创新"才是推动企业成长的根本途径，网络经济时代更加强调创新。创新活动包括市场创新、技术创新、产品创新、制度创新、管理创新等多个方面，但是作为企业运营，关键是树立创新价值观、建立创新制度、培育创新能力。企业持续发展的动力就在于企业持续不断的创新。

创新的根本目的就是提高对消费者潜在需求的满足速度。

4. 合作竞争

互联网使企业之间的竞争与合作的范围扩大了，也使竞争与合作之间的转化速度加快了。任何一家企业面对复杂多变的市场环境，很难独立地全面满足客户的多样化需求，企业进入了合作竞争时代，市场经济的基本特征就是竞争，就是优胜劣汰，网络经济就是合作经济，没有合作，将不成网络，没有合作，企业也难以在网络环境下发展。在竞争合作或合作竞争中，各个企业根据各自的优势和核心竞争力，相互合作，优势互补，共同构造为客户服务的价值链体系，企业的活力加强了，企业的应变能力提高了，企业从拥有资产转变为拥有渠道即可，企业竞争的基础是企业是否有能力取得资产，而非是否拥有资产，战略联盟成为企业的必然选择。网络经济是合作型经济。

5. 产业标准竞争

网络经济时代，产业标准竞争是具有强大正反馈效应的网络市场中独有的现象。当两种新的不兼容的技术相互竞争都想成为事实上的产业标准时，就发生了标准竞争。标准竞争的结果可能直接威胁到公司的生死存亡，一项技术如果成为行业标准，将产生赢家通吃的竞争优势。这对于企业技术路线的选择、技术标准的确定至关重要。"三流的企业卖力气，二流的企业卖产品，一流的企业卖技术，超一流的企业卖规则。"[①] 规则是什么？在技术领域是技术标准，在市场经济中是游戏规则。超一流企业是通过创造和运作标准或规则获得超额利润的。美国英特尔公司、微软公司、高通公司的垄断地位，靠的是什么？实际就是其所创立的行业技术标准。我国企业在许多产业标准的竞争中都处于不利地位，大部分创新租金都由

①　杨杜：《超一流企业卖什么》，载《IT 经理世界》2000 年第 7 期。

发达国家所获得，比如我国的 VCD 产业，关键的核心技术专利都掌握在索尼、三星、飞利浦以及解码芯片制造商手中。我们的"VCD 大战"不过是个"卖力气"的"装配工"。产业标准竞争必须认真研究和决策。

6. 系统竞争

网络经济时代系统在信息技术中无处不在，比如操作系统和应用软件，中央处理器 CPU 与内存条，录像机与录像带。通常，是不能指望一家公司提供一个系统的所有部分。相反，不同的组件是由不同的制造商以非常不同的生产和商业模式制造出来的。传统的竞争战略集中于竞争者、供应者和客户，而在网络经济中，出售互补产品的公司同样重要。所以不但要重视竞争对手，还要重视合作伙伴。组成联盟，扶植伙伴和保证兼容是关键的决策。市场竞争不再仅仅表现为单个企业的竞争，而更多地表现为企业集群或战略联盟，产业供应链之间的竞争，表现为不同系统之间的竞争。在网络经济时代，购买者在从一个系统转换到另一个系统时，将发生转换成本。当从一种品牌的技术转移到另一种品牌的成本非常高时，用户就面临锁定。转移成本和锁定在网络经济时代是普遍存在的，在用户使用一个厂商或一个品牌的产品和技术过程中，用户可能将对该厂商或品牌的产品和技术不断进行可持续性互补资产投资，产生巨大的转移成本，迫使用户倾向于或者是必须继续使用特定的产品和技术。对于厂商而言，利用用户锁定来稳固自己的用户基础并尽快达到临界容量，是一个重要的策略问题，只有那些成功地建立了拥有大量锁定顾客基础的公司才能获得丰厚的利润。

五、企业运营管理体系面临的挑战

互联网和电子商务引发了市场竞争规则变化，作为市场竞争主体的企业其经营管理模式必然发生根本性的变革；同时，互联网和电子商务对于企业运营管理体系的变革提供了新的基础技术平台和资源条件，企业的运营管理体系必须在新的技术基础和资源环境下做出变革，以适应网络经济时代的客户需求与市场规则的变化。对于企业，如何变革适应变化的市场环境，关键在于两个方面：一是如何建立有效的客户响应机制（Efficient Customer Response，ECR），能够准确把握客户需求，形成企业的有效订单；二是如何建立企业的快速响应机制（Quick Response，QR），整合企业的资源，使企业能够快速、准确地响应客户需求，在速度、质量、成本、服务、环境等方面具有超越竞争对手的优势。核心的一个问题就是"速度"，满足顾客需求的速度将成为网络经济时代运营管理体系的核心要素。从运营的角度，一个企业的速度取决于两个基本指标，一是技术转化为产品的速度，二是产品交到消费者手上的速度。这两个指标最终表现为企业应对变化的能力，也就是速度能力。

（一）管理观念变革

网络经济时代，由于市场竞争规则的变化，围绕运营的核心要素"速度"，企业必须树立四个基本管理观念，即全球化观念、全天候观念、协作化观念和个性化观念。

1. 全球化

互联网的无边界将企业的市场范围扩大到全球，任何一个企业可以通过互联网向全球各地的客户展示和销售自己的产品，扩大了自己的市场空间；另外，企业可以通过互联网把企业的采购范围和协作范围扩展到全球，从而获得全球性资源的支持，提高企业的运营速度。企业规模的大小，资金实力的强弱，不再是全球化企业的根本障碍，不管企业是否愿意，是否需要，互联网使任何一个企业都可能成为全球化企业。企业市场全球化意味着竞争的全球化，企业面临来自全球各个角落竞争者的威胁，企业必须树立全球化观念，而不应将自己定位于区域性企业，因为永远不会再有市场竞争的"世外桃源"。

2. 全天候

一年365天，一周7天，一天24小时，互联网永远在运转，电子商务是全天候运转的，客户可能在任何时间需要提供服务。而企业传统的典型运作模式是周一到周五，早8点到晚5点，显然这样的运作模式速度太慢，不可能满足消费者的需求，企业必须树立全天候运营的观念，提高运营速度，时刻满足客户的需求。其实，银行系统已经开始了全天候运作的努力，通过 ATM 机 24 小时自助服务，通过节假日不休息实现了一周 7 天的运营。

3. 协作化

在工业经济时代，由于时空阻隔，众多的竞争者或合作者大多处在一定的区域阻隔之外，企业的竞争和协作被限定在一定区域之内。在网络经济时代，企业竞争者和合作伙伴由于全球化而成百倍、千倍地增加，企业单靠自己有限的资源竞争和发展是不够的，只有通过协作，通过与供应商、经销商甚至客户的协作以及企业内部的协作，才能应对来自更多竞争对手的威胁。协作是网络经济时代企业经营活动中最重要的发展趋势，它能够使信息和知识在更大范围内进行交换和共享，使各类资源得到更大范围的利用，提高商业活动的效率。企业必须树立协作化观念，企业之间的竞争转变为企业集群和不同供应链之间的竞争。协作的根本目的在于提高企业对客户需求的反应速度。

4. 个性化

在工业经济时代是厂商主权时代，生产能力不足和商品短缺，处在"卖方市场"阶段，企业以"产品"生产为导向，成本和质量是市场竞争的主要手段，企业主要通过追求大规模和标准化产品的生产来取得市场竞争中的成本优势和利润最大化。网络经济时代是客户主权时代，生产能力和商品相对过剩，处于"买方市场"阶段，消费者存在极大的产品选择空间和余地，并且通过互联网可以低成本改变，表现出日益强烈的"个性化"需求特征。企业必须树立个性化观念，以客户为导向，提供个性化的产品和服务。如何提高满足个性化需求的速度，电子商务为企业实现个性化服务提供了企业协调优势资源的手段。

（二）管理范式变革

基于提高网络经济时代企业运营的核心要素即企业的运营速度的要求，企业的管理范式必然将从"制造与销售"模式走向"感测与响应"模式。大规模生产管理范式就是"制造与销售"模式，企业根据自己的市场预测编制生产计划，企业为库存而生产（Make to Stock），大力推销和销售库存产品。大规模生产管理范式的组织机构就是典型的"科层制"金字塔型组织，通过职能分工实现层层控制，达到企业的高效运作。大规模定制管理范式的就是"感测与响应"模式，企业根据与客户共同确定的需求和订单编制生产计划，按照订单生产（Make to Order），实现了零库存。大规模定制管理范式的组织结构是扁平化组织，内部运作采用流程型团队组织，通过充分授权和自我管理，达到企业高效运作。

　　传统的"制造与销售"模式正被速度更快的、实时的"感测与响应"模式所取代。在"感测与响应"模式下，企业不再是预测消费者需求然后利用与供求相匹配的库存以及规划一年的生产来进行竞争，而是依靠实时感测消费者的并持续不断地发现每个消费者的需求，然后通过定制产品和上门服务来快速满足客户的需求，动态地分配和实施资源配置，几乎是立即响应消费者的需求。两种模式的核心区别在于速度，主要区别要素详见表 2-1。[①]

表 2-1　　　　　　　　　"制造与销售"与"感测与响应"

"制造与销售"	"感测与响应"
以年度预算资源分配为主	以动态、实时资源分配为主
很少变化	实时变化
设计——建造——销售	销售——建造——再设计
计划	行动
市场共享	思想共享
为库存而生产	为消费者而生产
建立可靠、复杂的产品和服务	建立极为复杂的产品和服务

　　大规模定制模式将成为网络经济时代新的管理范式，因为它抓住了网络经济时代企业运营的核心要素"速度"。企业的运营管理体系必须是能够实现大规模定制的运营管理体系。大规模生产与大规模定制模式的对比

---

　　① ［美］斯蒂芬·P. 布雷德利、理查德·L. 诺兰：《感测与响应：网络营销战略革命》，新华出版社 2000 年版，第 6 页。

见表 2-2。[①]

表 2-2 大规模生产与大规模定制

	大规模生产	大规模定制
焦点	通过稳定性和控制力取得高效率	通过灵活性和快速响应来实现多样化和定制化
目标	以几乎人人买得起的低价格开发、生产、销售、交付产品和服务	开发、生产、销售、交付买得起的产品和服务，这些产品和服务具有足够的多样化和定制化，差不多人人都能买得到自己所想要的产品
关键特征	• 稳定的需求 • 统一的市场 • 低成本、质量稳定、标准化的产品和服务 • 产品开发周期长 • 产品生命周期长	• 分化的需求 • 多元化的细分市场 • 低成本、高质量、定制化的产品和服务 • 产品开发周期短 • 产品寿命周期短

（三）运营管理模式变革

确定的、连续的年代已经结束，取而代之的是非连续性的快速变化的环境，如何在迅速变化的环境中，实现速度的提升，过去的成功和强大的生产能力都无法保障未来的生存。任何企业要想在变化如此迅速的环境下维持成功，就必须持续地、准确地随着环境的改变而改变，实现运营速度的革命性提升，速度的革命性提升需要建立在精准管理模式的基础上。

关于精准管理的概念，上海维纳咨询有限公司的周卫民在其《精准管理》一书中将精准管理定义为："在合适的时间、合适的地点，以合适的产品或服务（劳务），满足客户合理的消费需求，相关利益各方获得合理的价值回报。"[②] 并进一步说明精准管理：

• 体现为一种思想观念，在人们的心灵深处要形成精准思考问题的思

---

① ［美］B. 约瑟夫·派恩：《大规模定制——企业竞争的新前沿》，中国人民大学出版社2000年版，第44页。

② 周卫民：《精准管理》，上海财经大学出版社2005年版，第73～77页。

维定式，诸多细小观念也要精准化。

· 体现为一种经营战略，上升到企事业单位发展战略的高度来认识，设定管理精准化的推行策略。

· 体现为一种企业文化，企业把精准思想和行为方式作为企业基因和传统继承下去，作为构造百年企业的深厚基础。

· 体现为一种工作习惯，改变粗放经营的习惯，精准变成一种个人无论什么事情、在什么时候的自觉行动指南，处处事事精准地去做。

· 体现为一种绩效结果，要对企业、部门和员工个人实施精准管理的业绩进行评估，有奖有罚，产生财务和运作效率的正面影响。

本书认为，周卫民先生的精准管理概念实际上属于"细节管理"的范畴，是"细节决定成败"管理思想观念的延伸，强调观念和行为上要关注细节、不能马马虎虎、做事要仔细，特别强调文化和习惯的力量。或者说是"精细化"管理的进一步阐释，按照一般的精细化管理的定义，"精"体现在质量上，涵盖所有的产品、服务和工作，追求尽善尽美、精益求精；"益"体现在效益和成本上，强调要获得收益，"精细化管理"本质上强调的是一个持续改进、不断完善的过程。

本书所说的精准管理是网络经济时代，为了满足企业运营的核心要素即速度的革命性变化而产生的一种运营管理模式，它是与农业经济时代占主流的粗放型管理模式、工业经济时代占主流的集约型管理模式相对应的精准型管理模式。

为了准确理解和定义精准型管理模式这一概念，我们首先分析一下"精准农业的概念"。[①] 精准农业是当今世界农业发展的新潮流，是由信息技术支持的根据空间变异，定位、定时、定量地实施一整套现代化农事操作技术与管理的系统，其基本含义是根据作物生长的土壤性状，调节对作物的投入，即一方面查清田块内部的土壤性状与生产力空间变异，另一方面确定农作物的生产目标，进行定位的"系统诊断、优化配方、技术组装、科学管理"，调动土壤生产力，以最少的或最节省的投入达到同等收入或更高的收入，并改善环境，高效地利用各类农业资源，取得经济效益和环境效益。精准农业由十个系统组成，即全球定位系统、农田信息采集系统、农田遥感监测系统、农田地理信息系统、农业专家系统、智能化农

---

① 参见北京精准农业网，www.digitl-agri.org.cn。

机具系统、环境监测系统、系统集成、网络化管理系统和培训系统。其核心是建立一个完善的农田地理信息系统（GIS），可以说是信息技术与农业生产全面结合的一种新型农业。精准农业并不过分强调高产，而主要强调效益。它将农业带入数字和信息时代，是 21 世纪农业的重要发展方向。精准农业的概念至少体现了如下四个基本管理内涵：

（1）对于生产目标的准确定位，不是过分强调高产，而是主要强调效益。

（2）对于土地资源性状的准确把握，调动土壤生产力。

（3）信息资源的充分利用，各类农业资源的集约投入，强调环保与节约。

（4）信息技术的支撑平台，如全球定位 GPS 系统、地理信息 GIS 系统、网络化管理信息 MIS 系统。

其次，我们了解一下信息化战争理论。张召忠教授在其《怎样才能打赢信息化战争》一书中，将人类历史上的战争形态进行了划分，我们归纳为表 2-3 的内容。

表 2-3　　　　　　　　　　　历史上战争形态的演变

项目	农业时代		工业时代	信息时代
	冷兵器时代	热兵器时代	机械化时代	信息化时代
时间范围	10 世纪~17 世纪	17 世纪~19 世纪	19 世纪~20 世纪中期	20 世纪中期以后，信息化战争萌芽
战争特点	体能为主，以冷兵器为主要杀伤武器	体能为主，以火枪、火炮等热兵器为主	机械能、化学能、核能和电能为主，以坦克、飞机、导弹、航母为主	以知识和智能为主
核心要素	体能	体能	机械能、化学能	综合集成能力
主要特征	数量规模型	数量规模型	数量规模型	质量效能型

传统的战争侧重于单维空间的争夺和单一时间内的交战，陆军强调争城掠地，空军强调夺取制空权，海军强调夺取制海权。信息化战争中时间、空间和层级发生了很大变化，相互融合为一个全维的作战空间，在时间上能够同时打击多个目标，在空间上能够全维攻击和非线式作战。信息化战争的特点，主要表现在联合、控制、精确、快速四个方面。联合主要

是凝聚力量，包括力量联合、作战联合、横向一体、人机联合；控制主要是信息优势问题，包括控制信息、控制能量、控制战场；精确主要是打击手段问题，包括侦察预警精确、机动定位精确、指挥协调精确、信息传递精确、目标打击精确、毁伤评估精确；快速主要是作战目标问题，包括指挥决策快速、战争进程快速、作战节奏快速。① 从信息化战争和新军事变革的理论中引申到我们对网络经济时代运营管理体系的研究，我们认为有两点借鉴意义：

• 企业运营不能在强调各个职能体系的单独运作，必须强调"集成一体化"运作，从运营管理的概念上应该引入全方位运营管理体系的概念。

• 联合、控制、精确、快速的内涵必须引入到信息化的运营管理模式中，四个方面实际体现了一个以信息资源为基础的精准模式。

从研究网络经济时代运营管理的角度，本书认为精准管理定义为："为了实现运营速度的革命性变化，以互联网等信息技术为支撑，依靠信息资源的规模投入与深度挖掘，企业基于对客户价值与运营目标的准确把握，依赖自身的核心能力整个社会供应链资源，以最小的资源投入快速准确地满足客户需求的运营管理模式，评价精准管理模式的指标就是满足客户需求速度与满足该需求的费效比。"我们可以从如下四个方面来理解精准管理这一概念：

（1）该模式的管理目标是企业运营速度的革命性变化，评价指标是满足客户需求的速度与满足该需求的费效比。

（2）该模式建立在对客户需求和社会供应链资源的准确把握。

（3）信息技术与信息资源的规模投入与深度挖掘是运营的基础。

（4）精准运营管理模式要求企业具有核心竞争能力，并据此具备的整合社会资源的能力。

"精"是指专业能力强，企业自身拥有核心竞争能力；"准"是指企业有明确的目标，并能够准确命中顾客的关键需求。"精准管理"的精髓就是速度和费效比，凭借专业与核心能力，直接而有效率地行动满足客户的价值需求。要做到精准管理，首先要提出满足并被客户认可的运营管理概念，建立核心能力及有效能、效率的人力资源队伍，引导企业在网络经济时代走向成功。

---

① 张召忠：《怎样才能打赢信息化战争》，世界知识出版社 2004 年版，第 247～292 页。

为了实现经营观念和管理范式的变革，实施精准管理模式，企业经营者面临着如何构筑基于互联网的运营管理体系，建立一个能够真正面向全球、面向客户的电子商务系统，适应网络经济时代的挑战，保持和创新企业的核心能力，实现精准管理模式的速度与费效比目标。要实现精准管理模式，要求企业具备如下五个方面的能力：

（1）精确营销能力。

（2）定向产品开发能力。

（3）精益生产能力。

（4）精确物流能力。

（5）以信息流为核心的一体化集成运营能力。

从农业经济、工业经济、网络经济三个经济阶段演变过程中的企业运营管理模式分析，本书认为农业经济时代占主流地位的是粗放型管理模式，工业经济时代占主流地位的是集约型管理模式，网络经济时代占主流地位的是精准型管理模式。当然，我们可以说农业经济时代早已结束，工业经济时代正在成为过去，当今人类正在进入一个信息网络时代，但这绝不是说网络经济时代不存在农业经济和工业经济，三种经济形态将长期共存下去。所以粗放型管理、集约型管理和精准型管理也将长期共存下去，并且随着社会的发展，农业生产也经历了从粗放型农业到集约型农业，如今是精准型农业的发展过程。工业生产同样存在粗放型、集约型、精准型三种管理模式，也经历着逐步向精准型管理模式发展的过程。从粗放型管理模式到集约型管理模式，再到精准型管理模式，是管理发展的一个必然趋势，是一个否定之否定的过程。

农业经济时代，农业经济在整个社会经济中占据主导地位，农业管理方式是依靠传统经验的粗放型管理模式，粗放型管理模式是一种外延式经济增长范式，依靠需求和投资拉动规模成长，是一种机会驱动的管理方式，管理浮于表面化，形式主义严重，过于务虚，管理标准就是"差不多"，劳动生产率低下。

工业经济时代，工业经济在整个社会经济中占据主导地位，工业管理方式是依靠科学管理的集约型管理模式，集约型管理模式是一种内涵式经济增长方式，依靠精耕细作、专业化生存，强调定量化、规范管理，重视管理制度建设，强调细节、全面、周到、高质量，管理标准严格、定量化，有严格的作业流程，强调刚性，劳动生产率大大提高。

网络经济时代，信息和知识成为关键的资源，速度和费效比成为企业运行的关键指标。就是既要有速度，又要低成本，保持行动的速度与准确，强调动态柔性。因此，在集约型管理模式的基础上，产生了精准型运营管理模式。精准型运营管理模式将成为网络经济时代的主流管理模式。

2005年，海尔集团为了应对信息化时代全球竞争，提出了"人单合一"的新思维，按照张瑞敏的阐释："人单合一模式包括人单合一、直销直发和正现金流。人单合一是参与市场竞争的模式，直销直发是实现人单合一的基础条件；正现金流是人单合一至少在目前是最重要而且必须保证的结果。"① 并指出"人单合一"模式就是为了应对信息化时代"必须有速度和准确度的统一，才能生存"的要求。可以说海尔的"人单合一"模式是精准型管理模式的具体运用。张瑞敏还提出了实现"人单合一"模式的三个具体措施，就是观念创新、流程再造和企业文化。美国的戴尔公司的直销模式、沃尔玛公司的信息系统、联邦快递的"明天上午十点半送到"都是速度与费效比管理的典范，是精准管理模式的成功典范。

本书认为，企业要实现向精准管理模式的转型，必须建立一体化集成运营的管理体系，必须对企业运营管理体系进行变革，变革方向与趋势将主要体现在如下四个方面：

1. 以客户为中心，建立面向客户的运营管理体系

传统的工业经济时代，企业经营实际上是以企业自身为中心的，企业只关注自身的经营和预算，产品在销售之前已经设计出来，利用大规模生产体制将产品生产出来，利用大规模促销将产品销售给消费者，消费者只能被动地接受标准的产品，此时企业的价值链逻辑见图2-3。

图2-3 企业的价值链

---

① 张瑞敏：《海尔模式就是"人单合一"》，载《中外管理》2005年第11期，第19~23页。

在工业经济时代，企业的经营是以产品为核心的，企业和消费者、企业与供应商之间局限于典型的买者与卖者的交易关系，客户评价的关键指标是价格、质量、功能，竞争成为时代主题。

网络经济时代由于信息的不对称性的降低，客户成为市场的主导力量，企业必须按照客户的要求定制化生产产品，大规模生产模式变为大规模定制模式，此时要求企业的价值链逻辑见下图2-4。

图2-4　企业的价值链

在网络经济时代，客户需要的是完整的解决方案，企业应该以服务为核心，企业与消费者、供应商甚至竞争对手应该成为合作伙伴，此时消费者评价的关键指标是服务的速度、时间、质量、创新等，速度是首要问题，合作竞争成为时代主题。

运营模式为客户拉动的企业运营模式，建立面向客户的运营管理体系是网络经济时代企业运营管理体系要解决的第一个核心问题。

2. 以信息资源为中心，建立面向无形资源的运营支撑体系

资源是支撑企业运营的基础，是企业竞争优势的源泉，我们必须重新全面认识企业的资源，1985年，约翰·奈斯比特在《90年代的挑战：重新创造公司》一书中指出，在新的信息社会里，关键的战略资源已经转变为信息、知识和创造性。工业经济时代，企业运营的基础资源是设备、厂房、原材料、生产工人，这些资源支撑了工业经济时代的大规模生产体系，是利润的源泉。在网络经济时代，企业运营的基础是知识和信息，资产可能成为企业的一种负债，信息和知识取代资本和能源成为创造财富的主要资产。

"信息流是企业的生命线"，[①]　所以，盖茨提出建立数字神经系统，"用

---

① 比尔·盖茨：《未来时速——数字神经系统与商务新思维》，北京大学出版社1999年版，第4页。

事实的力量管理企业"。信息、知识资源将取代厂房设备、原材料等物质资源，成为网络经济时代企业运营体系的支撑基础。因此，建立以信息、知识资源为基础的运营支撑体系，是网络经济时代企业运营管理的发展趋势。

3. 以核心竞争力为中心，建立以电子商务为核心的运营平台体系

资源形成企业的竞争能力和竞争优势。面对激烈的竞争环境，一个企业特别是新企业，很难具有全面的资源优势，企业如果把资源分散到各个环节上，必然会造成资源使用的低效，不利于迅速建立自己的竞争优势。因此，适应环境变化的内在要求，充分发挥自身的核心竞争力和增强企业对环境的应变能力，整合利用其外部最优秀专业化资源，从而达到降低成本，提高效率的目的，因此，建立以企业核心竞争力为中心，能够对上、下游产业链上的合作企业的资源进行整合的运营能力平台，是网络经济时代运营管理的发展趋势。

企业领导者需要树立全新的管理理念，在坚持为顾客创造价值的这一目标的前提下，以资源为基础，树立合作竞争意识，强化关联企业的业务合作，实施业务外包策略，企业在实施业务外包的过程中要具有追求变革的决心和相互信任的胸怀，努力构建良好的信息网络和合作伙伴关系网，以高度柔性的生产机制，迅速响应市场需求的变化。为了有效整合资源，必须建立以电子商务为核心的运营平台体系，真正形成核心竞争力，能够形成整合资源的能力，建立高效的基于电子商务的供应链体系。

4. 以流程管理为中心，建立以供应链为核心的运营控制体系

信息技术的应用和电子商务的发展，带来了企业运营控制体系的流程型管理，使企业由以职能为中心的传统形态转变为以流程为中心的新型流程导向型企业，实现企业管理控制方式的根本变革。

围绕培育和发展核心能力，企业应拥有什么核心业务，哪些业务借助于外部公司实施外包策略，这需要对企业业务流程进行再造。在处理好内部和外部业务流程有效配合的基础上，主体企业的核心能力和承接外包的企业核心能力应该能够有效地加以整合。因此，企业必须以流程再造理论为指导，建立业务流程导向的全程供应链控制体系，形成企业运营控制体系。

传统的组织结构建立在职能和等级的基础上，这种模式在工业经济时代的大规模生产模式下曾经很好地服务于企业，但是对于网络经济时代快速变化的竞争环境，其反应已经显得缓慢和笨拙，业务流程再造对许多传统的组织原则和组织制度提出了挑战，如何建立速度型组织。以电子商务为主要模式的全方位运营管理体系要对企业的运营过程进行再造，企业流程再造的核心思想主要有两个：

（1）通过对企业原有业务流程的重新塑造，包括进行相应的资源结构调整和人力资源结构调整，使企业运营速度和费效比发生革命性的变化，在生产速度与效率、产品开发能力和速度以及顾客满意度等关键指标上有一个巨大的进步，最终提高企业整体竞争力。

（2）通过对企业业务流程的重新塑造，使企业不仅取得经营业绩上的巨大提高，更重要的是使企业形态发生革命性的转变，由以职能为中心的传统形态转变为以流程为中心的新型流程导向型企业，实现企业速度型组织的根本转变。

第三章　企业运营管理理论综述
与全方位运营管理体系

企业战略是关于企业发展方向、目标和发展路径的规划，运营管理则是在战略管理的框架下，来具体地加以实施。战略更多地关注效果，即"做正确的事"，而运营关注的是效率，即"正确地做事"。战略的形成基于企业独特的核心能力，战略管理为企业提供运营管理的框架以执行战略。企业的运营管理是企业战略目标实现的基础和保障，运营管理是企业管理的基石和衡量企业管理水平高低的标准。见图 3-1。

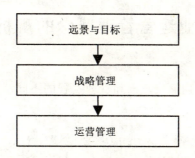

图 3-1　企业战略框架

1999 年 11 月 4 日，Intel 公司总裁兼首席执行官克瑞格·贝瑞特博士访问中国，在北京发表了题为《建设互联网经济》的演讲，提出："信息技术和电子商务是各个经济领域里变革的驱动力。互联网经济要求我们必须改变商业运作模式。为了促进互联网上的电子交易，必须构建强大的基础结构"① 互联网和电子商务正在改变企业的经营模式和市场竞争规则，互

---

① 参见英特尔公司内部刊物《英特尔在中国》2000 年 1 月。

联网是全新商业模式的重构核心，电子商务将成为新的主流商务运作模式。为了应对互联网的挑战，企业的运营管理将走向精准型运营管理模式，企业经营者必须认真思考如下四个方面的基本问题：

（1）网络经济时代企业运营的目标体系发生了什么根本变化，工业经济时代以产品、利润为中心的运营目标受到了什么挑战，消费者主权时代运营目标如何确立？

（2）网络经济时代企业运营的资源支撑体系发生了什么根本变化，以信息与知识资源为核心企业资源如何支撑企业的运营管理体系？

（3）企业应该如何设计和构筑基于互联网基础平台与企业核心竞争力的适应电子商务环境的运营平台体系，以适应全球化、信息化的市场运营环境？

（4）企业应该如何在基于互联网基础平台和适应电子商务环境的运营管理体系中对业务经营过程进行计划和控制，以形成企业的核心业务流程体系。

一、企业运营管理概念的辨析与界定

根据运营管理的内涵、范围和管理过程的不同，对于运营管理体系可以有不同的理解和定义。

（一）基于生产职能的运营管理概念——狭义的运营管理

在企业管理学科中，运营管理（Operations Management）的概念是由制造管理（Manufacturing Management）和生产管理（Production Management）发展而来。制造管理的概念源于 18 世纪的亚当·斯密，他认为："劳动分工似乎使生产力获得了最大程度的提高，并且使劳动技能和判断能力在工作中发挥了更大的作用。"[①] 在那时，人们注重研究制造过程

---

① 亚当·斯密：《论劳动分工》，载《管理与组织行为经典文选》，机械工业出版社 2000 年版，第 5 页。

中的分工研究、动作与时间研究、工艺过程研究、任务安排等，并创造了很多沿用至今的管理方法。从 20 世纪 30 年代开始，生产管理的概念广泛为人们所接受，泰罗的科学管理思想和方法得到普遍应用，定量决策方法的应用和日益成熟，在制造业中形成了以经济效率为重点的管理方法，管理内容涉及生产过程中的计划、组织和控制。60 年代以后，计算机科学被应用于企业管理，产生了 MRP（物料需求计划），以后又发展成 MRPII（制造资源计划），关于制造业的生产管理学科已经成熟。随着社会经济的发展，服务业在经济活动中的比例不断上升，服务业服务的提供过程的管理过程日益受到重视。虽然制造业和服务业在产品形态上存在极大差别，制造业的产品是物质的、有形可见的、可保存的、可用于以后消费的，而服务业的产品往往是不可见的、不可保存的，其生产过程和消费过程合二为一。但是，不论是制造业的工厂，还是服务业的银行或是运输公司，它们都需面对市场，为用户提供有竞争力的产品；它们都需要把设备和人员组织起来，使之形成生产能力；都要对设备和作业进行计划和控制，使之成为有效的系统。因此，制造业中成熟的生产管理理论和方法可以移植到服务业，统称为运营管理。因此，实际上，传统上所称的运营管理实际上就是制造管理、生产管理的范畴。

按照上述思路，运营管理实际上是以单一企业中的生产过程为中心，运营管理是面向生产系统的管理活动，是指对利用资源进行产品生产和服务提供的投入产出过程进行的管理，是指与营销职能、财务职能相对应的生产职能范畴，传统运营管理体系主要指生产制造系统的管理体系，以产品和物流为中心。

1. Richard B. Chase，Nicholas J. Aquilano，F. Robert Jacobs 的观点

Richard B. Chase，Nicholas J. Aquilano，F. Robert Jacob 三位作者在其合著的《生产与运作管理——制造与服务》中，将运营定义为："运作管理就是对提供公司主要产品和服务的系统进行设计、运行、评价和改进。同营销和财务一样，运作管理具有明确的生产管理职责，是管理的一个职能领域"，[①] 并进一步指出运作职能中的管理决策分为三大领域：

---

① Richard B. Chase 等著，宋国防等译：《生产与运作管理——制造与服务》（第八版），机械工业出版社 1999 年版，第 8 页。

　　·战略决策：主要决定企业的产品规划、设备工艺规划和生产能力规划。

　　·战术决策：主要决定企业原料和劳动力安排。

　　·运作决策和控制决策：主要是企业的生产计划和调度、控制。

　　运营管理的核心是对生产系统的管理，生产系统利用运作资源将输入转化成理想的输出。构成生产系统的三个基础是产品设计、过程选择和质量控制。运作资源由5P组成：人力（People）、工厂（Plant）、部件（Parts）、工艺（Processes）以及计划控制系统（Planning and Control System）。见图3-2。

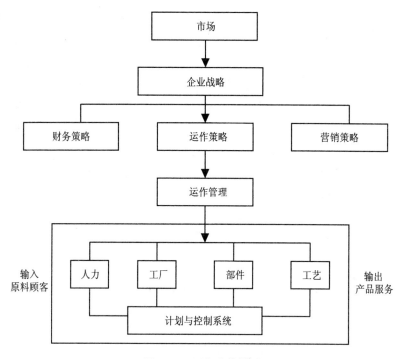

图3-2　运作决策模型

　　管理就是决策，作者提出在进行运作决策时，应将公司作为一个整体来考虑，并提出了运作管理决策模型。模型中强调了市场即公司产品或服务的顾客群体决定企业战略。企业战略基于企业使命，反映了企业如何规划资源和职能，实现竞争优势，营销策略是指如何推销和发送产品和服务；财务策略则是确定如何充分利用自己的财务资源，运作策略是指企业如何利用其生产能力实现企业战略。

三位作者从生产系统生命周期的五个阶段的视角探讨了企业的运行管理体系，生产系统的生命周期包括系统的诞生、产品设计与工艺选择、系统的设计、供应链管理、系统修正（企业过程再造、同步制造与约束理论）五个阶段。并指出运作管理的重点主要集中在对企业过程的管理上。

2. Jay Heizer，Barry Render 的观点

Jay Heizer，Barry Render 两位作者在其著作《生产与作业管理教程》中，提出"生产就是创造产品和提供服务的行为。生产与作业管理（Production Management and Operations Management），是将各种资源转化为产品和服务的过程。"为了创造产品与服务，所有的组织都要发挥三种职能，即市场营销、生产/作业、财务/会计，市场营销是引导新的需求，至少要获得商品或服务的订单，生产/作业是创造产品的过程，财务/会计是跟踪企业运作状况，并提出了典型的生产与运作部门的活动。见表 3-1。

表 3-1　　　　　　　　　　典型生产与作业部门中的活动[①]

部　门	活　动
研究与开发	指导产品研究工作，进行开发
产品设计	细化产品设计以提高生产效率
工艺设计	选择或设计并开发生产工具、设备和工艺
设施计划与建造	计划、建造及修理各种设施
采购	在既定品种、交货条件与价格下，决定最佳购买资源
工业工程（IE）	确定机器、空间与人员的最佳利用方式，进行工作量度
方法与步骤	在工作现场指导各种操作以提高工作效率，改进工作流程
生产计划与库存控制（PIC）	安排制造工序；管理库存
管理科学	在生产作业中，运用数学方法、模型和管理信息系统
质量管理/控制	审查设计、产品与工艺，确保实现质量目标
维护	设计相关的制度与程序，以创建并维持一个可靠系统

---

① Jay Heizer，Barry Render 著，潘洁夫、余远征、刘知颖译：《生产与作业管理教程》，华夏出版社 1999 年版，第 8 页。

3. William J. Stevenson 的观点

William J. Stevenson 在其著作《生产与运作管理》中，指出"典型的企业组织有三个基本职能：财务、营销和生产运作。"[1] 运作职能是由与生产产品或提供服务直接相关的所有活动组成。运作职能的实质是在投入至产出的转换过程中发生价值增值，增值越大，说明其运作效率越高。见图3-3。

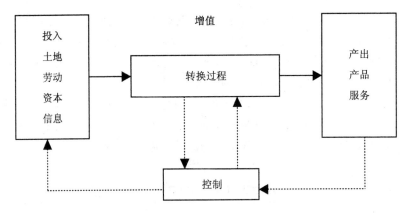

图3-3　运作职能包含投入至产出这一转换过程

作者还提出了生产率、竞争力和战略与运营管理中的关系。

4. John O. McClain，L. Joseph Thomas，Joseph B. Mazzola 的观点

John O. McClain，L. Joseph Thomas，Joseph B. Mazzola 在合著的《运营管理》中将运营定义为："利用资源（resources）将输入（input）转化为输出（output）的过程（process）。"[2] 见图3-4。运营管理包括三个层次的运营控制：规划、计划和每日的控制。并提出了"运营、市场营销、财务和其他领域应该形成一体化，这样才能使企业获得一种系统效

①　[美] William Stevenson 著，张群、张杰译：《生产与运作管理》，机械工业出版社 2000年版，第 5 页。

②　John O. McClain，L. Joseph Thomas，Joseph B. Mazzola 著，黄卫伟等译：《运营管理》(第三版)，中国人民大学出版社、Prentice Hall 出版公司 2001 年版，第 4 页。

益"，并提出运营管理的三个主题：

- 组织战略必须包括运营，运营战略必须考虑相关领域的利益。
- 组织必须实现战略、设计和运营的一体化。
- 质量是所有活动的基础。

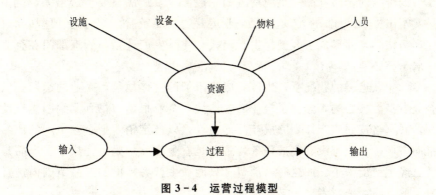

图 3-4　运营过程模型

国内的生产与运作专家关于生产与运作管理的观点基本上也是以生产系统为核心，从生产管理职能的角度，将运作管理视作企业管理中的一项职能管理，从著作的名称中，就可以看出来，如刘丽文老师的《生产与运作管理》，龚国华、龚益鸣老师的《生产与运营管理——制造业与服务业》，汪星明、施礼明老师的《现代生产管理》，王世良老师的《生产运作管理》，夏建明老师的《运营管理》，蒋贵善、王东华等老师的《生产与运作管理》，我们将这种基于生产职能的运营管理称为"狭义的运营管理"。狭义的运营管理具有以下基本特征：

（1）企业内部各个职能部门单独运作，缺乏横向协作和交流。

（2）运营管理定位为与营销管理、财务管理相对应的一项职能管理。

（3）运营管理面向"投入—转换—产出"的生产过程，关注工厂车间层面的计划、控制和效率，设备、工艺、产量、成本、质量、库存是管理控制的关键要素。

（4）运营管理的核心目标在于产品和服务的生产与提供。

（5）运营管理以产品为中心，以工厂物流为中心。

（6）与企业外部的供应商是一种市场交易关系。

这种将运营管理集中于生产过程的生产运作管理观念，是适应工业经济时代的市场状况和企业的运营实际的，并为企业带来了竞争优势和利润。因为：

（1）在工业时代早期，整个经济状况是短缺经济，市场上的产品供不应求，竞争优势的来源就是低成本，这个时候的主要矛盾就是生产出低成本、低价格的合格产品满足消费者的一般需求，产品只要生产出来，就不愁卖不出去，因此，生产是整个企业运营的主要矛盾，所有的管理活动以生产为核心，并形成了大规模生产模式，此时生产计划与管理部门在企业中居于核心地位。

（2）在这样的状况下，生产者居于市场的主体地位，企业的运营是以企业自身为核心的，强调了企业的主体性，企业根据市场预测编制生产计划，并严格按照生产计划完成产品的生产，以产定销，把企业生产的产品推向市场，企业有没有完成任务，主要是看生产计划是否完成了，产品是否已经生产出来了。而这时，消费者只能在生产者提供的产品范围内进行有限的选择，消费者居于被动地位。

（3）由于企业内部横向沟通效率低，故企业此时为了提高效率，强调纵向的职能管理，各个部门以生产效率为导向，追求低成本。整个组织体系呈现金字塔型的科层制，强调层层控制，强调纪律与秩序。

但是，随着生产技术和信息技术的发展和应用，以及互联网所带来的信息沟通革命与交易成本降低，市场环境发生了根本性的变化，人类社会从总体上告别了短缺经济，进入了相对过剩的经济状态，消费者的需求日益多样化和个性化，并随着信息不对称的消除，取代生产者成为市场的主导者，消费者成为市场的主导力量，企业的竞争力来源于对客户需求的准确把握和快速满足上，速度竞争成为第一要素，同时客户需要的也不在仅仅是低成本的合格产品，而是强调服务过程和消费体验的全方位的系统解决方案，企业强调整体运作过程高效、协调、速度，使得企业的生产方式从大规模生产转向大规模定制，企业管理模式从职能型管理转向流程型运作，企业纵向一体化的控制模式转向水平一体化的合作伙伴关系，必须重新认识和定义传统运营管理的内涵、范围和管理过程。

（二）基于产业价值链的运营管理概念——广义的运营管理

市场竞争的发展和互联网技术的应用，狭义的运营管理概念已经不适应变化了的市场经营环境，主要表现在：

从市场方面看，由于市场激烈竞争和客户需求的多样性，客户需要的不仅仅是合格的产品，而是一个系统的解决方案，是全方位的服务与体验。企业运营的关键不完全在于能够以较低的成本生产出高质量的产品，而在于能够感知客户的需求，并快速响应客户的需求，在客户认可的时间限度内，以合适的成本向客户提供满意的定制产品和客户化的解决方案。单单依靠企业一家的资源和力量，单单依靠合格的产品不能满足客户的需求，这就要求企业运营体系必须具有高度的柔性，能够有效整合企业内、外的资源，企业内部营销、研发、生产、物流必须协同运作，企业与供应商、合作伙伴也要协同运作，进行全方位的资源整合和管理运作，这样局限于生产系统的运营管理概念不可能满足企业的协同运营。

从技术方面看，互联网的应用和电子商务的发展，改变了企业与客户、供应商、合作伙伴的信息沟通方式，互联网将企业与客户、供应商、合作伙伴可以超越时间和空间的限制保持实时在线联系，并大大降低了沟通成本。企业内联网（Intranet）将企业内部的各个部门和资源连为一体，企业外联网（Extranet）将供应商、合作伙伴和客户的资源连为一体，整个产业价值链要求协调一致，客观上扩大了运营管理的范围和视野。

本书认为，在网络经济时代，市场竞争激烈，消费者居于市场的中心地位，客户需要的不单单是产品，而是一个问题的系统解决方案，客户需要的是全方位的满意服务，企业应该转变以产品为中心的观念，形成以客户为中心的经营理念，从卖产品转变为向客户提供解决方案；企业之间的竞争也已经超越了单纯的产品低成本、高性能，而进入了速度、质量、成本、服务、环境因素的全方位竞争阶段，速度是竞争的第一要素，为了获取竞争优势，必须为客户创造价值，企业运营管理的范围应该扩大到整个企业，利用企业内、外包括客户、供应商和合作伙伴的全方位资源，进行包括人、财、物、产、供、销的全方位管理。因此，企业运营管理的内涵应该超越传统的生产投入产出过程，而以整个产业价值链的运作过程为中心。我们将运营管理定义为：在企业总体发展战略的指导下，以互联网为运营基础设施，以电子商务为主要形式，面向企业的产业价值链过程，为了快速响应消费者的需求，对企业为消费者进行价值生产和传递的全过程，包括客户关系管理、市场营销、产品研发、筹集资源、生产组织、物流配送、售后服务的全过程进行计划、协调、控制的过程，从而保证企业内、外整个产业价值链上信息流、物质流、资金流、人力流的协调一致、顺畅流转，其根本目标是以客户为中心，为客户提供满意的解决方案，为企业获取利润。我们将这个广义的运营管理概念及该概念下的运营管理体系称为"全方位运营管理体系"。全方位运营管理体系以信息流为核心，面向产业价值链的全过程。

所谓"全方位运营管理体系"，就是为了向客户提供全方位的解决方案，创造卓越的客户价值，将企业运作过程视为客户、企业与供应商等合作关系网络互动合作，共同创造价值的产业价值链的价值创造体系，强调运营的速度与费效比。"全方位"体现了如下内涵：

（1）客户服务全方位：全方位运营体系就是向客户提供全方位的解决方案，创造卓越的客户价值，以客户满意度作为市场目标，从市场营销、销售管理、客户服务、产品交付与客户保持实时沟通，给客户创造全新的服务体验。

（2）管理范围全方位：企业内部运作需要整合市场营销、产品开发、生产制造、物流配送等关键职能，涉及人、财、物、产、供、销各个环节，按照业务流程再造原则进行系统组织，涵盖了企业的全部运作职能，实现了内部价值链的全方位集成一体化运作。

（3）运作资源全方位：企业外部运作需要整合供应商、经销商、零售商、客户和合作伙伴的资源，形成合作伙伴关系，共享信息和资源，实现产业价值链的全方位集成一体化运作，成为超越组织边界的扩展企业。

（4）运作过程全方位：企业总体上以整个产业价值链上的信息流为核心，围绕信息流、物质流、资金流、人力流全方位、高效率地响应客户和市场的需求，为客户提供个性化服务。

我们将狭义（传统）运营管理概念与广义（全方位）运营管理概念进行比较，见表 3-2。

表 3-2　　　　　　　　两种运营管理概念的比较

比较项目	狭义（传统）运营管理	广义（全方位）运营管理
管理目标	企业利润最大化，兼顾客户价值	客户价值最大化，兼顾企业利润
管理重心	以企业产品为中心	以客户需求为中心
管理过程	企业产品生产过程	产业价值链增值过程
管理对象	物理价值链	价值网（包括虚拟价值链）

比较项目	狭义（传统）运营管理	广义（全方位）运营管理
管理瓶颈	企业生产能力是瓶颈	企业信息流是瓶颈
管理手段	MRP/MRPII	EAI/SCM/ERP/CRM/CPC
管理思想	科学管理/全面质量管理/JIT	价值链/供应链/BPR
管理地位	与营销、财务相对应的职能管理	与战略管理相对应的运营管理
管理组织	金字塔型的职能组织	扁平化的流程型组织
经营模式	制造—销售	感测—响应
产品模式	标准化实体产品	客户化解决方案
商务模式	传统手工商务为主	互联网电子商务为主
制造模式	大规模生产	大规模定制
竞争模式	零和竞争，相互倾轧	合作竞争，相互依存
绩效模式	成本、质量	时间、质量、成本、服务、绿色
利润模式	成本＋利润＝价格	价格－成本＝利润
资产模式	设备/原料/资金	信息/知识/客户/合作伙伴/人力资源/设备/原材料/资金

　　网络经济时代，速度成为运营的第一要素，客户需求成为企业关注的焦点，互联网成为企业运营的基础，企业的核心竞争能力是企业获取利润的源泉，企业要在客户关系与企业能力之间建立平衡关系。构筑全方位运营管理体系应坚持"一个中心，两个基本点"的原则，即全方位运营管理体系要以客户价值为中心，以增强企业核心竞争力为出发点，以构筑互联网技术和信息资源为基础的运营管理能力平台为落脚点。

二、企业运营管理理论发展历史回顾

（一）运营管理理论历史回顾

20世纪企业的运营管理理论不断发展，围绕提高生产效率、产品质量、改善客户服务、对客户的反应速度不断地改进生产方法和管理方法，可以说整个企业管理理论的发展主要是以运营管理为主线的。

运营管理理论的发展可以分为两个阶段，20 世纪 60 年代以前，由于生产力发展水平低，运营管理主要是围绕提高产量满足消费者的基本需求而展开，以科学管理理论和行为科学理论为指导，关键是提高劳动生产率，增加产量，扩大生产规模，这个时期的里程碑就是亨利·福特开创的流水线生产技术和大规模生产模式；20 世纪 60 年代以后，随着生产力水平的提高，运营管理主要是围绕增加品种、提高质量满足消费者多品种、高层次的需求展开，这个阶段的目标就是突破大规模生产模式，利用信息技术的发展，逐步实现大规模定制生产模式。本文所探讨的网络经济时代企业运营管理体系，其根本目标就是探求实现大规模定制生产模式下的运营管理体系，使企业运营速度发生革命性的提高。

20 世纪 60 年代以来运营管理理论的发展主要包括：

1. 准时制生产（JIT）

1953 年，日本丰田公司的副总裁大野耐一根据汽车市场需求多样化的趋势，就如何有效地组织多品种小批量生产，减少浪费，综合了单件生产和批量生产的特点和优点，创造了一种在多品种小批量混合生产方式下高质量、低消耗的生产方式即准时化生产（Just In Time，JIT）。

准时化生产方式（JIT）是一种有效地利用各种资源、降低生产成本的生产准则，其核心思想就是只在需要的时间和地点，生产必要的数量和完美质量的产品和零部件，以杜绝超量生产，消除无效劳动和浪费，达到用最小的投入实现最大的产出的目的。20 世纪 70 年代产生于日本丰田汽车公司的 JIT 生产管理思想，追求零库存、零废品、零准备时间、最短生产提前期、最少零部件搬运的目标，丰田公司利用看板（KANBAN）系统实现了拉动式的同步化生产。

2. 制造资源计划（MRPII）

MRPII（Manufacturing Resource Planning），即制造资源计划。它的基础 MRP（Material Requirement Planning）即物料需求计划的思想早在 20 世纪 40～50 年代就已产生，基本的 MRP 系统的主要目的是为了控制库存水平，为物料项目设定操作优先级以及为生产系统提供能力计划，根据由生产规划导出的主生产计划，物料需求计划确定为生产最终物料项目所需的零件和物料以及它们各自的生产数量和生产时间。MRP 只是到了 60～70 年代，随着计算机技术的发展才逐步走向应用。当物料需求计划 MRP 系统具有从自身模块输出的反馈信息时，就称为闭环 MRP。美国生产和库存控制协会闭环 MRP 系统定义为以物料需求为核心并包括销售及运营等其他计划功能的系统。70 年代末，MRP 继续发展，将经营、财务与生产管理子系统相结合，形成了制造资源计划 MRPII。

现代的 MRPII 系统完善于 20 世纪 80 年代，MRPII 一般分为生产控制（计划、制造）、物流管理（分销、采购、库存管理）和财务管理（账务、成本、资金）三大子系统。在这种方式下，企业的整个运营管理可以通过一系列的集成程序控制。

3. 精益生产（LP）

精益生产方式（Lean Production）是美国在全面研究以 JIT 生产方式为代表的日本式生产方式在西方发达国家以及发展中国家应用情况的基础上，于 1990 年所提出的一种较完整的运营管理理论。

研究结论认为丰田汽车公司建立的 JIT 生产方式，具有低耗、高质、适应性强的显著特点，并预言该种生产方式将成为未来 21 世纪制造业的标准生产方式，专家们称为"精益生产方式"："精"，即少而精，不投入多余的生产资源；"益"，即通过整体优化，获得高效益。精益生产方式的目标就是设计一个生产系统，能高效地生产 100% 的优良产品，并且在需要的时候，按照需要的数量，生产所需的工件。"精益生产理论的内容不只是生产系统内部的运营、管理方法，而是包括从市场预测、产品开发、生产制造管理（其中包括生产计划与控制、生产组织、质量管理、设备保全、库存管理、成本控制等多项内容）、零部件供应系统直至营销和售后服务等企业的一系列活动。这种扩大了的生产管理、生产方式的概念和理论，是在当今世界生产与经营一体化、制造与管理一体化的趋势越来越强的背景下应运而生的，其目的旨在使制造业企业在当今的环境下能够自适应、自发展取得新的、更加强有力的竞争武器。"[1]

---

① 刘丽文著：《生产与运作管理》（第二版），清华大学出版社 2002 年版，第 352 页。

4. 计算机集成制造系统（CIMS）

1974 年美国约瑟夫·哈林顿（Joseph Harrington）博士针对企业面临的经济全球化和市场国际化的激烈竞争形势提出一种组织企业生产的新思想，包含两个基本观点，一是制造业中的管理从市场分析、经营决策、工程设计、制造过程、质量控制、生产指挥到售后服务各个环节是不可分割的，紧密联系在一起；二是整个制造过程本质上可以抽象出一个数据的采集、传递、加工和利用的过程。哈林顿的观点体现了系统思想和信息思想，两者都是信息时代的最基本、最重要的思想。这两个紧密联系的基本观点构成了计算机集成制造（Computer Integrated Manufacturing，CIM）的概念。按照这一概念和技术构成的具体实现便是计算机集成制造系统（Computer Integrated Manufacturing Systems，CIMS）。

根据 CIM 思想，企业必须从功能上和信息上将企业的各个职能领域及其业务流程集成为一个有机的整体，才能对市场新出现的需求做出快速响应，并保证企业的总体优化。一个现代 CIMS 系统包括六个组成部分：生产经营管理分系统、产品设计与制造工程设计分系统、制造自动化分系统、质量保证分系统、计算机网络系统和数据库管理系统。CIM 的目标是改善企业产品的 T（Time，满足用户需求和综合的上市时间）、Q（Quality，质量）、C（Cost，成本）、S（Service，服务）、E（Environment，生产运行环境），使企业提高柔性和敏捷性，获得竞争优势。CIMS 是一种计算机化、智能化、信息化和企业整体集成优化的先进制造系统，集成优化了企业经营全过程中三要素：人、管理、技术，优化了企业的信息流、物流和资金流。

5. 灵捷制造（AM）

20 世纪 80 年代后期，美国为了保持其领导地位，实施各种策略，重振其制造竞争力。美国国会在 1991 年国防授权法案会议报告中提出要为国防部拟定一个更长期的制造技术规划基本结构，并体现工业界和国防部的共同利益。国防部委托里海大学的亚科卡研究所提出一种能包括各种更长期的制造目标的概念。亚科卡组建了由国防部、工业界和学术界代表参加的核心小组，1994 年底提出了《21 世纪制造企业战略》报告，在报告中提出了敏捷制造的概念。

敏捷制造（Agile Manufacturing，AM）是在具有创新精神的组织和管理结构、先进制造技术、有技术有知识的管理人员三大资源支柱的支撑下得以实施的，也就是将柔性生产技术、有技术有知识的劳动者与能够促进企业内部和企业之间合作的灵活管理集中在一起，通过建立共同的基础结构，对迅速改变的市场需求做出快速响应，具有更灵敏、更快捷的特征。灵捷制造系统是适应社会发展的21世纪生产模式，在管理理念上要求具有创新和合作的突出意识，不断追求创新，不仅利用内部资源，更强调利用外部资源。在管理方法上要求重视全过程管理，运用先进科学的管理方法和计算机管理技术。

6. 业务流程再造（BPR）

1990年，美国迈克尔·哈默（Michael Hammer）教授首先提出业务流程再造（Business Process Reengineering），1993年，他与詹姆斯·钱辟联手出版了《公司再造－企业革命宣言》一书。书中指出200年来，人们一直遵循亚当·斯密的劳动分工思想来建立和管理企业，按照这一思想，企业运营按照分工细化原则分成不同的职能模块，各个职能模块的人只对细化后的简单任务负责，对企业整体运营和其他部门的情况无需了解也不能了解，企业的完整业务流程被部门所分割。随着客户需求变化、竞争加剧和变化成为市场常态，基于分工思想的职能模块严重影响了企业运营效率，所以提出了把工作任务重新组合到首尾一贯的工作流程中去。他们给BPR的定义是："为了飞跃性地改善成本、质量、服务、速度等现代企业的主要运营基础，必须对工作流程进行根本性的重新思考并彻底改革。"

业务流程再造突破了传统的劳动分工理论的思想体系，强调以"流程导向"替代原有的"职能导向"企业组织形式，为企业运营管理提出了一个全新的思路。业务流程再造的核心三要素是目标、技术和人，BPR的任务就是将技术和人这两个关键要素有效运作在业务流程的再设计与重构活动之中，推进企业组织的技术性、社会性适应企业整体绩效改进和长远发展的需要，其根本目标是建立顾客满意的业务流程。

7. 供应链管理（SCM）

供应链管理的概念（Supply Chain Management，SCM）的概念是1989年由美国管理学家史迪文斯（Stevens）提出的，它是一种集成思想，包括在企业内部集成和企业外部集成。

20 世纪 90 年代，随着制造的全球化，供应链管理在制造业管理中得到普遍应用，成为一种管理模式。"供应链是围绕核心企业，通过对信息流、物流、资金流的控制，从采购原材料开始，制成中间产品以及最终产品，最后由销售网络把产品送到消费者手中的将供应商、制造商、分销商、零售商、直到最终客户连成一个整体的功能网链结构模式"。[①] 供应链管理把供应链上的各个企业作为一个不可分割的整体，使供应链上各企业分担的采购、生产、分销和销售的职能成为一个协调发展的有机体。其关键在于优化和调整企业核心活动，尽量实现最快地响应顾客需求变化。

8. 企业资源计划（ERP）

企业资源计划是 1991 年美国加特纳公司（Gartner Group Inc.）首先提出的概念报告。20 世纪 90 年代，市场竞争进一步加剧，信息技术迅速发展并应用于企业管理实践，企业竞争的范围和空间进一步扩大，80 年代主要面向企业制造资源的 MRPII 思想逐步发展成为怎样利用和管理整体资源的管理思想。

ERP 是先进的现代企业管理模式，将企业各方面的资源合理配置，充分发挥效能。ERP 系统在 MRPII 的基础上扩展了管理范围，提出了新的体系结构，充分贯彻了供应链的管理思想，将用户的需求和企业内部的制造活动以及外部供应商的制造资源一同包括了进来，体现了完全按照客户需求制造的思想。在该模式下的企业软件，可以对企业的财务系统、人力资源系统、供应链系统、制造系统、市场营销系统等方面进行无缝连接。

9. 客户关系管理（CRM）

客户关系管理（Customer Relationship Management，CRM）由美国加特纳公司（Gartner Group Inc.）提出，被定义为企业与客户之间建立的管理双方接触活动的信息系统。在网络时代的客户关系管理就是利用现代信息技术手段，在企业与客户之间建立一种数字的、实时的、互动的交流管理系统，使企业在客户服务、市场竞争、销售及支持方面形成彼此协调的全新的关系。

---

① 马士华、林勇、陈志祥著：《供应链管理》，机械工业出版社 2000 年版，第 41 页。

CRM 是一种先进的管理理念，其核心思想是将企业的客户（包括最终客户、分销商和合作伙伴）作为最重要的企业资源，通过完善的客户服务和深入的客户分析来满足客户的需求，保证实现客户的终生价值。CRM是一个软件解决方案，为企业的市场营销、产品销售、客户服务和决策支持提供了业务自动化解决方案，使企业有了一个基于电子商务的面对客户的前沿，从而顺利实现由传统企业模式到以电子商务为基础的现代企业模式的转化。

10. 企业 X 再造

随着互联网的进一步发展，企业之间已经拥有了全方位的信息媒体，如何将业务流程再造进一步推向企业之间、企业与客户之间的冗余工作联系，再造企业间的业务流程，詹姆斯·钱辟博士在公司业务流程再造的基础上提出了"企业 X 再造"的概念。"X 在这里代表跨越组织之间的各种界限"。[①]

X 再造被定义为"通过信息技术的广泛应用，重新规划跨越组织界限的业务流程，以实现经营业绩的突破性提升。"X 再造将企业流程分为三种基本类型，第一种是可自我完成的业务流程，第二种是与其他组织协作完成的业务流程，第三种是外判予其他组织的业务流程，然后通过信息技术的广泛使用，重新规划跨越组织界限的业务流程，重新审视企业的整个运营模式，理顺企业与其供应商、客户、合作伙伴、雇员，甚至是竞争对手之间的关系，消除其中的低效和冗余的工作环节，进行跨越组织界限的流程变革，在合作伙伴之间整合出一条有效运作的供应链，向客户提供有价值的高效服务。流程、策略和参与构成了企业实施 X 再造进程的三项基本内容。

11. 全方位营销概念

网络经济时代，供应面的便利化和需求面的客户化，企业必须从以产品为中心的营销组合转向以客户为中心的营销组合。菲利浦·科特勒提出了"全方位营销"的概念，以取代传统的推销概念和营销观念。

全方位营销模式以客户为中心，满足个别客户的需求，以客户价值、

---

① 詹姆斯·钱辟著，闫正茂译：《企业 X 再造》，中信出版社 2002 年版，第 3 页。

企业核心能力和合作网络为管理重点，围绕价值探索、价值创造和价值传递为企业目标，以需求管理、资源管理、网络管理为职能，构造四大竞争平台，即市场产品与服务平台、企业架构平台、营销活动平台、营运体系平台，形成全方位营销运营体系。事实上，全方位营销的架构已经超越了营销的范畴，涉及了企业运营的整个价值链过程。为了获取利润，企业必须拥有创造价值的技巧，市场是动态的，竞争是激烈的，推动市场的要素变成了客户价值、企业的核心能力和合作伙伴网络，为企业建立创造和传递价值的竞争平台，即上述的四大平台，并在这个平台上完成对客户需求、企业核心能力和合作伙伴网络的全方位管理。见图 3-5。

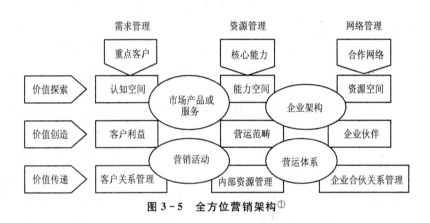

图 3-5　全方位营销架构①

12. 全程供应链管理

全程供应链管理的概念是由汉普管理咨询公司总裁张后启博士在其 2002 年 10 月出版的新著《再造竞争优势》一书中提出的观点。

全程供应链管理的主要思想就是传统的大规模生产模式已经不能适应新的市场竞争环境，走向大规模定制模式已经成为企业应对挑战的必由之路。衡量大规模定制生产模式的效率第一个主要指标是对客户需求订单的响应周期，即企业速度竞争力，另一个就是单位产品的全价值链成本，运营的费效比问题。两项关键指标是由"市场营销—产品研发—生产制造—

---

① 菲利浦·科特勒、迪派克·詹恩、苏维·麦森西著，高登第译：《科特勒营销新论》，中信出版社 2002 年版，第 35 页。

物流配送"四大环节协同运作的效果共同决定的。企业快速响应客户需求并降低单位产品的全价值链成本，获取竞争优势，就必须要对全程供应链的各个环节进行协同管理，包括与外协设计机构、外部零部件供应商、外包加工商、物流服务商之间的协同。全程供应链管理就是要对企业经营活动的各环节进行重新思考。企业不仅要加强自身内部能力建设，而且必须与供应商、销售渠道保持紧密协作关系，加强在各个环节的协同，将多个企业组成网链演变为虚拟企业。

"概括言之，全程供应链管理强调对客户需求的管理、业务外包与协同制造、产品设计组件化与可重用性、供应商协同以及计划的有效性。它是一种基于协同论、系统论的管理思想，为企业在全球市场中赢得竞争优势提供了一种新型的管理思想、方法与手段。"[①]

13. 价值网

美智管理顾问公司的 David Bovet 等在《价值网》提出不论是互联网公司还是传统企业，都要建立一个价值网，并将价值网定义为："价值网是一种业务模式，它采用数字化供应链概念，达成高水平的顾客满意和超常的公司利润率；它是一种与新的顾客选择装置相连接，并受其驱动的快速可靠的系统。"[②] 价值网不是某种供应链术语的翻版，传统的供应链，首先制造产品，与此相反，价值网由顾客开始，允许顾客自己设计产品，然后为满足顾客的实际需求而进行生产；价值网不仅关注供应，更关注为顾客、公司和供应商创造价值；价值网不是按顺序连接的固定链，而是一种包括顾客/供应商合作、信息交流活动的强有力的高业绩网络。

价值网的基本特征概括为五个方面：一是与客户保持一致，客户选择引发网络中的采购、生产与交货活动；二是合作与系统化，公司致力于使供应商、客户甚至竞争对手构成一个唯一的增值网络；三是敏捷与可伸缩，在实体或虚拟的价值网中，每一项工作都是可伸缩的；四是快速流动，订单—交货循环迅速，并压缩了时间；五是数字化，电子商务、信息流设计及其智能应用是价值网的核心。价值网本质上是将了解客户需求的前端与恰好按照前端的承诺实施的后端融为一体，首先捕捉对于不同的顾

---

① 张后启：《再造竞争优势》，中国科学技术大学出版社 2002 年版，第 75 页。

② David Bovet、Joseph Martha、R. Kirk Kramer：《价值网》，人民邮电出版社 2001 年版，第 6 页。

客最重要的需求是什么，然后再回到由贯穿前后的信息流模式支持的物理生产和分销过程，实现速度的革命性提高。

企业领导者必须将价值链转向关注顾客并保持前沿领先地位，预先考虑顾客需求的变化、竞争对手的行动以及行业竞争状态的基本变化，从战略和运营两个方面，设计适应未来的成功的业务模式。运营管理理论的发展过程详见表 3-3：

表 3-3　　　　　　　　　运营管理理论发展历史回顾

年　代	概念和技术	创始人或发源地
1911 年	科学管理原理	弗雷德里克 W. 泰勒（美国）
1911 年	动作研究	弗兰克·吉尔布雷斯（美国）
1912 年	工业心理学	雨果·闵斯特伯格（美国）
1913 年	流水装配线	亨利·福特（美国）
1914 年	作业计划甘特图	亨利·甘特
1917 年	库存管理中经济批量模型	F. W. 哈里斯（美国）
1931 年	质量抽样检验和统计表	休哈特·道奇和罗米格
1934 年	工作动机的霍桑实验	梅奥
1947 年	复杂系统的线性规划	运筹学研究小组和丹齐克
20 世纪 50～60 年代	运筹学的进一步发展，仿真，排队论，决策理论数学规划，计划评审技术（PERT）和关键路线法 CPM	美国、西欧的专家
20 世纪 70 年代	计算机技术应用（MIS） 物料需求计划（MRP） 车间计划 预测 库存控制 项目管理	IBM 公司的约瑟夫·奥里奇和奥里佛·怀特是主要的 MRP 革新者
20 世纪 80 年代	制造资源计划（MRPII） 全面质量控制 TQC 准时化生产（JIT） 计算机集成制造（CIMS） 柔性制造系统 FMS 同步制造与约束理论	美国、日本、西欧 日本丰田公司 KANBAN 管理

续表

年　代	概念和技术	创始人或发源地
20 世纪 90 年代	全面质量管理（TQM） 企业过程再造（BPR） 电子企业 企业资源计划（ERP） 供应链管理 敏捷制造（AM） 学习型组织	美国、西欧、日本 哈默提出业务流程再造
2000～2004	企业 X 再造 全方位营销概念 全程供应链管理 价值网	美国 中国

（二）运营管理理论发展的新趋势

从运营管理理论的历史发展中，我们可以发现，自 20 世纪 60 年代开始，企业运营管理理论的发展呈现出如下特征：

1. 企业运营管理是基于客户导向的价值创造过程

企业的根本目的就是为客户创造价值，运营管理模式和管理体系的发展和创新都是围绕为客户提供价值创新这一目标的，如果不能给顾客提供价值，企业就失去了存在的基础。

"把握顾客需求也是核心竞争力"，为了把握客户需求，并快速满足消费者的多变的、个性化需求，必须与消费者保持接触，企业的营销进入到了客户关系管理阶段。"感测与响应"正在稳步取代"制造与销售"，互联网为企业"感应"客户的需求构造了一个无缝的虚拟空间，通过虚拟空间中的信息创造价值，形成了一个信息流构成的"虚拟价值链"，信息创造价值。运营管理越来越重视挖掘客户需求并快速响应客户需求，为客户创造价值、传递价值成为运营管理的前提。

2. 大规模定制生产模式成为 21 世纪企业适应市场竞争的必然选择

客户要求个性化的产品和服务，企业要在为客户提供价值满足其服务要求的前提下获取利润，就必须同时解决产品的定制化生产和降低产品成本这一矛盾。在大规模生产模式下，要么追求低成本，大规模地生产标准化产品，要么追求品种，高成本地生产多品种的产品。运营管理理论的发展，实际上就在于解决定制化和低成本的管理矛盾。大批量定制生产方法，同时达到了低成本和产品多样化的矛盾。大规模定制就是指对"定制"的产品进行"大规模"生产。B. 约瑟夫·派恩将大规模定制称为"企业竞争的新前沿"。

大大小小的公司已经发现了大规模定制范式的力量和优势，要把该优势变为企业的竞争力，企业必须重构运营管理体系，主要包括两个方面，首先必须对企业的组织和流程进行重组，形成企业的灵活性和快速响应能力，保持动态改进以挖掘和满足不断变化的客户需求；其次必须将雇员、供应商、分销商、零售商，甚至客户本身组织起来，共同挖掘和满足客户的需求，只有这样的"动态扩展企业"才能实现大规模定制。

3. 以互联网为代表的 IT 技术成为企业运营管理的信息基础设施

不论是 MRPII，还是 ERP、CRM、SCM、PDM（Product Data Management，产品数据管理）或是 CPC（Collabrative Product Commerce，产品协同商务）都是以计算机和互联网技术为依托的，信息技术的发展推动了运营管理理论的发展。

信息技术正在改变价值活动的方式，企业能否正确高效地运转将主要依赖企业网络上信息传递速度、收集数量和信息处理的及时性，信息流成为企业运行的核心资源。企业是否建立起贯穿采购、物流到结算的一体化电子数据交换网络，已经成为判断企业是否拥有资格或能力的重要标准。

网络经济时代的管理是以信息为基础，互联网成为企业运营的基本技术平台，没有以互联网为代表的 IT 技术的支撑，企业的运营管理将无从谈起。

4. 运营管理超越了生产系统，从 MRPII 发展到 ERP、CRM、SCM、CPC

在 20 世纪 80 年代，由于市场环境是处于"卖方市场"，企业追求的主要运营目标是如何按时生产出所计划的产品，即如何实现生产计划的合理性、库存的合理安排、设备的充分利用、作业的均衡性、产品的及时交货等。企业管理的中心是生产和产值，随后加入了成本核算、财务汇总、部分销售管理和统一的数据库等，形成了 MRPII 系统的应用，其重点还是对生产制造的资源进行管理。

到了 20 世纪 90 年代，市场竞争日趋激烈并趋于动态性，企业都在延长产品线并进行混合生产，充分利用运营过程中有关各方的资源，企业的运营管理出现了集成一体化运作趋势，企业信息化管理发展到 ERP，又进一步扩展到 CRM、SCM，企业运营管理从生产系统的管理逐步扩展到包括营销、制造、财务、研发到供应链的企业整体系统。也就是说，为了能够快速响应客户的需求，企业运营管理体系必须将企业内部的营销、制造、财务等职能纳入管理体系，实行集成一体化管理，提高整体运营效率。

运营管理不再是单单的生产职能管理，而是整个经营流程运营体系的设计与管理，是企业全方位的协同运作。

5. 企业运营管理基于联盟策略的供应链体系、价值网体系

没有任何一个公司具有如此优异的能力，能自行执行所有的活动。企业运营强调每个企业的核心竞争力，只专著于自己的核心业务，而将非核心业务采取外包方式分散给业务伙伴，和业务伙伴结成战略联盟关系。

企业运营管理的模式不再是纵向一体化的控制资源，而是充分利用外部资源，和合作伙伴结成水平一体化的关系。管理的重心不再是生产过程的计划和控制，而是整个供应链亦即全程供应链的管理和协调，管理的核心在于全程供应链上信息流、物流和资金流的计划、控制和协调，客户关系管理、供应关系管理成为管理的关键要素。

企业 X 再造就是提高合作伙伴间运作效率的流程再造模式，全程供应链管理是"动态扩展企业"运行的业务模式。建立基于前端顾客需求和后端企业运营体系一体化的价值网，成为主要的运营模式。

6. 企业运营管理基于商务职能（BI）的知识管理体系

企业运营管理的基础是信息，"管理就是决策"，但是决策的依据是有效的信息和企业知识。企业的运营过程中产生大量的数据，如何将数据通过共享转化为企业的信息、知识和利润，是对运营管理的一个巨大挑战。

农业经济时代，技术的落后和生产力水平的低下使得经济的发展主要

取决于土地和劳动力资源的占有和配置，土地和劳动力成为主导资源；工业经济时代，科学技术的不断发展，人类开发自然资源的能力不断增强，技术和资金等资本要素在开发资源过程中的作用日益明显，经济的发展主要取决于自然资源和资本的占有和配置，自然资源和资本成为主导资源。网络经济时代，科学技术获得突飞猛进的发展，科技成果转化为产品的速度大大加快，经济的发展主要取决于知识的创造和利用，知识成为主导资源。

企业的运营越来越重视知识管理，商务智能（Business Intelligence, BI）的思想就是基于大量信息基础上的提炼和重新整合过程。这个过程与知识共享和知识创造紧密配合，完成从数据到信息，从信息到知识的转变，让知识形成企业的竞争优势和利润。企业运营管理越来越重视企业中信息的共享和知识的创造，形成知识竞争力。

三、企业运营模式演变过程与发展趋势

关于人类的制造技术，我们可以归纳为四个阶段，即手工制造阶段、机械化阶段、自动化阶段（包括单机自动化和生产线自动化）、信息化制造阶段。在信息化制造阶段，一方面生产线自动化进一步发展，出现小批量、多品种、高效率的柔性化生产方式；另一方面出现了信息化生产方式，工人离开车间，回到家里或小办公室，通过信息网络控制车间的运作，实现车间无人化。信息化制造阶段标志着知识经济时代的到来，实现了物质生产管理的非物质化，知识成为企业的核心资源。随着制造技术和信息技术的发展，企业的生产方式从工业革命以来，经历了三次生产方式的变革，分别是：手工生产方式、大量生产方式、精益生产方式，企业的生产方式代表了企业的基本运作模式。三种生产方式的比较见表 3-4。[①]

---

① 陈荣秋、马士华编著：《生产运作管理》，机械工业出版社 2004 年版，第 337 页。

表 3－4　　　　　　　　　　　　三种生产方式的比较

项　目	手工生产方式	大量生产方式	精益生产方式
产品特点	完全按顾客要求	标准化品种单一	品种规格多样系列化
加工设备和工艺设备	通用、灵活、便宜	专用、高效、昂贵	柔性高、效率高
分工与工作内容	粗略、丰富多样	细致、简单、重复	较粗、多技能、丰富
工人技能	懂设计制造、具有高操作技巧	不需专门技能	多技能
库存水平	高	高	低
制造成本	高	低	更低
产品质量	低	高	更高
权力与责任分配	分散	集中	分散

网络经济时代企业竞争的关键是基于时间的竞争，面向订单的生产实现了客户的定制化和对客户需求的响应，但是对大量需求各异的订单如何实现快速完成呢？大规模生产模式依靠库存实现快速响应的模式不能实现定制化，企业必须通过新的途径实现大规模定制模式下的快速响应，在今天的竞争环境下，不仅要有速度，还要有速度与精准的统一，基于敏捷制造理论的虚拟生产方式是面向 21 世纪网络经济时代的企业运作模式。

1991 年美国国会委托里海（Lehigh）大学的亚科卡（Iacocca）研究所编写了一份"21 世纪制造企业战略"的报告，提出了"敏捷制造"（Agile Manufacturing，AM）概念，描绘了一幅在 2006 年以前实现敏捷制造模式的远景。该报告的主要结论可以归纳为如下三个方面：[①]

（1）全球性的竞争市场变化太快，单个企业依靠自己的资源进行自我调整的速度赶不上市场变化的速度，提出了以虚拟企业（Virtual Enterprise）或动态联盟为基础的虚拟制造模式。

（2）敏捷制造采用可以快速重组的生产单元构成的扁平组织结构，以充分自治、分布式的协同工作方式代替金字塔式的多层管理结构，变企业之间你死我活的竞争关系为竞争合作的"共赢"关系。敏捷制造将人员视为企业最宝贵的财富，注重发挥人的创造性。

（3）敏捷制造强调基于互联网的信息开放、共享和集成。

---

① 陈荣秋、马士华编著：《生产运作管理》，机械工业出版社 2004 年版，第 349 页。

敏捷制造的目的可以概括为："将柔性生产技术，有技术、有知识的劳动力与能够促进企业内部和企业之间合作的灵活管理集成在一起，通过所建立的共同基础结构，对迅速变化的市场需求和市场机会做出快速响应。"[①] 支撑敏捷制造的三个基本要素是：生产技术、管理和人力资源，敏捷制造是大规模生产模式向大规模定制生产模式转化的有效途径。

（一）大规模生产方式下的企业运营模式

工业经济时代的主导生产制造模式是大规模生产模式，从单件手工生产模式到大批量生产模式是"制造模式的第一次大变革"。从 19 世纪初到 20 世纪 20 年代，工业生产方式是手工生产方式，主要是利用通用设备代替人力进行产品的单件生产，生产根据客户订单，一次一件，产量极低，生产成本高、周期长，质量和可靠性无法保证，生产管理处于经验管理阶段，技术的传承是"师傅带徒弟"，生产过程凭工人的技艺保证。第一次世界大战以后，美国的亨利·福特创造了"流水线大批量生产方式"，大批量生产方式是在 E. Whitney 提出的"互换性原理"和"大批量生产"概念以及泰勒的以劳动分工原理为基础的"科学管理"原理的支持下发展起来的。大规模生产的一个永恒的法则就是面向统一的市场生产标准化产品，大规模生产的原则包括：[②]

（1）可互换的零件。

（2）专用的机器。

（3）以生产过程为中心。

（4）劳动分工。

（5）流水线生产。

（6）以低成本和低价格为目标。

（7）规模经济。

（8）产品标准化。

（9）专业化程度。

（10）以工作效率为中心。

---

① 刘丽文：《生产与运作管理》（第二版），清华大学出版社 2002 年版，第 372 页。

② B. 约瑟夫·派恩：《大规模定制——企业竞争的新前沿》，中国人民大学出版社 2000 年版，第 15 页。

　　（11）由专业管理人员组成的分层组织机构（科学管理）。

　　（12）垂直集成。

　　这种生产模式的特点是最大限度地利用了分工思想，企业在组织结构上追求纵向一体化和大规模。由于企业的纵向一体化程度越高，企业的规模就越大，内部分工越细，专业化程度就越高，简单熟练的标准化操作大大提高了劳动生产率，使单位生产成本随着规模的提高而递减，大规模生产的主要特征可以概括为"规模化、标准化、低成本、高质量"，并成为20世纪的生产管理范式，建立了一套完整的制造生产理论和科层制组织理论，主导着这一时期管理者的思维方式。

（二）大规模定制生产方式下的企业运营模式

　　网络经济时代的主导生产制造模式是大规模定制，从大规模生产模式转向大规模定制模式是"制造模式的第二次大变革"。20世纪60年代开始，随着消费者收入的提高，消费者的需求呈现多样化的特征，产品需求不断变化和翻新，产品生命周期不断缩短，大规模生产范式不再有效。随着信息技术的发展和互联网技术的普及，消费者要求企业能够向其提供完全个性化的产品，市场的控制权由厂商转向消费者，市场进入了客户主权时代，向消费者提供低成本、高质量的定制产品成为生产模式变革的目标。手工生产方式可以实现完全的定制化，但是成本高，质量无法保证前后一致性。大规模定制作为对传统标准化思想的变革，是对两个长期竞争的管理模式的综合：个性化定制产品和服务的大规模生产，强调在满足顾客个性化需求的前提下实现大规模的产品制造和服务提供，在充分享受规模经济的低成本优势时，把顾客价值和满意度纳入到制造体系当中。产品定制不是简单的产品多样化，产品多样化是指企业为客户提供更多的产品选择，在这个过程中，厂商处于主导地位，顾客则是从厂商为其提供备选的集合中进行最终的选择；产品定制则是按照特定顾客的需求进行产品或服务提供，在这个过程中，顾客取代厂商处于主导地位。进行大规模定制模式在信息技术和现代制造技术的推动下，成为主导生产模式。获得低成本和实现定制化是管理方式的创新，及时交货、精益生产、基于时间的竞争、交叉功能团队等大量先进技术的应用，提高了多样化和定制化的能

力，而成本却没有增加，管理方式的创新促使了大规模和定制化的同时实现：[1]

（1）原料和部件的及时发送和生产，消除了过程间断，降低了库存成本。

（2）减少了准备和转换次数，可直接降低运行规模和变化成本。

（3）压缩价值链中所有过程的循环周期，可避免因增加灵活性和反应能力造成的浪费，从而降低成本。

（4）按照订单而不是预测生产，订单可以提供个性化定制需要的信息，这样可以降低库存成本，消除生产不足和生产过剩。

（三）运营模式的演变过程与路径分析

按照企业生产制造模式的演变过程即手工生产、大批量生产、工序强化和大批量定制生产模式的四个阶段，每一种生产方式都代表了一种生产能力，每一种生产能力可以创造市场价值，每一种生产能力和与它相联系的市场价值形成一个战略目标，每一种生产能力都用于在特定的时期、特定的市场上进行有效的竞争。每一种生产能力都以一种特定的、先决的方式与其他生产能力相关。只有经过某种形式的手工生产才能达到大批量生产方式；不先进行大批量生产就不可能实现工序强化方式，没有强化方式中的知识积累，大批量按照顾客要求定制方式也不可行，四种生产方式选择"正确的路径"进行演变，"每一种类型的工作方式都以特定的先决方式与其他类型的工作方式相关。这是一种学习体系。除非经过一定的手工生产方式，就不能达到大规模生产阶段；公司不是首先从大规模生产中学习，就不可能实现工序强化生产，没有从工序强化生产中的学习，大规模按照顾客要求定制生产也是不可行的"。也就是说，四种生产能力间的学习过程是仅有的一条单向路径，下一个阶段的实现依赖于前一阶段的知识积累和能力基础。四种能力的演变路径如图 3-6 所示：[2]

---

① B. 约瑟夫·派恩：《大规模定制——企业竞争的新前沿》，中国人民大学出版社 2000 年版，第 46 页。

② 巴特·维克托、安德鲁·C. 博因顿：《创新的价值——实现增长和盈利的最大化》，新华出版社 2000 年版，第 8~9 页。

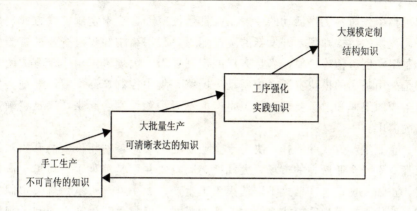

图 3-6 生产方式演变的正确路径

(1) 手工方式：在手工生产方式下，工人们在时间中积累经验，形成不可言传的知识，随着知识的积累，工人凭知觉能够想出如何利用自己可支配的一套工具来应付变化中的顾客需求和多样化的市场需要，满足新颖市场的需求。手工生产的经理们面临的挑战是，最大限度地利用公司中这种个人的专业技巧知识。有效的手工工作方式的三个关键因素是雇用最优秀的人员、让结果而非过程来控制、建立灵活的信息沟通渠道。

(2) 大批量生产工作方式：在手工生产方式建立的不可言传的知识基础上，人们不断总结形成可清晰表达的知识，大批量生产重复使用可清晰表达的知识，大规模地、有效地使用低成本的缺乏经验的工人。在大批量生产条件下，专门化的、可清晰表达的程序取代了手工工匠的不可言传的知识，生产的科学性取代了手工生产的艺术。大批量生产有效的三个关键因素是严格标准的工作过程控制、标准化的产品，为顾客提供前后一致的产品和市场形象，满足大宗商品市场的需求。

(3) 工序强化工作方式：工序强化工作方式利用工人的实践知识，不断地改进和修订工作程序，提高了产品质量。工序强化是既动脑又动手的工作方式。工序强化的关键是让工人既是动手者又是动脑者，不断地创新；必须引导自愿主义的眼光，使工人愿意加入工序强化的工作；建立自我管理团队，保持结构方面的灵活性。用高质量的产品满足质量市场的需求。

(4) 大批量按照顾客要求定制工作方式：在工序强化的不断进行中，整个组织学会了把工序作为一种互相依存的系统，创造出结构知识的主体和对整个公司各工序活动的理解。大批量按照顾客要求定制工作方式利用公司积累的结构知识，开发新的生产能力，利用结构知识对企业的资源进行重组，创造精确价值，满足客户的定制要求。大规模定制生产方式的关键是采用坚实的模块资源、使用动态网络、集中控制产品配置，要把大批量生产的纪律和效率要求与手工生产的不可预测性结合起来，满足精确市场的需求。

企业生产方式的选择，决定于企业所在的市场，一切价值的开始和结束都离不开企业所在的市场，大规模定制模式并不是消灭了大规模生产模式，正如大规模生产模式不能消灭手工生产方式一样，只是大规模定制模式将取代大规模生产模式成为主导生产模式，但是手工生产方式和大规模生产方式将继续存在并发挥作用。网络经济时代企业的生产具有不同于传统工业时代的生产的特征，首先是知识成为生产的核心资源，产品的知识含量不断提高，生产过程中同时包含着物质生产和知识的生产，产品创新主要是围绕知识、信息和服务的创新，高利润产品的附加价值从制造过程转向了知识、信息和服务过程，由于知识源于人的创造性和积极性，所以，生产过程中"以人为本"的管理思想日益受到重视；产品设计取代产品制造成为生产过程中的"瓶颈"因素，现代产品的设计过程是采用虚拟制造和并行工程的原理，汇集市场需求信息、产品概念创意、原材料需求和供应、制造过程仿真、成本核算、营销及售后服务等全生产周期过程的信息。产品的设计过程基本上决定了生产过程及企业可实现的利润水平，产品中知识含量的增大，使新产品的开发主要集中于提供信息和服务的电子和软件部分的开发。由于新产品开发的投资大、风险高，一个企业的资源和力量往往不能单独完成，为了降低新产品开发的投资风险，并在一定程度上缩短产品的设计时间和制造时间，合作研究和合作生产更为普遍，企业之间由传统的竞争关系发展为既有竞争又有合作，建立合作竞争的新型企业关系。产品生产是按照订单生产，满足特定顾客的特殊要求，企业产品的生产目标是实现大规模定制，就是以接近大规模生产的速度和效益，生产顾客化产品，顾客化产品是指能够满足顾客特定功能需要的，在时间、质量、成本、服务、环境保护等方面都能使顾客满意的 TQCSE 产品。以时间竞争为基础，速度是第一竞争要素，精准是运行的必然要求，追求顾客在 TQCSE 方面全面满意的"快速反应战略"成为网络经济时代主导的运营规则。

网络经济时代，客户化定制将成为主流，因此，大规模生产模式将逐渐被大规模定制生产模式所取代成为社会的主导生产模式，约瑟夫·派恩提出了实现定制化可以采用五种基本方法：[①]

(1) 围绕标准化的产品和服务来定制服务。

(2) 创建可定制的产品和服务。

(3) 提供交货点定制。

(4) 提供整个价值链的快速响应。

(5) 构件模块化以定制最终产品和服务。

要实现大规模定制，必须保证企业供应链上的合作伙伴之间的信息共享和全面合作，实现企业的全方位运营，保证对客户需求的快速反应，敏捷制造理论体现了大规模定制的思想。

四、全方位运营管理体系理论框架模型

网络经济环境下，如何理解运营管理的内涵和范围，如何构筑基于互联网的企业的运营管理体系，并使运营管理体系有效运作，是企业界目前必须解决的一个紧迫现实问题。实际上运营管理体系必须解决的三个基本命题就是：

- 客户需求与客户价值管理。
- 企业资源与核心能力管理。
- 合作伙伴关系与网络管理。

网络经济时代的运营管理体系，必须是精准管理模式，实现速度与费效比的统一。因此，运营管理体系应该是面向客户的运营体系，应该是建构在互联网电子商务平台上的运营管理体系，是要用网络经济时代的信息化范式取代工业经济时代的物质化范式。为此，我们提出全方位运营管理体系的概念框架，探讨实现企业运营管理理论管理范式变革的途径。范式的概念是由美国著名的科学哲学家托马斯·库恩最先提出的，用范式转移

---

① ［美］B. 约瑟夫·派恩：《大规模定制——企业竞争的新前沿》，中国人民大学出版社2000年版，第162页。

来阐明科学发展的历史演变。库恩认为，科学是由常规科学和科学革命两个时期交替进行的，"范式是一门科学成熟的标志。前科学时期，学界处于一片混乱，皆因未出现范式。有了范式，一门科学才从前科学进入常规科学时期。没有范式，就没有任何标准得以判断某一研究领域是否已经成为科学。科学的发展，无论是常规时期还是科学革命时期，都与范式紧密联系在一起。常规科学时期是基于范式的研究时期，是在范式的指导下扩展关于事实的知识，增进事实与范式预期之间的吻合程度。也是精练范式的过程；科学革命时期，是范式转变、更替时期，是由一个新范式取代旧范式的时期。"①

（一）理论框架模型

本书认为，我们应该重新审视企业运营过程和运营管理体系，建立新的理论框架模型，真正建立适应网络经济时代要求的全方位运营管理体系，实现精准管理模式，实现企业运营速度的革命性提升，是一个面向客户的运营管理体系。我们认为，企业的运营管理体系包括四个基本要素，即运营的目标体系、运营的资源支撑体系、运营的能力平台体系、运营的流程控制体系，为此提出新的运营管理体系 GSPC 模型。见图 3-7。

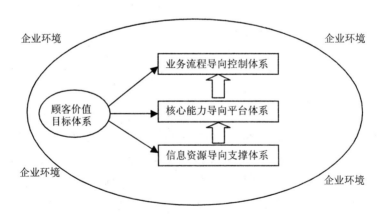

图 3-7　运营管理体系 GSPC 研究模型

① 转引自刘吉、金吾伦：《信息化与数字经济》，社会科学文献出版社 2002 年版，第69页。

运营目标体系主要指企业运营要实现的管理目标及其变化规律、优先次序，是利润目标还是客户满意度目标，是追求成本目标还是质量目标，这是运营管理体系的方向和灵魂；运营支撑体系主要阐明企业运营所依据的核心资源是什么，如何支持了企业的运营平台的建立和完善，这是运营管理体系的资源支撑；运营平台体系是企业运行的基础设施，提供了企业的运营能力，是企业竞争的基础，企业运行的基础和保障；运营控制体系是企业在运营平台上对业务活动进行计划和控制的过程。

在以互联网技术为基础的运营管理平台上，企业的运营过程就是和客户、供应商及合作伙伴的共同协作过程，形成了一个价值网。在这个价值网中，一方面，在虚拟运营空间的虚拟价值链上，企业通过与客户、供应商、合作伙伴共享供应链上各环节的信息流，完成企业与客户的互动；另一方面，在物理运营空间的物理价值链上，就是通过供应链的管理和运作完成原材料运输、产品制造、产品配送过程，完成客户价值的创造与传递过程。

（二）全方位运营管理体系的典型运作方式

电子商务模式下的全方位运营管理体系，为了实现精准型运营管理模式，提高速度和费效比，要求企业必须超越生产运作管理的限制，而要从企业的市场营销、生产协作与供应链协调、研究开发、财务运作、人力资源运作全方位的角度考虑问题，考虑企业对消费者需求的响应速度，但是并不代表所有的这些职能全部由企业自己独立完成或者是完全依靠自身资源完成，全方位运营管理体系的精准管理模式超越了传统的生产制造过程实体运作模式和纵向一体化的管理模式，表现出一种"实时化、虚拟化"趋势，出现了新的两种典型运作方式，或者说是企业运营过程中的两个基本特征，即实时运作方式、虚拟运作方式。

1. 实时运作方式

网络经济时代，客户需求向多样化、个性化方向发展，产品的更新换代更加迅速，企业之间的竞争更为激烈，市场环境更加难以把握，以快速响应顾客需求为导向的求得生存与发展的经营理念成为一切企业战略的核心思想。在传统工业经济时代习惯于在固定的空间、以固定的时间和固定的方法进行运作的方式已经越来越不适应网络环境，取而代之的是实时运作方式，实施运作方式就是企业可以实现动态响应客户的即时需求，随时为客户提供产品或服务，实时运作方式的企业被称为"实时企业"、"零等待企业"、"事件驱动企业"、"即时计算企业"、"直接处理企业"。

实时企业运作方式是针对网络经济时代的一种全新的管理思想方法，它将企业视为一种复杂的适应性系统，将"感测与响应"运作模式替代传统的"制造与销售"模式，从以产品为中心转向以客户为中心，企业不再是通过计划活动来生产永久性的供给品，不再是预测消费者需求然后利用与供求相匹配的库存以规划一年的生产来进行竞争，而是依靠实时感测机制持续不断地发现每个消费者的需求，然后通过定制产品和上门服务以最快的速度满足消费者的需求，通过动态资源分配和实施，只响应客户所提出的一次性要求，迅速配置能力进行生产，几乎立即响应消费者的需求。"感测与响应"的实时运作模式正在稳步取代"制造与销售"模式，并且有效提高了企业的竞争力：[①]

- 缩短复杂产品的研发周期。
- 把价值有效地让渡给消费者。
- 带来高水平的创新。
- 为知识工人提供富有挑战性的工作。
- 获得高效益。

客户需求成为驱动企业实时运作的发动机，企业必须能够迅速识别客户需求和市场机遇，并将柔性生产技术、熟练掌握生产技能的知识工人与企业内部和企业之间的灵活管理机制结合在一起，通过建立共同的基础结构，来实现对消费者需求和市场机遇的实时响应。美国 DELL 计算机公司以客户订单销售计算机的直销模式就是网络经济时代的实时运作模式，没有客户订单 DELL 不生产任何一台计算机。实时运作方式体现了核心企业响应模式，即以客户为中心的思想，从而完全解决了生产与消费的矛盾，实现了真正的"零库存"。

2. 虚拟运作方式

网络经济时代，虚拟企业成为主流运作方式，功能特点专长化、存在

---

①　［美］斯蒂芬·P.布雷德利、理查德·L.诺兰：《感测与响应》，新华出版社 2000 年版。

形式离散化、运作方式合作化的企业就是虚拟企业。[①]虚拟企业突破了实体企业的有形界限，强调通过对外部资源的系统整合实现企业的目标，这些外部资源包括客户、竞争者、供应商和其他合作伙伴，虚拟企业的运作基础就是信息技术、合作网络和知识网络。赵春明将虚拟企业分为两种基本类型：第一类是机构虚拟型企业，这类虚拟企业没有有形的结构，找不到办公大楼，通过信息网络和契约关系把相关、分布在不同地方的资源联结起来，这类虚拟企业主要包括互联网上的销售公司、旅游公司、网上银行等，典型的例子是美国的亚马逊网上书店；第二类是功能虚拟型企业，这类虚拟企业在运作时具有完整的功能，如研发、生产、营销、财务、设计、人事等，但在企业体内却没有完整执行这些功能的组织，而是只在企业体内保留自身的核心或关键功能，其他功能则精简掉，根据业务需要，借助外部企业实现这些功能，典型的例子就是美国的耐克（Nike）公司和锐步（Reebok）公司，它们都是著名的运动鞋制造厂商，但实际上，Nike只生产鞋的气垫系统，Reebok更是完全不从事制造活动，它们均在亚太地区寻找合同生产厂商，自己专门负责产品设计和营销，而将生产环节外包，并运用信息网络将所有的加盟企业连接在一起。从运营管理的角度，企业为了快速响应客户需求和抓住市场机遇，以信息技术为连接和协调手段，在企业之间结成一种临时性的合作联盟，共同完成一项任务，完成任务的不同组织结成一个功能完整但是没有整体实体特征的组织，这就是虚拟企业运作方式，该种运作方式已成为网络经济时代的典型运作方式。

　　虚拟企业根据任务的要求和自身的专长和核心能力，将非核心专长委托企业合作伙伴完成，企业可以完成超过其实体资源范围和实际能力的任务，虚拟企业具有专长化、合作化、离散化三个基本特征。专长化是指虚拟组织不再具有完整的组织资源和功能，只保留自身的专长及其功能；合作化是指虚拟企业不再沿袭实体组织主要利用内部资源支撑组织活动，不再具有完整的功能和资源，而是利用外部市场资源；离散化是指虚拟企业在空间上的存在是不连续的，虚拟组织的资源和功能呈离散状态，分散在不同的地方，用信息网络联系在一起。

　　本书认为虚拟企业包括组织虚拟化、功能虚拟化、地域虚拟化、人员虚拟化四种基本形式。组织虚拟化是指企业没有成型的结构，没有办公大

---

① 赵春明：《虚拟企业》，浙江人民出版社1999年版，第103页。

楼，只是通过信息网络把分布于不同地点的资源连接起来，例如网上银行、网上书店等。功能虚拟化主要是指企业将部分管理功能进行外包，企业本身只保留关键体现核心能力的功能，例如美国耐克公司，将生产制造功能进行外包。地域虚拟化是指企业利用信息技术克服空间障碍而将功能分布在不同地点，如产品研发、设计、制造、服务分布在不同的地方，实现全球化的产品开发中心、制造中心和服务中心。人员虚拟化是指借助外部专家的"外脑"、利用外部知识资源解决企业自身的问题，对于人才实现"不求所有，但求所用"的虚拟化人才政策原则。

虚拟企业将成为网络经济时代的第二种典型运作方式，其核心是利用信息平台连接资源，强调企业的核心竞争力的聚合和利用。

两种运作方式不是截然分开的，它们可能同时存在于一个企业的运作过程中，并互为补充、互相支持，共同形成了全方位运营管理体系的典型运作方式，成为精准型运营管理模式的具体运营方式。

第四章 基于客户价值导向的企业运营目标体系研究

德鲁克在 1954 年出版的《管理实践》一书中提出："企业的目的是创造客户，为客户提供产品和服务，而不是利润最大化。"盈利能力不是企业和企业经营活动的目的，而是企业和企业经营活动的一个限制因素。利润不是企业行为和企业决策的理由和根本原因，而是对其有效性的一种检验。任何企业的第一项考验不是利润最大化，而是获得足够的利润以抵偿经济活动上的各种风险。是客户决定了企业是什么，企业生产什么，企业是否会兴旺。网络经济对企业影响的第一个方面是对企业运营目标体系的影响。运营目标体系是企业的灵魂，它决定着企业的任务和结构。见图4-1。

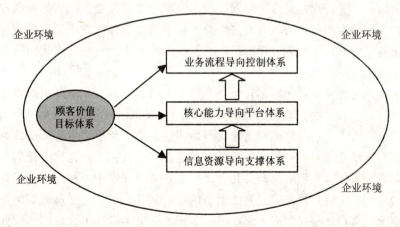

图 4-1 运营管理体系 GSPC 研究模型——顾客目标体系

企业追求利润最大化一直是传统经济教科书的一条刚性定律，在财务管理上将"股东价值最大化"作为企业理财的目标。"企业目标就是创造利润"，"办企业就是要为股东赚钱"等口号也成为我国许多企业家们的追求。在这样的经营模式中，企业家最关心的是年度利润指标，导致企业短视。从管理实践来看，往往越是急于获取高额利润，越是离利润更远。为了赚取更多利润，经营者很可能降低产品和服务质量；为了赚取更多利润，经营者很可能利用信息不对称甚至制造信息不对称，在价格上大做文章。因此，我们要问股东价值最大化理论基础上的企业利润最大化，能否继续作为网络经济时代企业运营追求的目标？随着网络经济的发展信息越来越透明，社会越来越进步，顾客能够得到法律以及保护顾客权益的相关数据和服务，可以通过互联网迅速得到信息，信息的低成本以及能够迅速查找信息的工具，使顾客可以至少和厂商获得同样多（甚至更多）的信息，从而把市场的力量平衡从厂商转向了顾客，这就打破了厂商的信息优势，现代企业目标也悄然发生着变化。从治理结构上看，在股份制发展的初期阶段，股东大会是企业的最高权力机构，股东就是要赚取利润，利润率越高，越能吸引股东们的进一步投资；在股份制发展的中期阶段，股东越来越多，董事会成为实际的最高权力机构，董事会主要是由一些经营专家组成，这些经营专家最关心的是企业品牌和企业业绩，股票升值还是贬值，股票持有者也希望股票升值而不是利润分红；股份制企业发展到第三阶段，一个重要标志是股权继续分散，监事会将成为企业的实际最高权力机构，监事会的首要责任是约束企业为社会创造价值并在不污染环境、不危害社会的情况下得到合理的经济回报。因此，企业利润最大化的单一目标不再适应网络经济时代的现代企业。

在网络经济时代，顾客对于企业的影响力越来越大，互联网的价值就是客户的价值，德鲁克50年前的判断将成为现实。互联网首先是一种信息交流方式的革命，在互联网上流动得最快速、最活跃也是最有价值的始终是信息。随着信息的迅速传播，顾客的选择权也在扩大，世界上任何一个人，只要电脑上有调制解调器和电话线，就能够在家中坐拥整个世界，顾客的鼠标点击将最终决定企业生产链的每一环节。现代企业所面临的市场竞争无论在广度还是深度上都在进一步扩大，竞争者已不仅仅包括行业内部已有的或潜在的竞争对手。在利益机制驱动下，许多提供替代产品或服务的竞争者、供应商和客户也加入了竞争者的链条中来。竞争的观念逐渐由以利润为导向发展到以客户为导向、保持持续竞争力为导向。低成本、好的产品不足以是保证企业立于不败之地的法宝，如何有效地避免客户占有率的流失，强化企业与客户的关系已成为竞争的标准。企业开始意识到良好的客户关系在客户保留中所起的关键作用，并着手提升客户对企业的忠诚。

所以，一个有远见的企业家要首先承认企业微利时代的到来，网络经济是客户主权的经济，进而还要以顾客价值最大化为企业目标，合理利润只是实现顾客价值最大化的自然结果，是企业运营的一个约束条件。

一、网络经济时代企业与顾客的新型关系

德鲁克在讨论企业的宗旨和企业的使命时，提出必须仔细思考如何回答如下三个基本问题：[①]

(1) 谁是顾客？

(2) 顾客买些什么？

(3) 顾客考虑的价值是什么？

在客户所认同的价值方面，企业管理人员往往确信价值就是他们在企业产品中所规定的质量，同时指出："同一种质量的产品，对于不同的顾客有着不同的价值。制造业者认为是价值的东西，对于顾客来讲可能是不相干的东西。"[②] 互联网提供给企业一种能力，使得企业能够在网络经济时代，充分利用信息技术，全面地了解顾客，以满足顾客的需求，提高顾客的满意度和忠诚度，建立企业与顾客之间的新型关系。

(一) 市场竞争环境的变化

要实现精准运营，首先必须精确锁定目标客户，对顾客需求准确把握。网络经济时代，准确地捕捉每一个客户需求，迅速地为客户提供所需的商品和服务成为企业竞争成败的关键。从工业经济时代到网络经济时

---

① ［美］杜拉克著，苏伟伦编译：《杜拉克管理思想全书》，九州出版社 2001 年版，第 100～105 页。

② 德鲁克：《管理：任务、责任、实践》(1974)，载孙耀君主编：《西方管理学名著提要》，江西人民出版社 2001 年版，第 356～357 页。

代，整体的市场特征发生了结构性变化。主要表现在如下方面：

1. 从卖方市场转向买方市场

从工业发达国家看，20 世纪 80 年代后期以来，经历了工业经济时代低成本、大批量的生产，社会物质生产能力得到了极大提高，社会产品极大丰富，满足了人们基本生活的需要，卖方市场变成了买方市场。中国在1996 年前后，经济发展基本上结束了物资短缺时代，进入了产品过剩时代，消费者的购买选择越来越多，迎来了买方市场环境。

2. 从大众市场到个性化市场

随着生产的发展和生活水平的提高，消费者需求期望向高层次、个性化、多样化的方向发展，市场对产品创新的要求越来越强烈，产品的市场寿命周期越来越短，如个人计算机的市场寿命周期不到 2 年，电子消费产品的生命周期仅为 3 个月，满足社会需求的基本方式是不断地迅速开发出让顾客满意的新产品。大众化的市场变成了个性化市场，相应的企业新产品创新能力、新产品上市时间成为竞争的关键要素。

3. 从产品实体到知识含量

在网络经济时代，人们需要的是能够从本质上改变其生活方式、扩展人类的脑力和思维的知识化智能产品，产品是硬件和软件的统一体，例如计算机、手机等，即使是一般性产品也需要融入知识和服务，使之能够为顾客提供更丰富的价值，如汽车、洗衣机、冰箱、燃气灶等已经不再是纯粹的机械产品，而是向着信息化、智能化方向发展，纯粹的机械硬件在产品价值中所占比例越来越小，而产品中的信息含量和知识含量越来越高，产品的价值和价格主要取决于其知识含量，与直接生产成本关系很小。例如，一个手机充电器的硬件生产成本只有 1 元人民币，但是出厂价格却可以达到 50 元人民币，这其中主要是技术专利和知识的价值。知识将成为产品价值的主体。

4. 从品牌战略到客户战略

工业经济时代，企业的生产是先将产品设计、生产出来，然后依靠大量的广告、各种推销手段，树立起产品品牌，将产品销售给客户。当客户掌握了足够的信息之后，销售过程就从厂商的"推"变成了客户主动的"拉"，在客户要求不断变化的条件下，此时顾客更注重个性化产品所提供的独立功能与享受，关注的焦点是产品或服务真正为他们提供的价值，对于标准化的品牌产品兴趣降低，传统的品牌地位受到挑战，客户的价值需求成为企业营销的关键因素，而企业的品牌战略退居其次。因此，厂商的品牌战略转移到客户战略上来。

5. 从传统商务到电子商务

互联网和电子商务系统的应用使市场竞争环境跨越了地域和时间的限制，在全球范围内展开，企业可以在网上进行信息查询、采购和售后服务，与全球范围内的供应商、客户甚至竞争对手进行 24 小时全天候的合作生产和实时联系，传统商务将被电子商务所取代和完善。

总之，市场结构发生的变化，说明市场的主导权已经掌握在客户手中，而不再是掌握在厂商手中。

（二）从厂商为主导到以顾客为主导的新型客户关系

在传统的工业经济条件下，我们俗称"买的不如卖的精"，即企业与顾客之间的关系是建立在信息不对称的基础上的，企业在自身与顾客的关系中凭借信息优势长期占据上风，厂商掌握着主动权。在商业交易中，占有信息是讨价还价的关键，信息的不对称使得企业掌握着大量有关产品的信息，而顾客仅仅了解有限的，而且是由厂商提供的产品信息。在这种情况下，企业可以充分利用自己在信息上的优势，在交易过程中处于主动地位，并且在最大程度上获取额外的利润。针对不同类型顾客的不同价格就是信息不对称的结果。此时企业的市场营销范式是基于推销的观念，企业的任务在于推销和推广由工厂制造的产品，并尽可能地扩大销售量，以获得最大利润。企业的工作便在于"猎捕"所发现到的任何客户，并运用广告等大众媒体的说服力量，以及个人推销等个别的说服力量，来达到销售的目的。管理者基本不考虑从了解细分市场、发展不同的产品和服务出发，以满足市场的不同需求。工业经济时代成功的唯一途径，就是由大量生产、大量流通和大众营销所带来的产品标准化。在以广告和推销为主要方式的市场营销中，主要由企业控制着产品销售中的各个环节。但是，工业经济时代厂商主导的客户关系，已经无法满足顾客的个性化需要，也无法继续提升企业的市场业绩。企业与顾客之间通过传统的包括电视、广播、报纸和杂志的单向沟通以及电话的双向沟通，沟通方式效率低下。伴随着产品的多样化和顾客要求的提高，顾客每天被动接受大量充斥的各种产品信息，包括形形色色的各种广告和促销活动，顾客没有精力从信息中过滤出自己真正的需要，无法及时得到感兴趣的信息，无法正确判断信息的可靠性，导致企业的广告作用淡化，营销手段效率降低。企业也无法充分了解顾客的不断变化。复杂的需求，沟通效率的低下，阻碍了产品或服务从厂商向顾客的有效转移。

在网络经济时代，顾客行为的变化和信息传播手段的变化，改变了企业与顾客的传统关系，而必须建立由顾客主导的新型客户关系，企业关注的重点不再是一次性交易，而是与顾客关系的建立、维持和巩固，由顾客来控制沟通的方式，立足客户需求来建立品牌。这样，建立如菲利普·科特勒所称的全方位营销的观念，从个别客户的需求出发。营销的任务便在于发展出与时空背景相融合的产品、服务，或能带来特殊经验的事物，以符合个别客户的需求，通过掌握客户占有率、客户忠诚度和客户忠诚价值来达到获利性的成长。

菲利普·科特勒在《科特勒营销新论》中总结了三种营销范式的手段和结果，见表4-1。[①]

表 4-1　　　　　　　　　　三种营销观念的比较

名称	销售观念	营销观念	全方位营销观念
起点	工厂	客户的不同需求	个别客户的需求
重心	产品	适当的产品服务和营销组合	客户价值、企业的核心能力和合作网络
手段	推销和推广	市场细分、选择目标市场和定位	客户资源管理、可联结协力厂商价值链整合
结果	通过销售量获取利润	通过客户满意度获取利润	通过掌握客户占有率、客户忠诚度和客户忠诚价值达到获利性成长

①　菲利普·科特勒、迪派克·詹恩、苏维·麦森西：《科特勒营销新论》，中信出版社 2002年版，第 31 页。

任何一个经过长期发展的经济都将不可避免地经历着这样一个从以"厂商"为中心到以"客户"为中心的经营模式的转变。传统经营模式是以厂商的产品为竞争基础，企业关心更多的是厂商企业内部运作效率和产品质量的提高，以此提高企业的竞争力。随着全球经济一体化和竞争的加剧，产品同质化的趋势越来越明显，产品的价格和质量的差别不再是企业获利的主要手段。企业认识到满足客户的个性化需求的重要性，甚至能超越客户的需要和期望。以客户为中心、倾听客户呼声和需求、对不断变化的客户期望迅速做出反应的能力成为企业成功的关键。因此，企业的运营开始转到完全围绕以"客户"为中心进行，从而满足客户的个性化需求。

二、以客户为中心的理念与客户价值管理理论

（一）以客户为中心的理念

我们一直都在谈论"以客户为中心"，并把以客户为中心作为构筑全方位运营管理体系的基本原则，但是如何真正去做，在运营管理体系中体现出客户的中心地位，而不只是停留在口头上，关键的一个原则就是在运营管理体系中体现顾客价值管理（Customer Value Management，CVM）。顾客价值管理使企业确定并管理顾客知识，平衡企业实际的商业利益，从而在为客户需求服务中获取利润。通过客户价值管理，开发并实施客户界定的理想价值传递，将企业所需的客户服务标准、流程能力付诸实践，将调查的顾客信息转化为盈利的顾客知识。

现实中，以客户为中心的思维随着企业的发展壮大在发生变化。在创业阶段，企业思维的重心在客户，一个小型企业必须强烈关注客户，否则企业将无法生存和发展。当企业发展起来了，重心就开始转移了，这是一个很微小的渐变过程，企业开始离开客户而面向自己了。在成功阶段，重心更多地转向自己，远离了客户。最后，企业只关注自己，只关注自己的产品、资源、资金和营销渠道，忽视客户的真实需求，这就是大规模生产的工业经济时代的典型过程。见图 4-2。

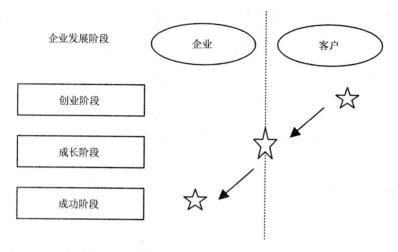

图 4－2　企业管理重心的变动

　　网络经济时代，顾客对产品和服务的需要从单一化到多样化、个性化，企业的生产形态从少品种大量生产转变成为多品种少批量，现在正在向根据客户的需求不同而进行个性化的设计和生产制造转变，企业所处的经营环境正在从商品缺乏时代即只要生产出来就一定能够卖得出去的时代转变成商品充足的时代，甚至是商品过剩的时代。我国经济在 20 世纪 90 年代的发展，就充分说明了从产品短缺到产品过剩转变的特征，这时的市场竞争，主要体现为客户获取的竞争。因此，企业必须从以产品为中心的运营模式转向以客户为中心的运营模式，建立面向客户的运营体系，与客户保持良好的关系，时刻关注客户需求，因为顾客可以货比万家，用户满意度就非常重要，否则客户立刻可以离开，企业将"无商可务"。市场经济下，消费者手中的钞票就等于一张选票，这张选票要投给某个企业，这个企业才能够有发展，否则就没有前途。同时客户所需要的不仅仅是产品，而是一个问题的系统解决方案，用户的满意度一般应该包括四个方面。第一是价格，第二是质量，第三是交货期，第四是售后服务。传统的工业经济时代，企业只是卖产品，用产品为客户创造价值，但这已远远不能满足客户的需求，导致客户流失和利润干涸，企业陷入"无利润区"。企业应该"将经营范围从卖产品转变为提供解决方案；将产品的差别优势从价格转变为使客户的系统更加经济；将价值来源从产品转向服务"。① 美国通用电气的 Jack Welch 成功地将 GE 公司从一个以产品为中心的公司，转向了以利润和客户为中心的企业，主要措施就是两条：

（1）提供解决方案。

（2）从制造向服务转型。

GE 公司的成功来源于其对客户价值系统的关注，并通过站在客户的角度，以客户的价值系统审视自身的业务，将自身为客户提供的产品和服务放在客户的经济系统中考虑，从而改变了 GE 自身的经营模式和价值获取机制，使 GE 从一家传统的制造企业转型为现代的服务企业，产品只是服务解决方案的一个部分，从而建立了稳固的客户关系和市场基础，保证了 GE 持续稳定的利润流。见图 4 - 3。

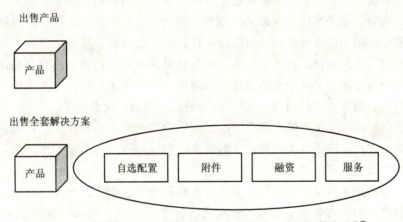

图 4 - 3　通用电气的企业设计："卖解决方案，而不仅是产品"②

联想集团有限公司面对网络时代的挑战，贯彻"全面客户导向"的思想，2002 年年初重新确立了发展理念、调整了组织机构和业务体系，明确联想的发展远景是"高科技的联想，服务的联想，国际化的联想"，并提出"联想集团以互联网为核心，以全面客户导向为原则，以满足家庭、个

---

① 亚德里安·J. 思莱沃斯基、大卫·J. 莫里森、劳伦斯·H. 艾伯茨、保罗·G. 克利福德著，凌晓东等译：《发现利润区》，中信出版社 2000 年版，第 96 页。

② 亚德里安·J. 思莱沃斯基、大卫·J. 莫里森、劳伦斯·H. 艾伯茨、保罗·G. 克利福德著，凌晓东等译：《发现利润区》，中信出版社 2000 年版，第 86 页。

人、中小企业、大行业企业的需求为目标，以产品和服务两个维度来构筑我们多元化的业务。建立了面向客户的六大业务群组"，同时将联想集团原来按照产品类别组织的产品导向的事业部模式，变革为按照客户类别组织的客户导向的业务群组模式，根据客户群的不同，将所有业务划分为六大业务群组来满足不同客户的需求，即消费 IT、手持设备、信息服务、企业 IT、IT 服务、部件/合同制造六大业务群组。消费 IT 业务群组主要面向个人、家庭用户，实施".HOME"策略，为中国的家庭和个人用户提供新型数字产品，为实现中国人的数字新生活服务；企业 IT 业务群组涵盖了面向中小企业和大行业客户提供产品，以及向中小企业提供 IT 三个领域；IT 服务业务群组服务于大行业客户，帮助中国企业和组织高效地实现信息化，提高其业务管理水平和运作效率；手持设备业务群组主要面向个人和便携式客户；信息服务业务群组主要是为用户提供基于互联网的接入、内容、商务和通信等服务；部件/合同制造主要是联想的主机板制造业务。联想集团面对互联网的挑战，将企业的业务体系从以产品为原则转变为以客户为原则，体现了联想集团的以客户为中心的经营思想，是从客户的角度，而不是从企业的角度，来理解消费者需求，构筑业务组织，提供产品和服务。我们认为，"以客户为中心"的经营理念具有以下特征：

（1）企业将关注的重点由产品转向客户，企业不是首先生产产品，再推销给客户；而是首先把握客户的需求，再按照客户的需求生产产品，客户需求成为运营活动的起点。

（2）企业将仅注重内部业务的管理转向到外部业务，以客户为中心的经营模式的出现带来了市场营销模式由传统的 4P（product，price，place，promotion）到 4C（customer，cost，convenience，communication）的转变。这种营销模式的转变包含了两层含义，一是企业关注的重点从内部业务转向了客户；二是企业关注客户是基于客户价值的，客户关系的管理成为管理的重心。

（3）在处理客户关系方面，企业从重视如何吸引新的客户转向到全客户生命周期（customer life-time）的关系管理，其中很重要的一部分工作放在对现有关系的维护上。

（4）企业开始将客户价值（customer value）、客户满意度作为绩效衡量和评价的标准。

以客户为中心就是要以"由外而内"的观点来确定什么是顾客心目

中，而非管理层心目中最理想的企业产品和服务，企业不能习惯于"由内而外"的观念以自己的价值观判断客户的价值观点，"由外而内"是顾客价值管理（CVM）的核心内容。

（二）客户价值管理理论（CVM）

IBM 的专家将顾客价值管理（Customer Value Management，CVM）定义为："一整套建立顾客忠诚度，并将顾客需求变成业务设计一部分从而得到更多市场份额的方法。"[①] CVM 是管理顾客价值和满意度的可持续框架，其核心就是平衡来自客户的价值和企业给予客户的价值，使企业实现以客户为业务中心的目标，根据顾客界定的价值，为客户提供他们需要的服务和最佳价值，并将企业资源用于高价值顾客，从而增加企业利润。CVM 将客户的需求区分为基本需求、吸引要素、满意要素三个层次，根据客户对企业的贡献将客户分为高价值客户和低价值客户，通过企业与客户的互动，在正确的时间为正确的客户提供正确的服务。CVM 将企业的资源、技能和优势同顾客对理想价值的观点结合起来，把顾客、供应商以及企业自身整合到一个价值链上。

1. 顾客导向模式

在网络经济时代，企业必须向顾客提供特定的产品和服务，每个主要行业都在承受着提供多元化产品和服务的压力，企业要为日益增多的顾客提供高度定制的产品和服务。企业如何把顾客放到第一位？答案是 CVM 模式，CVM 模式帮助企业实现了为顾客提供他们需要的服务，把企业系统的业务标准、改进项目、企业能力、流程、机构和框架等与顾客界定的价值联系起来，从而为顾客提供最佳价值。"CVM 自顾客始，也至顾客终。"[②]

---

① 詹姆斯·科塔达、托马斯·哈格雷夫、爱德华·瓦金和 IBM 咨询团队著，张延、张琳译：《网络时代的管理——IBM 和其他公司是如何成功的》，生活·读书·新知三联书店 2001 年版，第45 页。

② 詹姆斯·科塔达、托马斯·哈格雷夫、爱德华·瓦金和 IBM 咨询团队著，张延、张琳译：《网络时代的管理——IBM 和其他公司是如何成功的》，生活·读书·新知三联书店 2001 年版，第58 页。

　　CVM 模式的关键要素有两点：一是要用"由外而内"的观点取代"由内而外"的顾客价值观，企业光强调为顾客着想是不够的，还应该了解顾客的想法，按照顾客所界定的价值为顾客提供其所需要的产品和服务。比如中国上海的宝钢集团，在世界钢动态（WSD）2003 年评选出的全球最具竞争力的钢铁公司中，以 7.20 分（满分为 10 分）排名第二，[①]"宝钢以产品的市场实现和用户满意度为最终标准"，宝钢集团董事长谢企华说，宝钢有独创的"标准＋α"机制，即在国际标准的基础上，向用户提供符合各自要求的产品。宝钢向上海大众、青岛海尔等直供大户提供的都不是单纯的"宝钢板"，而是宝钢的"大众板"、宝钢的"海尔板"。客户的标准就是企业的标准，所以，要了解客户的标准，建立了解客户的通道。二是将企业与客户观点的战略结合，企业要以顾客现在及未来心目中理想的厂商为出发点，规划企业的商业战略和投资，确保根据理想的顾客界定价值来设计企业的流程和服务，保证企业能够满足顾客对今天及未来的最高要求，使企业成为"顾客眼中的第一名"，平衡顾客满意度和顾客盈利度的关系，在企业提供给顾客的价值及企业从顾客得到的价值中获取利润，要区分高价值顾客和低价值顾客，将资源集中于那些为企业带来更多利润的顾客，提供给顾客的价值应该同企业确定的他们的盈利度成正比。

　　顾客价值、顾客满意度并不排斥厂商的利润，而且顾客满意度是厂商利润的前提和基础，CVM 是一个"双赢"的运营模式。

2. 顾客价值分析

　　顾客价值分析就是分析企业与顾客接触的每个"关键时刻"互动中的顾客需求，从顾客的角度，了解顾客在购买、送货、开发票、售后服务的顾客周期中每一个阶段所得到或没有得到的利益，以及可能给企业带来最大竞争优势的利益组合，并对顾客进行市场划分和市场研究，建立为客户服务的基准。

　　IBM 的咨询团队根据研究结果，将客户购买行为分为三类，即基本需

---

　　① 世界钢动态（WSD）在 2002 年评选全球最佳钢铁公司后，2003 年又选出 17 家被称为世界级钢铁公司，进行全球最具竞争力的钢铁公司的评选。WSD 一共设计 20 个指标对 17 家钢铁企业进行综合评价，满分为 10 分。

求、吸引因素/区分因素、满意因素，内容如下：①

（1）基本需求：基本需求必须得到满足，否则顾客就会减少他们的业务规模，或者是另外寻找一家供应商。基本需求就如人的食物和住房，是企业的必备因素，是厂商进入某一行业的入场券，是行业的最低质量标准，为了在业界生存，企业必须达到最低的可接受标准，这样才能留住顾客。

（2）吸引因素/区分因素：这是顾客的一组特定需求，如果能够得到满足，企业便可以留住现有的顾客，并能够从竞争对手那里吸引来新的顾客。吸引因素/区分因素能够影响顾客，能够区分厂商，能够让顾客离开一家企业去购买另一家的产品。吸引因素是厂商走向成功的竞争规则的核心，能够决定企业与其对手之间的竞争差距。

（3）满意因素：基本需求的作用是留住顾客，吸引因素的作用是争取顾客，而满意因素的作用则是改善顾客对企业的感觉。满意因素不会产生新的关系，也不会使旧有关系破裂，而且也缺少使顾客行为远离或靠近某个企业的力量。满意因素是积极的附加因素，但是它们不会带来企业忠诚度，也不会导致摩擦，厂商应该将获得积极评价的特色或服务同那些真正影响购买行为的服务区分开。

顾客价值分析使企业能够确定什么样的顾客需求组合：基本需求、吸引因素、满意因素，三个因素会给企业带来最大的竞争优势，来指导企业的资源分配，以便把资源用在对顾客最起作用的地方。麦当劳将客户"价值"定义为产品的质量、产品的可预料性、服务速度、绝对整洁以及亲近友好，并针对这些实际要求，制定出相应的标准，按照标准进行员工培训，同时将员工的工资收入与这些标准挂钩，成就了今天全球最大的快餐连锁企业。一般规律是，企业应该避免在基本需求方面做得最好而过度投资，企业一旦满足了最低要求，就应当将所有多余的资源或资金都用于那些如果做得好便能吸引顾客并提高市场份额的需求，就是说一旦基本需求得到满足，就应把投资用于吸引因素，来提供同类企业中的最优价值，同时要适度控制在满意因素上过度投资，分析确定企业及其主要竞争对手间的哪些表现差距影响了顾客的决定，引导企业在增加新产品和服务时走上

---

① 詹姆斯·科塔达、托马斯·哈格雷夫、爱德华·瓦金和 IBM 咨询团队著，张延、张琳译：《网络时代的管理——IBM 和其他公司是如何成功的》，生活·读书·新知三联书店 2001 年版，第 55～60 页。

正确的方向。

　　任何企业也不可能真的在所有时间为所有的潜在顾客提供所有的服务并保持持续盈利，但是可以在正确的时间为正确的顾客提供正确的服务。因此，企业实施CVM就要进行市场划分、市场研究、建立基准。

　　企业要把顾客资料连同交易数据与外部获得的数据结合起来，深入挖掘这些信息，从中发现有相似特征的购买群体。通过对这些群体的进一步研究，企业就能确定产生相似行为的潜在普遍价值，并利用他们发展出顾客界定的企业观点。例如：这些顾客是什么人？他们的行为由什么力量驱动？我们希望吸引哪些顾客？我们希望留住哪些顾客？我们该如何吸引住他们？他们对企业的价值是什么？这些问题的答案能让企业管理者区分高价值顾客和低价值的顾客，并把特定的群体作为目标。企业一旦选定了顾客，就可以从普遍行为和需求中找出关键的部分，以便从市场划分中获利。

　　市场研究就是要了解顾客看重的价值，并得知顾客对完美推出该价值的看法。企业要研究代表整个市场的顾客，既包括自己的顾客，也包括竞争对手的顾客，不仅要进行定性研究，还要进行定量研究，定量研究能确定当前的重要性及表现等级，找出企业与竞争对手的差距，为企业投资和资源决策提供支持。网络购物的快速增长，使厂商可以收集大量的实时顾客资料，进行研究和分析。

　　建立基准就是利用包括国际化观点和顾客正在经历的全球化市场来评估提供给顾客的价值。顾客对于一个企业的评价受到所有的购买和服务体验的影响，在别的行业的顾客期望值可能成为本行业的基本的潜在来源，企业需要在行业内外、企业内外不断评估自己的表现。

　　顾客价值分析就是要采取"由外而内"的方式确定顾客对最佳价值及其特性的观点，然后用企业的观点把业务能力及基础设施同顾客的观点结合起来，使企业推出的产品和服务能够满足顾客的需要。

3.　建立持续的顾客价值管理流程

　　面对网络经济时代瞬息万变的市场，市场中的所有变量都在活动着，顾客的要求和感觉一直在随着需求和竞争对手的行为不断发生变化，今天顾客可能在这里，但明天他们可能就走开了，要持续地关注顾客的需求，要求企业建立持续的顾客价值管理流程，持续监测顾客需要，并根据其改变企业所提供的服务。顾客价值管理不是权宜之计，更不是一次性的解决方案，而是企业经营的核心，使企业一直以客户为中心，从而保证在现有顾客的基础上不断扩大顾客规模，提高顾客占有率，降低顾客流失率。

网络经济时代，构筑全方位运营管理体系，不应该将公司的网站首先作为企业宣传和分销渠道，而是将其视为互动的、注重顾客的、定制化的"客户接入渠道"，必须保证"客户接入渠道"的建立和畅通，使企业和客户能够进行全方位的实时沟通和互动，在互动过程中得到客户的知识，并用来开发和推出针对顾客需要的产品和服务，以客户的终生价值为企业获取利润，从而保证企业的产品开发设计不是基于开发工程师的想法，而是基于客户的想法；企业的供应链活动是基于客户订单需求，而不是基于库存补充。

三、基于客户导向的企业运营目标体系

（一）企业运营目标体系模型

美国当代经济学家和当代社会心理学家斯坦利 E. 西肖尔（Stanley E. Seashore）指出组织的目标是多种多样并相互矛盾的，它们的重要性也是不同的。一个经理必须权衡众多目标的价值。对各种衡量标准以什么方式综合起来才能形成对经营状况的全面评价，需要一种模式。西肖尔在《组织效能评价标准》中提出了衡量组织经营活动标准可以组成一个呈"金字塔"型的三层的目标系统。[①] 位于塔顶的是企业的最终标准，它们反映了有效地运用环境资源和机会以达到其长期和正式目标的程度。一般而言，最终标准除非由历史学家去作结论，否则是无法衡量的。但是最终标准却是评价那些直接衡量组织经营业绩的较次要标准的基础。位于金字塔中部的是一些中间标准。这些标准是较短期的经营效益影响要素和参数，其内容不超出最终标准的范围，它们可以称作结果性标准。这些标准的度

---

① 西肖尔：《组织效能评价标准》，参见孙耀君主编：《西方管理学名著提要》，江西人民出版社 1965 年版，第 284～292 页。

量值本身正是企业要追求的结果，在它们相互之间可以进行比较、权衡和取舍。将它们以某种方式加权组合起来，其总和就决定了最终标准的取值。对经营型组织来说，在这一层次上的典型指标或变量是：销售额、生产效率、增长率、利润等，可能还包括通常行为学方面的软指标，比如职工满意度、用户满意度。而对于非经营性组织来说，这些中间标准可能主要是行为学方面的。位于塔底的是一些对组织当前的活动进行评价的标准，这些标准是经过理论分析或实践经验确定下来的，它们大体上反映了顺利和充分实现上述各项之间标准所必需的前提条件。在这些标准当中，有一部分是将一个组织描述成一个系统的变量，有一部分则代表与中间标准相关的分目标、子目标或实现中间标准所必需的手段。属于这一层次上的标准数目很多，它们形成一个复杂的关系网络。在这个关系网中，包括有因果关系，互相作用关系和互相修正关系，并且也还有一些标准是根本无法评价的。它们的作用只是减少这个关系网络中的不可控变化。对经营型的组织来说，在这一层次上的硬指标可能包括：次品数量、短期利润、生产进度、设备停工时间、加班时间等。这一层次的软指标可能包括：员工士气、企业信誉、内部沟通的有效性、缺勤率、员工流动率、群体内凝聚力、顾客忠诚等。西肖尔提出的行为学标准的主要作用在于能改善硬指标对未来可能发生的变化做出预测，也就是说行为学标准能够预示即将到来的机会和即将发生的问题，而且为管理者制定决策提供一个更加均衡、更加广泛的信息基础。

按照西肖尔的思路我们提出一个企业运营目标体系的金字塔模型，我们认为企业的运营管理目标体系可以分为三个层次，即宗旨目标、运营目标和作业目标，详见图 4-4。

宗旨目标反映了企业对于自身使命和目标的认知和追求，宗旨是企业对自身存在的目的和使命、信条和经营哲学的陈述；目标是企业在战略期内实现宗旨的程度和水平。在网络经济时代，面对不可预测的市场环境变化，企业能够持续存在就是最大的成功，但是正如德鲁克所言："组织存在的唯一理由就是为周围环境提供良好的服务。"① 因此，企业的宗旨目标必须基于客户的需要来定义，"企业的唯一结果是因客户的需要而产生

---

① 彼得·德鲁克：《卓有成效的管理者》，上海译文出版社 1999 年版，第 14 页。

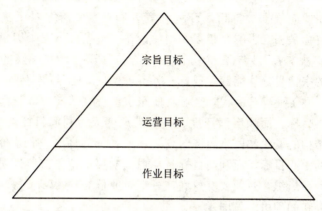

图 4 - 4　企业运营管理目标体系

的"。[1] 企业能够持续存在，必须为客户提供服务，为环境提供服务。在过去 30 年里，全球《财富》500 强企业的淘汰率非常高，在 1970～1980 年，500 强企业中有 32％消失了；1980～1990 年，这个数字提高到了 47％；1990～1998 年之间，更是达到了 54％，9 年间有一半以上的企业退出了500 强的行列。[2] 当我们审视这些数字的时候，我们感到不论是工业经济时代，还是网络经济时代，企业的宗旨目标都是为客户提供服务，为环境提供服务，否则便不可能实现"永续存在和永续发展"，而这一目标只能"由历史学家去作结论"。只是在不同的经济环境下，实现宗旨目标的途径和手段发生了变化。

　　运营目标反映了实现宗旨目标的途径和手段。为了追求企业的成功即保持永续存在和永续发展，我们认为企业必须具备三个要素，即企业能够找到自己的客户并为其创造和提供卓越的顾客价值，能够在为顾客创造价值的过程中实现企业的利润，为股东创造和提供合理的投资回报，能够为企业的内部客户员工创造发展的机会和满意的收入，也就是说企业的运营目标必须考虑股东、顾客、员工三个方面的价值，企业利润、顾客满意度、员工满意度是运营层次的三个核心目标。对于企业目标不可能简单地等同于一个利益主体的个体目标，否则，就无法实现组织平衡。企业的目标只能是所有参与者包括股东、员工、顾客等个体目标之综合，是一个目

---

①　彼得·德鲁克：《卓有成效的管理者》，上海译文出版社 1999 年版，第 13 页。

②　何经华：《信息化带来的三种改变》，载《IT 经理世界》2002 年 7 月 20 日。

标体系。企业应根据外部市场环境和竞争形势在三者关系中确定优先顺序，三个目标是相互影响、相互作用的，在一定条件下互为因果、互相修正。但是，总体来说只有三个方面的价值和目标都得到很好的满足和协调，企业的宗旨目标才能够实现。三者不可偏废，也不可摆错先后次序和优先关系。在工业经济时代，企业将股东价值摆在了首位，利润成为企业运营的中心目标，而顾客满意度、员工满意度成为利润目标的附属目标，随着市场结构的变化和网络经济的变迁，顾客价值将取代股东价值，成为企业运营的中心目标，而利润目标将会退居次要地位。需要说明的是，企业作为营利性组织，必须要有盈利，一个企业倘若获得不了盈利，其本身也就没有存在的理由。见图4-5。

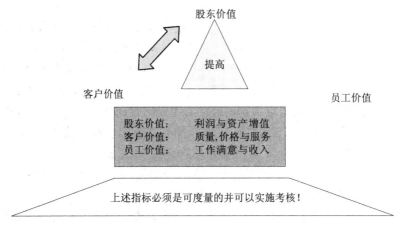

图4-5 运营目标层次

作业目标就是实现运营目标的基础和保障，是企业竞争力的影响因素。影响企业竞争力的因素，就是影响顾客对产品和服务需求的七大因素，即价格、质量、品种、时间、信誉、环境、知识七个方面。顾客之所以购买企业的产品，使之成为商品，是因为它具有使用价值，使用价值满足了顾客的需要。七个因素决定了顾客的满意度和企业的竞争力。

（1）价格：价格是顾客要获得一定使用价值在经济上的付出。当顾客认为产品或服务的价值高于他所付出的价格时，满意度就高。

（2）质量：质量是反映产品使用价值的高低和范围，应该是顾客定义的质量标准，而不是厂商统一制定的符合技术规范的质量标准。

（3）品种：品种是产品或服务的种类和顾客可选择的范围，甚至是完全客户定制化的产品。

（4）时间：时间是衡量以多快的速度向顾客提供产品，典型的时间是从客户订单发出到最终收到产品的时间间隔。

（5）信誉：信誉是通过顾客在购买、使用和报废产品的过程中提供各种服务和担保，尽可能满足顾客个性化的需求，建立顾客与企业之间的信赖关系。

（6）环境：环境是指产品在企业营销和制造、顾客使用和报废过程中，对环境的污染和破坏程度最低。

（7）知识：知识是指企业内部全体员工共享的价值观和信息知识资源，基于知识组织虚拟生产的能力。

日本能率协会（JMA）协会会长服部明先生于 1999 年 4 月 24 日，在中国企业管理协会 20 周年纪念大会上发表了《企业如何提高运营效率》[①]的演讲，提出日本 20 世纪的经营革新动向，认为日本企业在 60 年代是以"成本"为核心提高运营效率，70 年代是"成本＋质量"，80 年代是"成本＋质量＋多品种"，90 年代是"成本＋质量＋多品种＋CS（客户满意）"，21 世纪初是"成本＋质量＋多品种＋CS＋知力（智慧与活力）"，并提出今后经营革新的五大课题是：

- 知力＋IT。
- 革新＋改善。
- 专家＋集体协同配合。
- 进行组织革新＋开展学习的组织。
- 集体协同配合＋高速高效。

陈荣秋、马士华套用马斯洛的需求层次理论，认为顾客满意因素是随着消费水平的提高不断演进的，在低层次的需要得到满足以后，较高层次的因素就凸显出来，但是不意味着低层次的需要就没有了，顾客满意因素决定着企业的竞争因素和生产运营方式。按照这一思路，将消费水平从低（1）到高（7）排列，列出表 4-2。[②]

---

① 服部明：《企业如何提高运营效率》，中国企业管理协会会议资料，1999 年 4 月 24 日。
② 陈荣秋、马士华：《生产运作管理》，机械工业出版社 2004 年版，第 29 页。

表 4 - 2 企业竞争因素的层次

消费水平	顾客满意因素	企业竞争要素	企业生产运营模式
(1)	价格	基于成本的竞争	大量生产
(2)	质量	基于质量的竞争	精细生产
(3)	品种	基于柔性的竞争	计算机集成制造
(4)	时间	基于时间的竞争	敏捷制造
(5)	信誉	基于服务的竞争	定制生产
(6)	环境	基于环保的竞争	绿色生产
(7)	知识	基于知识的竞争	虚拟生产

两个因素决定着产品或服务的竞争力，一个是顾客价值 V，一个是成本 C，V 是由顾客决定的，是顾客所获得满足的度量，是顾客愿意为厂商提供给他们的产品或服务所支付的价格。但是由于企业之间的竞争，企业只能索取比独占情况下的 V 要小的价格 P。这样，（V—P）是顾客所获得的剩余，是顾客认为的"利益"部分，（V—P）越大，说明顾客的满意度越高，企业所提供的产品或服务越具有竞争力。但是，由于每个顾客对于同一产品或服务价值 V 判断的主观性，每一种产品或服务对于不同顾客的价值 V 是不同的，而产品价格 P 相同，因此，每个顾客感觉到的利益是不同的。（P—C）是企业的利润，P 是市场中形成的，C 越低，企业的利润就越高。（V—C）是企业所创造的价值，V 越高，C 越小，企业创造的价值就越大。企业运营的核心就是提高 V，降低 C，理想的情况是，在提高 V 的同时降低 C，企业创造的价值就越大。

提高 V 的主要策略就是差异化，使产品或服务与众不同，提高产品的功能、质量、价格、品牌、服务水平，使顾客认为价值高而愿意支付较高的价格；降低 C 主要依靠低成本策略，不断降低成本。问题是企业如何在降低成本的同时，提供有别于竞争对手的差异化产品和服务，以创造更高的价值。

顾客的需求水平是随着消费水平的提高不断演化的，在工业化初期，由于消费水平低，首先要解决"有没有"的问题，这时只要产品可用、便宜，就受到欢迎，影响产品竞争力的主要是价格因素。在"有没有"的问题解决后，"好不好"的问题出现了，顾客要求高质量的产品，并愿意为质优产品支付较高的价格，不再一味追求低价格，此时，影响产品竞争力的主要因素是质量。当质量和价格普遍达到一定水平后，顾客就追求多样化的产品和服务，需要不断更新产品和服务，品种成为影响产品竞争力的主要因素。当产品或服务在价格、质量、品种趋于同质化后，谁能够最及时地向顾客提供产品和服务，谁能够最快地推出新产品或服务，谁就能够受到顾客青睐，时间成为竞争的主要因素。企业在以上四种因素差别不大时，谁能为顾客解决问题，满足顾客的个性化需求，提供最好的服务和担保，获得客户的信赖，为客户提供系统解决方案，培养顾客对产品、服务、品牌和公司的忠诚，谁就能够争取到顾客，信誉成为竞争的关键因素。随后随着人们环保意识的增强，哪种产品和服务能够清洁地生产出来，对环境污染小，哪种产品才能够为顾客接受，环保成为竞争的主要因素。随着网络经济时代的到来，产品的知识含量越来越高，而硬件比例越来越小，也最体现环保要求，知识将成为竞争的关键因素。

（二）以利润为中心的工业经济时代运营目标体系

工业经济时代，以效率为驱动的价值观界定了工业基础架构以及整个商业体系，企业追求低成本、高效率，为股东创造最大化的价值，股东价值最大化作为经营的出发点，利润成为企业运营的核心目标，整个经营思想的逻辑是：

成本＋利润＝价格

工业经济时代是生产能力不足和商品短缺的时代，在这种时代背景下，企业以产品生产为导向，在产品成本的基础上加上企业的期望利润率形成价格，顾客只是价格的被动接受者，只能在有限的信息条件下进行选择，厂商处于主动地位。当然，价格低的企业具有竞争力，企业产品的成本和质量是企业最重要的竞争手段。企业基于"劳动分工"的原理建立了自己的生产线，并追求大规模和标准化产品的生产以期取得市场竞争中的成本优势和利润最大化，以成本和质量为基础的"利润目标"成为工业经济时代运营管理的核心目标，顾客价值和员工价值必须服从和服务于股东价值。

（三）以客户为中心的网络经济时代运营目标体系

网络经济时代是建立在后工业经济时代基础上，是社会生产能力和商品过剩的时代，客户存在极大的商品选择空间和余地，而且表现出"个性化"需求特征，顾客不再是价格的被动接受者了。在这种时代背景下，企业只能以客户为导向，按照多品种、小批量、定制化组织生产，产品的持续创新是企业重要的竞争手段，企业能否快速响应客户的个性化需求变化，决定了企业在激烈的市场竞争中，以速度和创新为基础，"客户目标"成为网络经济时代的核心目标。顾客由于掌握充分的信息，成为价格的主动确定者，厂商根据顾客可以接受的价格进行产品和服务的提供，此时经营的逻辑是：

价格－成本＝利润

未来决定企业成败命运的只有客户，客户正决定着企业的一切：经营模式、营销模式、竞争策略。客户的一举一动都应该引起企业的特别关注，否则企业有可能会失去稍纵即逝的发展机遇而无论企业的产品好到什么程度。客户就是市场，是企业竞争的唯一导向。因此，此时企业的运营目标体系将是以顾客价值最大化为基础的多元化目标体系，所谓多元目标体系，就是以顾客价值最大化为基础的顾客满意度、顾客忠诚度为核心，兼顾企业股东价值、员工价值的目标体系，此时股东价值必须服从和服务于顾客价值，企业合理利润是为顾客提供价值过程中的自然结果。

网络经济时代，顾客是企业存在的基础和前提，企业的运营过程就是发现和定义顾客的需求并通过生产产品或提供服务满足其需求的过程。只有客户满意，企业才能延续和发展，才能在市场上具有竞争力。何谓竞争力？站在客户价值的角度，竞争力是一个企业在自由和公平的市场条件下生产经得起市场和顾客考验的产品和服务，创造顾客附加价值，从而维持和增加企业实际收入的能力程度，这是经营成功的根本所在。

本书认为，在网络经济时代，时间是企业竞争制胜的关键，而产品或服务创新是制胜的主要武器，是快速产品创新企业面临的主要任务。从工业经济时代以利润为中心的运营目标体系转向以顾客满意度为中心的运营目标体系，以时间为基础，追求顾客在时间、质量、价格、信誉、品种、环境、知识七个方面的全方位满意，是企业运营作业层面的根本目标。

四、客户导向的企业运营绩效评估体系

传统的企业运营绩效评估体系，是从理财和财务的视角来分析、评价企业，单一的财务指标评价体系，反映了以利润最大化为中心的运营目标原则。随着市场环境的改变，客户导向的企业绩效评估体系成为必要，信息技术的发展，使客户导向的企业绩效评估体系成为可能。目前的企业绩效评估体系的主要方法平衡计分卡（BSC）和原则管理评价都体现了客户导向的评估思想。

（一）罗伯特·卡普兰的平衡计分卡

由于企业纷纷意识到传统的财务性绩效评价制度过分注重企业的短期盈利，忽视了对公司运营与长期获利能力有重大影响的因素，如顾客、员工、运营风险、作业过程与控制等，造成了企业长、短期运营目标的失衡而影响企业的长远发展和永续运营。罗伯特·卡普兰与大卫·诺顿在《平衡计分法：良好绩效的测评体系》中认为："传统的财务会计测评指标，如投资报酬率和每股盈余，会对持续的提高和创新（这些是当今竞争环境所要求的行为）给出令人误解的信号。传统的财务绩效测评方法在工业时代是有效的，但对于公司今天力图掌握的技术和能力而言，它们已不适用。"[①] 因此，哈佛商学院的罗伯特·卡普兰（Robert Kaplan）等教授于1990年 CIMA75 周年的研究会议上，提出了"全方位绩效看板（平衡计分卡）"的概念。所谓全方位绩效看板（平衡计分卡），就是以公司整体目标在产生长期经济价值的观念为出发点，短期财务性指标的评价，只作为长期绩效的补充因素，其最终目的仍在于长期获利能力的持续改善。全方位绩效看板整合了传统财务性绩效评价与顾客、员工等对长期竞争力与成长具有重大影响的其他因素，将公司的战略目标转变成为有条理的绩效评价

---

① 罗伯特·S. 卡普兰、大卫·P. 诺顿：《平衡计分法：良好绩效的测评体系》，载《公司绩效测评》，中国人民大学出版社、哈佛商学院出版社 1999 年版，第 119 页。

方式。

平衡计分卡是企业管理者从四个方面来观察企业，并把从顾客角度的观察放在了首位，它为四个基本问题提供了答案：

- 顾客如何看我们？（顾客角度）
- 我们必须擅长什么？（内部角度）
- 我们能否继续提高并创造价值？（创新和学习角度）
- 我们怎样满足股东？（财务角度）

在网络经济时代的今天，许多公司的共同任务就是把眼睛盯住顾客。"首先，要为顾客提供价值"是对这一任务的典型描述。因此，公司怎样从顾客的角度运作，已经成为管理者首先考虑的问题。平衡计分卡要求经理们把自己为顾客服务的声明和承诺转化为具体的测评指标，这些指标要能够反映真正与顾客有关的各种要素。

苹果电脑公司曾经是以技术和产品为重心，靠设计出更好的电脑进行竞争，现在已经引入把重心转向顾客的测评指标，引入顾客满意度指标，目的是使雇员适应公司向顾客推动型的转变。苹果电脑公司设计的平衡计分法，使高级管理层的注意力集中到一个能使讨论的范围不再局限于毛利、股权报酬率和市场份额的战略上，而是从四个方面——选择应当集中的测评类型，并在每一个类型中确定若干种测评方法。在财务方面，苹果公司强调股东价值；在顾客方面，强调市场份额和顾客满意度；在内部程序方面，强调核心能力；在创新和提高方面，强调雇员态度。将顾客满意度、核心能力、员工的投入和协调程度、市场份额、股东价值作为基准，与行业中最优秀的组织进行比较。苹果公司把平衡计分卡作为制订经营计划、规划长期绩效的手段，并被纳入了高级经理人员的报酬计划当中。

（二）理查德·J. 雪恩伯格尔的原则管理评价[①]

美国的理查德·J. 雪恩伯格尔在《世界级制造业：下一个十年》中，对下一个十年世界级跨国公司的管理提出了不同于传统的计划与控制式管理的原则式管理，他认为，下一个十年的管理必然迈向原则式管理，原则式管理的核心就是顾客定位、雇员驱动、注重数据的管理，其基本原理

---

①　杜胜利：《企业经营业绩评价》，经济科学出版社 1999 年版，第 458～462 页。

就是：

　　·顾客受到良好的服务。

　　·雇员全部参与。

　　·行动是基于系统的工序、顾客数据、竞争对手数据和最佳实践的数据时，持续的、实质上的成功便随之而来。

　　雪恩伯格尔提出了原则管理的 16 项评价原则，并指出这些原则不是伦理学上的原则，不是突破性的管理；它们不是仅供管理者本身使用的原则，而是提供给所有人的原则，从生产第一线到最高管理人员。顾客的需求作为这些原则主要的焦点，同时也满足了员工、管理者、投资者、放贷者和供应商的基本原则。16 条原则如下：

　　(1) 让顾客加入；以顾客族或产品族划分组织。

　　(2) 获取和应用有关顾客、竞争性和最佳实践的信息。

　　(3) 在质量、反应时间、灵活性和价值方面进行持续的迅速的改进。

　　(4) 一线雇员参与管理和战略谋划，实现统一的目标。

　　(5) 将最好的部件、操作和供应方削减至数量很小。

　　(6) 削减流动时间、距离、启动和转换时间。

　　(7) 操作紧密联系顾客的使用率和需求率。

　　(8) 为每个人发挥新作用而开展持续不断的培训。

　　(9) 扩大奖励、表彰和报酬的种类。

　　(10) 持续削减变异和事故。

　　(11) 一线班组在工作岗位上拥有和记录工序数据。

　　(12) 控制成本和表现的根本原因削减内部事务和报告。

　　(13) 将表现考核与顾客需求相一致。

　　(14) 新设备和自动装置引入前，改进现有能力。

　　(15) 寻求简单灵活、可移动、低消耗的设备组合。

　　(16) 促销和市场开发、出售所有的改进。

　　顾客导向原则成为原则体系的灵魂，同时兼顾了员工的发展和企业的利润目标。

　　以利润最大化为核心的财务视角的传统财务评价指标体系，必将被以顾客价值最大化为核心的多元协调目标体系所取代，兼顾顾客、股东、员工、社会等各个方面的价值，同时将绩效评估与管理控制融为一体。

五、从内部导向型成为市场导向型企业

（一）内部导向型企业与市场导向型企业

所谓内部导向型，就是企业运营的重点主要是从企业内部的活动中挖掘价值，虽然也接受市场的反馈和顾客的要求，但是由于运营的中心在企业内部，企业并不能满足市场多变的要求。最典型的案例就是美国的苹果电脑公司，在 20 世纪 80 年代中期凭借个人电脑取得成功后，曾积极开发独立的麦金塔操作系统，希望凭借自身雄厚的技术实力和市场基础取得进一步的发展，但是苹果公司完全没有注意到外部计算机市场向兼容性发展的趋势，一意孤行的结果导致经营上的失败。

市场导向型企业，就是企业运营的着眼点放在企业外部的顾客价值链上，具有一种了解、吸引和保留有价值顾客的卓越能力，能够敏锐地察觉顾客需求的变动，整合企业内外的资源以适应市场的变化，努力从与顾客的互动活动周期中发现价值并实现这些顾客价值，同时将顾客价值链与企业内部的价值链、合作伙伴的价值链进行连接和整合，形成完整的企业空间价值网。与苹果电脑公司不同，IBM 在 20 世纪 80 年代及时捕捉到了市场上电脑的兼容性趋势，将顾客的这种价值取向整合到企业的运营中，并积极地与微软等软件厂商进行合作，从苹果公司手中夺得了市场，成为个人计算机市场（PC）的行业霸主。IBM 的成功源自于市场导向的运营体系。市场导向型企业的管理特征突出表现在三个方面：

- 卓越的市场感知能力。
- 企业共享的知识库。
- 卓越的市场联系能力。

乔治·S. 达伊对市场驱动型组织与以自我为中心的组织在价值观和行为准则上的差异进行了比较研究，主要结论如表 4 - 3。[①]

---

① ［美］乔治·S. 达伊著，白长虹译：《市场驱动型组织》，机械工业出版社 2003 年版，第41～42 页。

表 4 - 3　　　市场驱动型组织与以自我为中心组织的价值观比较

市场驱动型组织	以自我为中心的组织
所有的决策都起因于顾客，起因于能够带来各种优势的机会	我们只管销售产品
由顾客确定产品的质量	以内部控制标准衡量产品质量
最好的建议来自于体验客户生活	顾客不知道自己想要什么
员工是顾客的拥护者	与顾客的关系是市场部的事
顾客的知识是一笔宝贵的资产，销售商是重要的合作伙伴	顾客提供的信息是对组织的管制，销售商是独立的销售渠道
顾客的忠诚是获取利润的关键	新顾客是重要的
市场调研是决策的重要保证	市场调研只是判断的工具
密切关注竞争对手，竞争对手的行为是可以被预见和被影响的	倾向于适应对手而不是尽量控制他们

从内部导向型企业向市场导向型企业的变革，是网络经济时代企业运营管理体系变革的目标模式和实现顾客导向运营管理目标的基础。

（二）从内部导向型成为市场导向型企业

企业如何成为顾客驱动型组织，如何实现企业战略、企业文化、组织结构等的变革，以适应、满足客户不断变化的需求和期望，是"以客户为中心"的运营模式需要解决的最根本问题。

2001 年 9 月 4 日，美国惠普公司与康柏公司达成了 250 亿美元的并购交易，新惠普领先提出了全面客户体验 TCE（Total Customer Experience）的长期战略，核心就是"一切围绕客户体验"，重塑惠普以创新为特色的企业文化，在原有的惠普服务优势和康柏的产品优势的基础上，把利润空间移向体验高端，实现真正的以客户为中心的战略，并在两个方面进行业务调整，一是以电子化服务带动惠普公司的产品和解决方案的发展战略，着重于电子化服务、享用电子化服务的信息终端、永续运行架构这三方面的交汇点；二是"全面客户体验战略"，就是让客户感受到惠普提供的服务是整体地、完善地集成在一起的，并以客户服务为中心，按照惠普的宣传就是："协助用户创造收益、提高生产率并增强自己的竞争能力"，

"我们要帮助我们的客户，充分兑现潜在于他们商业和技术投资中的利益"。2003 年 3 月 17 日，题为 "Everything is possible"（惠普科技，成就梦想）品牌形象广告，淡化具体产品，取而代之的是一系列有趣的故事：惠普科技如何帮助梦工厂缔造了新一代的动画；如何帮助宝马 F1 车队超过了法拉利；如何帮助亚马逊书店实现在线零售；如何帮助联邦快递公司将货物在第二天快速、准确送达；如何帮助芬兰的鸟类观察者记录珍惜鸟类的位置，彰显了惠普始终将客户摆在首位，致力于用科技帮助人们和企业实现梦想的全新的惠普形象。在当今的时代背景、市场背景和企业管理背景下，这种需要显得更加迫切和必要。反映在运营层面，企业迫切需要解决如何提高企业的核心竞争力，在管理好当前客户关系的前提下，更快、更好地预测、满足客户多变的需求和期望，从而占有更大的客户占有率。惠普的经验反映了"以客户为中心"，不是一句空洞的口号，而是富有哲理的经营理念。反映在企业当中，就是所有的业务过程围绕如何更多地为客户创造价值，客户获得客户价值是客户满意、客户忠诚的根本理由。

　　美国的乔治·S. 达伊在《市场驱动型组织》中，提出了转变为市场导向组织的三个基本要素。一是以外部为导向的文化，企业主导的信条、价值观和行为方式强调卓越的顾客价值和不断追求新的优势来源；二是企业与众不同的能力，表现在感知市场、联系市场和战略思考的能力，市场导向型企业更加懂得市场，更能够与有价值的顾客形成亲密关系，清晰的战略思考能力能够形成成功的战略，对于市场的机会和威胁不是被动反应而是预测先知；三是企业配置，使得整个组织整体始终可以预测和回应不断变化的顾客需求及市场条件。企业配置包括一切为顾客带来价值的能力，从产品设计到满足订货，具有适应能力的组织设计和所有支持机制、控制手段、措施和人力资源。支持这三种要素的基础就是组织共享的知识，组织在此基础上收集和传播对市场的认识。以互联网为中心的信息技术的发展为建立共享的知识基础提供了新的机遇，但是只有信息技术应用于清晰的市场导向时才会发挥作用。

　　企业在走向市场导向型公司的过程是一个具有风险的组织变革过程，但是只有走向市场导向型，企业才能真正为顾客传递卓越的顾客价值，才能够真正建立起面向顾客的运营管理体系。乔治·S. 达伊提出了成功变革

的六个条件，也是我们实现市场导向型变革的路线图，概述如下：①

（1）有领导者的支持。领导拥护、支持变革，他们投入时间和资源并且具有变革的紧迫感。

（2）对变革的必要性有充分的认识。主要的执行者知道市场驱动意味着什么，知道需要进行什么变革，明白变革会对他们自身和企业带来什么利益。

（3）全面调动支持变革的力量。负责变革的人要有经验并且可靠，他们知道如何调动整个支持者联盟的积极性和如何克服阻力。

（4）形成目标。所有的员工都知道自己正在尽力完成的是什么任务。知道如何创造卓越的价值，明白必须各司其职地做哪些事情。

（5）协调结构、系统和激励的一致性。在协调结构、系统和激励时有可靠的计划，主要的执行者应具备开展工作的必备资源。

（6）保持变革。负责变革的人都知道如何开始变革，如何确保变革早日成功。为了使注意力集中在变革上，他们设计了一套方案，同时也有一个衡量变革进度的基准。

变革的目标就是要有面向市场的组织文化，特殊的市场感知力，市场联系的思维方式和战略的思考，以及一个能与不可预测性增强的市场紧密协调的结构，而企业的回报则是一个能为所选择的顾客不断带来高价值的组织。市场导向没有终点，是一个不断连续的过程。由于市场结构、顾客价值越来越容易变化，可预测性越来越低，管理者必须时刻保持警觉，不要被传统的战略思维模式所僵化，不要因为忽视了新的顾客需求而僵化。

网络经济时代，对顾客的精确解读，对顾客的精心组织，对顾客的精心设计，源自于顾客第一性，企业第二性的主观认知，是对企业使命最负责任的一种努力，全方位运营管理体系首先是一个面向顾客的市场导向型的运营管理体系，是客户价值导向而非企业利润导向的运营管理体系。

---

① ［美］乔治·S. 达伊著，白长虹译：《市场驱动型组织》，机械工业出版社 2003 年版，第211 页。

第五章 基于信息资源导向的
企业运营支撑体系研究

　　黄卫伟在《以速度冲击规模》一文中指出："要提高运营速度，就大量采用信息技术，逐步提高企业信息化水平。现代战争是信息化战争，现代竞争也是信息化的竞争。企业信息化有两个重点，一个是知识管理，一个是提高运营效率。前者的主要任务是将隐性知识显性化，然后达到在组织内的传播和共享，提高组织的创新能力。后者的主要任务是提高运营系统响应顾客需求的速度和增强按顾客要求定制的能力，这是提高企业核心竞争能力的两个关键领域。"[①] 要实现精准型运营管理模式，必须以信息资源作为企业运营支撑的核心资源。见图 5－1。

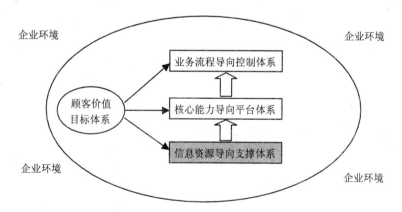

图 5－1　运营管理体系 GSPC 研究模型—资源支撑体系

　　① 黄卫伟：《以速度冲击规模》，载《企业管理》2003 年 8 月。

"信息和知识对于 21 世纪的组织来说是重要的生命血液。任何限制这些要素流动的组织注定是要失败的。所有组织的任务就是创造条件保证稳定地获得新知识并将其转化为成功的结果。"① 必须使员工和管理者能够将信息转化为积极的结果，因此，帕西科等提出了"信息过程"的概念，认为"在任何过程中，总有东西被转变成某种新且独特的东西。在信息过程中，输入是原始数据而输出是结果一致的最终行动或决定"。并将信息过程定义为六个步骤，见图 5 - 2。

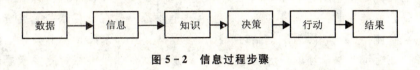

图 5 - 2　信息过程步骤

信息的主要过程包括将数据（主要过程输入）转化为知识，然后再变成决定。过程的结果则是采取行动并由行动产生结果。这个结果就是企业运营的精准型管理模式。决策和行动必然涉及人，因此，信息资源导向的运营支撑体系涉及信息资源、知识资源和人力资源三个资源要素。

一、基于信息资源导向的运营支撑体系

（一）信息资源导向的运营支撑体系的结构

价值链的概念是迈克尔·波特教授于 1985 年在其出版的著作《竞争优势》中提出来的，其目的是分析企业竞争优势的来源，"为了认识成本行为和与现有的和潜在的经营歧异性资源，价值链将一个企业分解为战略性相关的许多活动。企业正是通过比其竞争对手更廉价或更出色地开展这些重要的战略活动来获得竞争优势的"。② 根据价值链理论，我们将企业的价值创造活动分为基本活动和支援活动，基本活动是直接的产品生产和顾客

---

① 小约翰·帕西科、帕特里克亚·让娜·莫里丝著，张昕海、刘彦译：《5I 商业价值观》，机械工业出版社 2000 年版，第 399 页。
② ［美］迈克尔·波特著，陈小悦译：《竞争优势》，华夏出版社 1997 年版，第 33 页。

价值传递，包括研究与开发、物料采购与供应、生产制造、营销和服务活动。支援活动是支持基本活动的活动，包括企业组织管理、财务管理、人力资源和信息管理，这些支援活动构成了全方位运营管理体系的支撑体系，运营支撑体系为企业提供资源支持保证基本活动的有效运行，同时本身也为企业创造价值。

沃纳·菲尔特 1984 年在《以资源为基础的企业论》[①] 中提出："企业是资源的集合体，从资源的角度而不仅仅是从产业的角度研究企业。"企业的资源是企业能力的基础，是构建企业战略与运营体系最基础的要素，也是企业盈利的主要源泉。资源基础论把企业看成是有形资产和无形资产的集合体，其核心思想是企业的成功、企业的竞争力来源于企业独特的资源与在特定的竞争环境下这些资源的配置形式。企业是生产资源要素配置的主体，企业发展的速度和水平在本质上取决于资源要素配置的能力和空间，互联网使企业的生存空间扩大到整个世界范围，网络经济时代的企业要以世界一流水平的要素配置能力来要求和激励自己，以全球范围内的要素资源作为配置的目标，以全球市场作为企业产品和服务的市场对象。

物质、能量和信息是构成现实世界的三大要素，托夫勒所谓的第三次浪潮就是信息浪潮，是以信息开发为核心的人类变革浪潮。"企业管理理念是企业管理活动的基本指导思想，企业管理理念从工业时代的以物为本向新的环境下的以人为本、以知识为本转化。"[②] 工业经济时代，土地、资本、劳动是最基本的生产要素，企业的管理思想是以物质资源为中心的，企业的运营是以机器设备、厂房、原材料等物质资源为支撑的，企业运营过程是以物质基础设施和物质流管理为主线的过程。网络经济时代企业的资源基础发生了变化，知识以及知识的载体即员工在生产产品和服务的过程中起着越来越重要的作用，以知识资源为代表的无形资产成为企业运营所依赖的核心资源，企业管理要求围绕企业的员工、信息和知识展开管理。传统的以物质产品的生产、流通、消费为基本特征的物质型经济，将逐步向现代化的以信息产品的生产、交流、利用和消费为特征的信息型经济转变。为适应客户需求与市场竞争的复杂性，要求企业建立系统整合与集成一体化的全方位运营管理体系，管理越来越复杂的企业，公司就要求

① Birger Wernerfelt (1984)，"A resource based view of the firm"，Stragetic Management Journal，5，pp. 171～180.

② 郑海航：《企业组织论》，经济管理出版社 2004 年版，第 367 页。

有新的运营模式和高度的系统整合，这要求向组织输送更多的信息。

　　本书认为，网络经济时代的全方位运营管理体系的资源基础必须以资源为导向，核心的支撑是信息资源、知识资源和以知识工作者为主体的人力资源。信息资源管理主要是将企业的运营数据转化为信息并为企业的运营目标服务，"企业要具备动态柔性能力，就要少依靠尖端设备，给企业全面利用流程和产品方面的学习过程留出更多空间学习所依赖和产生的信息基础是不断扩大的，企业需要获得的动态柔性能力必须建立在这样的信息和知识基础上，系统的柔性和企业的决策自由度必须随着企业的信息和知识基础的扩大而增加"。[①] 信息资源是企业精准型运营管理模式的资源基础。知识资源管理是将信息资源转化为知识，并用知识来提高组织的应变能力和创新能力。人力资源管理就是如何建立对知识工作者的有效管理与激励机制。见图5-3。

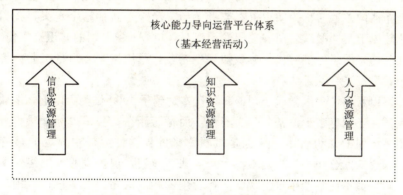

图5-3　信息资源导向运营支撑体系构成

（二）企业资源从有形资源为核心转向以无形资源为核心

　　美国未来学家约翰·奈斯比特在《大趋势》中，提出了改变社会生活的第一个发展趋势就是："虽然我们仍然认为我们是生活在工业社会里，但是事实上我们已经进入了一个以创造和分配信息为基础的经济社会"，[②]

---

　　①　陈红斌、黄卫伟：《运营模式与信息强度》，载《中国人民大学学报》2003年第2期。

　　②　约翰·奈斯比特著，梅艳译：《大趋势》，中国社会科学出版社1984年版，第2页。

明确了未来社会是一个"信息社会"的定性概括。按照奈斯比特的观点，在工业社会里，战略资源是资本，而在未来的新社会里，战略资源已经是信息，信息将代替物质和资本而成为未来社会的战略资源。如果说土地、劳动、原材料和资本是工业化的主要生产要素，那么知识，广义地说包括数据、信息、文化、意识形态和价值观将成为信息网络经济的无形主要资源。前者是有限资源，有限资源不能共享，后者即知识实际上是无穷无尽的，知识可以共享，而且可以生产更多的知识。

无形资产的价值日益重要。公司的价值不再体现在它们拥有的机器、厂房、流水线和其他有形资产上，而更多地取决于员工的头脑里和数据库里的主意、见解和信息。我们都知道这样的会计恒等式：

资产＝负债＋股东权益；资产－负债＝账面价值＝股东权益

假设一家公司即将关门，留给股东的是账面价值；如果公司的股东在股票市场上出售股票，则股东得到的就是公司的市场价值。"市场价值和账面净值的差通常称为知识资本或者无形资产"，[①] 按照这个定义，我们可以比较以下美国微软公司、美国通用汽车公司等6家公司的知识资本情况，微软公司是网络经济时代的典型知识型企业，通用汽车公司是工业经济时代的典型制造企业。

可以看出，美国微软公司的知识资本达到了4000亿美元以上，微软的强大不在于拥有多少设备、多少资金，而是蕴涵在其公司内部全球5万名员工头脑中的知识资本，这也是微软称雄世界软件业霸主地位的最好解释。以上6家公司的知识资本都大于其账面净资产值，说明了网络经济时代，知识资本能够产生自由现金流，管理者必须对知识资本进行管理和控制。见表5－1。

表5－1　　　　　　　　　　　知识资本的对比　　　　　　　　　单位：亿美元

公司名称	1997.3.15			1999.3.15		
	账面价值	市场价值	知识资本	账面价值	市场价值	知识资本
微软公司	107.8	1990.5	1882.7	166.3	4185.8	4019.5
通用汽车	175.1	542.4	367.3	149.8	638.4	488.6

① ［德］德特勒夫·哈尼施：《知识管理与学习方法创新》，载《企业家信息》2003年第3期，中国人民大学书报资料中心。

续表

公司名称	1997.3.15			1999.3.15		
	账面价值	市场价值	知识资本	账面价值	市场价值	知识资本
Intel 公司	192.9	1257.4	1064.5	233.7	1966.2	1732.5
通用电气	344.4	2601.5	2257.1	388.8	3602.5	3213.7
思科	42.9	645.7	602.8	71.1	1666.2	1595.1
戴尔	12.9	412.9	400.0	23.2	1113.2	1090.0

资料来源：Allan Afuah：《互联网商务模式与战略》，第 132 页，作者进行了改造。

对企业所拥有的一切，我们习惯于称之为企业资产，很少称为企业资源，并按照会计制度的要求对资产进行管理。这是因为企业资产在法律上可以明确其归属，而资源却没有明确的法律归属定义。本文认为必须重新认识资源和资产的内涵及其关系，首先，法律和会计意义上的资产并不代表企业所拥有的资源的全部，企业会计制度对资产的定义忽略了企业实际拥有的财富中相当大的一部分。比如美国微软公司，1999 年 3 月 15 日其财务账面价值 166.26 亿美元，而其股票的市场价值为 4185.79 亿美元，公司市场价值是其账面价值的 25 倍，账面价值与市场价值之间的差距说明，在公司中有一些非账面资产的资源存在，使投资者相信，这些资源能够产生自由现金流入或收入。[①] 其次，必须正确理解和管理这个差距，企业管理者需要对它进行管理和控制。我们将企业的资源分为两种基本类别，即有形资源和无形资源。传统上我们重视有形的设备、厂房以及作为物质个体的人，这些物质资源如土地、厂房、设备等固定资产是企业最有形和最"硬"的资源，除设备外，固定资产几乎没有流动性；流动资产也是物质资产，具有较强的流动性。所有企业的会计报表都对固定资产和流动资产有准确的记录，不过只是企业物质资源的一部分；物质形态的资源第二种形态是金融资产资源，包括银行存款、各种投资、有价证券和应收款项等。企业在运营过程中产生现金流，并且在市场竞争中开展融资、投资活动，兼并、收购、销售信贷等都是涉及企业金融资产资源的运作活动，管理好金融资产是一项十分重要的任务，金融资产随时面临着汇率风险、利

---

① Allan Afuah：《互联网商务模式与战略》，清华大学出版社、McGraw-Hill 出版社 2002 年版，第 132 页。

率风险、机会风险和信用风险，风险管理也是网络经济时代财务管理的一项核心内容。无形资源首先是指知识产权资源，包括专利、版权、品牌、专有产品技术资产和工艺技术、秘诀秘方、特许经营权以及销售网络等。无形资源与知识产权不能等同，二者既有重叠又有区别，知识产权资源既有有形资产又有无形资产，而无形资产却不限于知识产权。组织性资源也是无形资源，包括组织结构、组织制度、组织文化，企业的组织结构和组织制度是企业在竞争和发展过程中逐步演变形成的，合理的组织结构和管理制度是企业的竞争力，包括组织结构、规章制度、计划与战略系统、生产指挥体系、全面质量管理、市场开拓与培育体系、信息管理系统、人力资源开发与培训系统、纪律与晋升系统、财务与会计系统、研究与开发系统、客户服务系统，组织性资源还包括社会网络资源，如客户网、供应网、社会与社区支持网、合作伙伴与战略联盟等，组织资源管理体系直接控制和使用各类资源，并决定资源的使用效率。组织是企业实现目标和战略的基础；组织文化包括企业的宗旨、价值观、传统与习惯、企业凝聚力、团队精神、学习能力和企业智商，企业智商就是企业作为一个整体是否善于学习，是否能够从自己和他人的成功与失误中取得经验教训，是对内外部环境变化的敏感性、预见力、判断力、反应力、信息吸收能力以及对重要事情的决策、行动与应变能力。关于企业的人力资源，人力资源是企业中绝大多数无形资源的载体，我们更应该重视作为智力载体的人，人力资源是企业的灵魂。无形资源还包括信息资源，包括企业内部系统和外部环境的各种信息，包括技术信息、市场信息、企业决策信息、生产信息、供应信息，企业的各个运营体系和全体员工掌握着信息资源，信息资源是运营的基础和核心。在网络经济时代，企业运营的核心资源是信息资源，企业的资源支撑体系必然从以有形的物质资源为导向转变为以无形的信息资源为导向。

中信集团中国国际经济咨询公司的郝中军先生指出："企业需要资源，但更需要全面资源管理。"[①] 企业经营者，首先，正确认识和全面看待资源，很多企业和管理人员看重资金资源而低估人才资源，只看到有形资源而看不到无形资源，注意了硬资源而忽视了软资源；其次，企业资源是一个有机整体，资源之间相互具有依赖性，要充分认识资源的集成性，资源

---

①　郝中军：《企业需要全面资源管理》，中信公司1997年战略研讨会文章。

的价值总是在整体上形成和表现出来，一个企业组织中如果某些资源贫乏，就会出现不协调和病态，及时发现资源的不平衡现象，及时决策开拓和获取最需要的资源，实现资源的动态平衡；最后，市场竞争机制推动全面资源管理，竞争要求充分利用资源以实现其价值，而资源只有在得到合理配置和全面管理时才能充分利用体现价值，同时竞争促进资源的流动，资源在"流动中"找到自己的价值。资源的竞争性和流动性，要求我们必须全方位认识和管理资源，资源是企业能力的基础，运营支撑体系就是为了全方位运营管理体系的能力平台体系提供运营资源。

二、信息资源与管理支撑体系

（一）信息资源定位

未来的企业是信息的企业，企业的资产和生命力将决定于企业所拥有的信息。如何管理庞大、复杂而且分散的企业信息，如何使企业能够快速地根据市场进行调整，充分而有效地利用企业信息进行决策，成为企业运营支撑体系要解决的首要问题。当然，我们必须说明一点，信息在任何经济时代都起着十分重要的作用，但是因为信息在农业经济和工业经济中产生、传播和使用的速度缓慢，故其整体作用较小，而在网络经济时代，信息则起着关键性和决定性的作用。在此，我们要说明一下，信息资源管理（IRM）是一门专门的学科，对于信息、信息管理、信息资源、信息资源管理的内涵进行明确的区分，鉴于本书的研究目的，我们对信息和信息资源不做学术上的概念区分，只是简单地认为：信息作为一种资源，是支撑企业精准运营的核心资源要素。

人类在社会生活中，必须进行信息的沟通，人类在信息沟通和使用上经历了五次革命。第一次革命是创造了语言，有了最基本的沟通手段；第二次革命是文字的产生，有了文字信息才能够记载下来，提高了信息传递的准确性，并可以留存记录；第三次革命是印刷机和造纸技术，为信息提供了价格低廉、传递方便的载体；第四次革命是电报和电话以及后来的传真、广播、电视的发明，克服了空间和时间的障碍；第五次革命就是计算机技术和网络通信技术的有机结合而产生的互联网，互联网的迅速发展和广泛应用，使人类社会进入了网络经济时代和信息化社会。

在网络经济时代，企业经营者必须具有信息意识，即充分认识信息在企业运营管理工程中的作用，树立创造财富的关键是信息资源和知识，而不是传统的物质资源的观点，信息资源作为管理的基础、决策的依据、竞争的要素成为比物质、能源更重要的资源。另外，企业必须具有信息能力，即具有运用信息技术工具和信息资源来提高自己的运行效率和效能，包括信息识别能力、信息收集能力、信息保存能力、信息处理能力和信息利用能力，利用信息创造和运用知识的能力。首席信息官 CIO（Chief Information Officer）在企业运营过程中具有举足轻重的地位，任何企业都要运营在一个强大的信息网络平台上，在微软公司称为企业的"数字神经系统"，比尔·盖茨将其描述为："一个数字神经系统由紧密联系公司的思想和行动的每一个方面的数字化过程组成。基本的经营活动，例如财务和生产、客户的反馈等，公司的知识型工人都可以用电子方式存取，他们使用电子工具快速地调整和反应，可立即获得及时、准确的信息，改变了战略思维，把它从分散独立的行动变为不断进行与企业的日常活动集成在一起的行动。"[1] "数字神经系统是一个整体上相当于人的神经系统的数字系统。它提供了完美集成的信息流，在正确的时间到达系统的正确地方。数字神经系统由数字过程组成，这些过程使得一家企业能迅速感知其环境并做出反应、察觉竞争者的挑战和客户的需求，然后组织及时的反应。数字神经系统需要硬件和软件的结合；它与仅由计算机组成的网络不同之处是在于它提供给信息处理员精确、及时和丰富的信息，以及这些信息带来的可能的洞察力和协作能力。"[2] 见图 5-4。

传统的企业组织里，对于信息资源的管理存在两种倾向，即"信息独裁"和"信息无政府状态"。[3] 信息独裁就是只有极少数人有权获得信息，

---

① 比尔·盖茨著，蒋显璟、姜明译：《未来时速——数字神经系统与商务新思维》，北京大学出版社 1999 年版，第 14 页。

② 比尔·盖茨著，蒋显璟、姜明译：《未来时速——数字神经系统与商务新思维》，北京大学出版社 1999 年版，第 9 页。

③ ［法］Bernard Liautaud、［美］Mark Hammond 著，郑晓舟等译：《商务智能》，电子工业出版社 2002 年版，第 18～22 页。

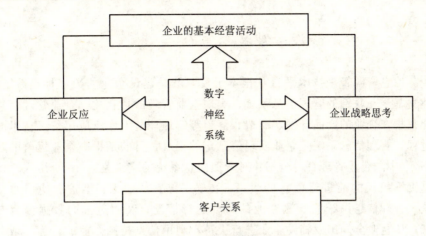

图 5 - 4 企业数字神经系统

从而在企业内部产生了信息特权阶层和信息隔离阶层，中下层员工被剥夺了信息享有权。信息无政府状态是指企业人人都可以重建自己的信息系统，数据管理处于混乱状态，导致企业内个人或部门把所需的信息均纳入自己的掌握之中，形成各自为政的"地下"数据库，这些"地下"数据库建立在互不兼容的软硬件平台和应用的基础上，根本无法相互连通。比如，用户名单和相关资料没有集中存放供全体销售人员享用，而是被存放在个人的计算机里。当某个销售员离开公司时，他或她的联系名单也就随之消失。数据无法集中整合、相互冲突且不准确，采用的技术手段互不相同，信息无政府状态下固有的混乱等缺点对内部沟通和企业的集成运营造成了严重的破坏。企业实现信息共享是提高企业运转速度的关键，如果缺乏信息来源，企业经营者将不得不在信息不足时决策。随着对企业行动速度要求的提高，需要进行变革了。数字神经系统所要实现的根本目标就是破除企业内部"信息独裁"和"信息的无政府"状态，建立"信息民主"体制。信息民主，就是信息可以自由流动但处于可控状态。"咀嚼数字、各自为政、分散的分析模式逐渐让位于信息民主，后者通过向员工提供准确的信息，下放决策权，赋予企业更快、更敏捷的行动能力。"① 建设企业神经系统，就是实现信息资源管理的具体实现形式。

---

① ［法］Bernard Liautaud、［美］Mark Hammond 著，郑晓舟等译：《商务智能》，电子工业出版社 2002 年版，第 26 页。

（二）信息资源管理技术平台

信息资源管理技术平台从根本上说，就是建设企业的数字神经系统，建立基于互联网的管理信息系统，实现企业管理的信息化。企业管理信息化是指在企业的产品开发、制造、营销等管理环节上广泛应用信息技术的过程，管理信息系统是企业实现信息化的工具，目的是提高企业运营的效率。《中国企业管理百科全书》对管理信息系统的定义是："一个由人、计算机等组成的能进行信息的收集、传送、储存、加工、维护和使用的系统。管理信息系统能实测企业的各种运行情况；利用过去的数据预测未来；从企业全局出发辅助企业进行决策；利用信息控制企业的行为；帮助企业实现其规划目标。"[①] 事实上，一个企业没有计算机也存在管理信息系统，企业的管理过程本身就是一个信息收集、处理的过程，比如将外部的市场信息变为企业内部的计划信息，并用计划信息指导企业的经营活动。计算机并不是企业管理信息系统的前提和必要条件，但是没有计算机，信息系统的处理信息速度会非常之慢，信息的手工处理方法不可能产生现代的管理信息系统，所以上述的定义强调了三点，第一，运用了系统的观点；第二，强调用数学方法和运筹学，建立数学模型分析问题，支持决策；第三，应用计算机技术。肯尼思·C. 兰登与简·P. 兰登从组织、管理和技术三者的关系上，定义了信息系统，"技术观点出发，信息系统被定义为一组相互关联的成分，这些成分收集、处理、存储和分配信息，以支持组织决策的制定、协调和控制。从商业角度看，信息系统是基于信息技术的针对环境所带来的挑战的组织与管理的解决方案。"[②] 我们认为，将信息系统视为针对环境所带来挑战的组织与管理的解决方案是比较恰当的，信息技术应用的根本目的就是为了提高企业的运作效率和管理效率，应对环境的挑战。信息系统对企业的影响越来越大，一方面，企业与信息系统之间的相互依赖性增强，一个企业在未来的经营方向和经营能力，往往要看其信息系统支持力度，增加市场份额、降低成本、提高质量、开发

---

① 邵燕华、王云峰、丁铭华：《管理信息系统与企业管理信息化》，苏州大学出版社 2000 年版，第 20 页。

② ［美］肯尼思·C. 兰登、简·P. 兰登：《管理信息系统精要》，经济科学出版社 2002 年版，第 10～12 页。

新产品与提高劳动生产率，所有这些越来越依赖于企业中信息系统的类型和质量；另一方面，随着时间的推移，信息系统在组织中的功能已经越来越大，信息技术的应用已经给社会生产力带来了深刻的变革，也给企业的运营模式带来了深刻的变革。计算机在管理应用中的发展与计算机技术、通信技术和管理科学的发展紧密相关。第一台计算机诞生于 1946 年，信息系统的发展经历了电子数据处理系统、管理信息系统和决策支持系统三个不同的发展阶段，信息技术经历了从单机应用到网络应用，从低级到高级的发展过程。[①] 电子数据处理系统（Electronic Data Processing System, EDPS）：该阶段主要是利用计算机进行数据处理，目的就是提高数据处理的效率。20 世纪 50 年代中期到 60 年代中期，主要是利用计算机部分代替手工劳动，进行一些简单的单项数据处理工作，如工资计算、产量统计等，这个阶段称为单项数据处理阶段；60 年代中期到 70 年代初期，这一时期的计算机技术有了很大发展，出现了大容量直接存取的外存储器，一台计算机可以带动若干终端，可以对多个过程的相关业务进行处理，并可按照事先规定的要求提供各类状态报告，各类信息报告系统应运而生，如生产状态报告、服务状态报告、研究状态报告。

（1）管理信息系统（Management Information System，MIS）：20 世纪 70 年代初，随着数据库技术、网络技术和科学管理方法的发展，计算机在管理上的应用日益广泛。管理信息系统有一个中央数据库和计算机网络，最大的特点是高度集中，将企业中的数据和信息集中起来，进行快速处理。随着计算机网络和通信技术的发展，不仅能把组织内部的各级管理联结起来，而且能够克服地域界限，把分散在不同地区的计算机互联，形成跨地区的各种业务信息系统和管理信息系统。同时，管理信息系统利用各种定量化数学模型，通过预测、计划、管理、调节和控制等手段来决策。

（2）决策支持系统（Decision Support System，DSS）：20 世纪 70 年代，美国的 Michael Scott Matton 在《管理决策系统》一书中首次提出了"决策支持系统"的概念。决策支持系统不同于传统的管理信息系统，早期的管理信息系统主要为管理者提供预定的报告，而决策支持系统则是在

---

① 邵燕华、王云峰、丁铭华：《管理信息系统与企业管理信息化》，苏州大学出版社 2000 年版，第 18 页。

人和计算机交互的过程中帮助决策者探索可能的方案，为管理者提供决策所需的信息。

（3）20世纪90年代以来，互联网带来了企业管理信息系统的全面重构，企业内部的信息集成管理，电子商务技术和电子商务平台的建设，成为目前企业信息建设实践的主流。

企业的信息网络系统，一方面要塑造一种使员工能够方便地获取信息的网络环境，另一方面又要对网络上信息的出入实行有效的监控。从总体上说，管理信息系统有四个基本组成部分，信息源、信息处理系统、信息用户和信息管理者。管理信息系统的结构如图5-5所示。[①]

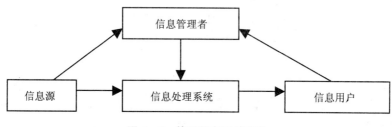

图5-5　管理信息系统结构

信息源是信息的发生地和生成源；信息处理系统是进行信息的传输、加工、存储等任务的所有硬件和软件系统；信息用户是信息的使用者，利用信息进行各种管理控制和管理决策；信息管理者负责信息系统的设计和实现，在实现以后负责信息系统的运行、协调和维护，保证信息系统的正常运行。如何构筑适应全方位运营管理体系的管理信息系统，是管理技术与信息技术的共同推动，一方面信息网络平台的建设是为了实现全方位运营管理的思想，信息平台的建设必须体现全方位运营的管理思想和管理理念，支持企业的实时运作、虚拟运作方式，同时信息网络平台要充分利用计算机互联网技术所提供的技术支撑条件，充分发挥互联网的巨大信息资源优势，发挥其信息传递的高效率、低成本、超越时空的优势，构筑基于互联网的信息网络平台。信息系统成为支撑企业生存与发展、获取竞争优势的关键因素，企业经营者必须从战略的高度来重视企业的信息网络平台

---

① 邵燕华、王云峰、丁铭华：《管理信息系统与企业管理信息化》，苏州大学出版社2000年版，第23页。

建设，其中包括三个层次的问题，一是网络基础设施平台的建设，企业内部的各个部门和各种机构必须通过组合和连接不同的系统硬件和系统软件搭建业务运作的网络基础设施，没有网络，电子商务无从谈起，企业运营也将举步维艰；二是企业内部的信息集成化建设，信息集成化就是通过统一的数字化信息平台去管理企业最核心的业务流程和管理流程，没有企业内部的信息化，也就没有了电子化的企业，电子商务也丧失了行为主体；三是建立一对一的电子商务，构建企业间的电子商务运营环境，建立一对一的电子商务往来，形成企业与企业之间的电子商务往来。企业通过建立与上游供应商和下游合作伙伴之间的互通互联，将信息集成和整合的范围扩大到整个价值网上和供应链上，保证上下游合作伙伴的协同运作。

但是必须明确，是信息创造价值，不是网络在创造价值，我们建立信息系统的目的是充分利用信息资源，所以未来的竞争是信息为王，而非"网络为王"。管理者需要的是信息，而不是数据，组织信息系统应向管理者提供信息，而不是数据。数据、信息、知识、智能，构成了由低到高、由浅入深、由易到难的序列。企业经营者和员工能够成功地使用信息，企业中必须存在如下六个重要的要素：

- 组织中必须存在被感觉到的需要。
- 信息和数据的来源必须可信。
- 数据和信息必须能被顾客理解。
- 共享知识必须在知识条件下创造。
- 必须赋予行动优先权。
- 解决方法必须存在。

（三）企业信息化建设

对于制造型企业，规划和建设企业的信息化工程是一项非常关键性的工作，一方面信息网络平台决定企业未来的竞争力，进而决定其未来10年或更长的生存发展能力，对企业的发展战略和运营管理至关重要；另一方面企业的IT（指 Information Technology，即信息技术）规划的实施将要求企业投入巨额资金进行建设，一旦出错将损失巨大，形成IT"黑洞"，资金投入不见底，但是见不到明显效果；IT项目实施将会牵涉组织和业务的重组与调整，必然导致企业权力与利益的再调整，同时实施企业信息管

理将改变传统的业务处理方式和行为方式，必然招致抵制甚至反对，所以
IT 的规划与建设被大家称为企业绝对的"一把手"工程。

1. 信息系统建设的前提

从管理的角度，我们认为企业的管理和 IT 正在走向融合，实际上，
管理本身就是对信息的处理过程。信息系统的建设实际上包括三个部分的
内容，即管理模型、信息处理模型、系统实现条件，而我们在信息系统建
设的实践中，对信息处理模型研究投入的时间和资金是巨大的，而对管理
模型、系统实现条件的研究明显不足。见图 5-6。[①]

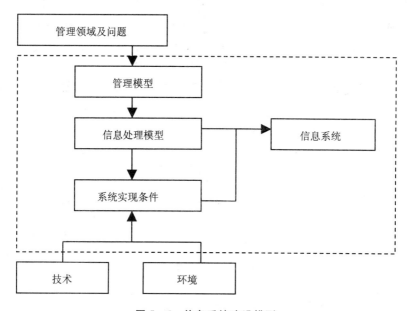

图 5-6　信息系统建设模型

在国内，企业实施信息化项目过程中出现的所有问题可以归结为三个
层面的问题：思想观念问题、管理体系问题和技术实现问题。这些问题的
出现可能会涉及每一个人，从资深的执行官、管理者、客户代表到 IT 技
术人员。当然解决问题的最好方式就是在问题发生之前预防问题的出现，

---

① 　赵纯均等：《工商管理研究备要》，清华大学出版社 2004 年版，第 216 页。

而不是在问题出现后再解决它。

（1）第一层面思想观念问题：企业的经营者和全体员工是否树立了"面向客户"的市场观念，是否意识到了企业竞争中存在的管理问题。以客户为导向观念的建立，从存在的管理问题出发思考信息化建设，是信息化建设的出发点。

（2）第二层面管理体系问题：企业是否清楚地意识到了我们最终要建立一个什么样的管理体系，如何为客户提供满意的产品和服务，我们的价值链是一个什么形式，信息基础设施不会自动实现管理体系。

（3）第三层面技术实现问题：最后才是技术实现问题，如何利用合适、先进的技术构筑我们的运营管理体系。

因此，思想观念转变，运营体系的构筑，是信息化建设的关键，信息技术只是实现的手段。中国企业信息化建设的成功率不高，根本的问题在于形式地解决了第一层面的问题，实际上没有真正解决；没有人系统地考虑第二层面的问题，不知道应该建立什么样的运营管理体系，对于信息化的目标不清楚；片面地强调第三层面的问题，精力和资源集中在信息技术的实现问题上。

2. 信息技术平台规划

随着 IT 技术的发展，对信息处理的方式、手段和效率都发生了很大的变化，这将改变企业的业务运营模式，所以 IT 规划应该与企业的业务规划和管理规划融合起来。企业的经营战略是 IT 规划的前提和基础，企业的信息网络平台建设必须以经营战略为指导，根据企业的公司战略、运营战略和业务规划与流程，并正确地评估企业 IT 能力和需求，确定合理的信息技术平台规划。

- 战略指导原则。
- 需求适当原则。
- 能力相应原则。

信息技术平台必须帮助实现企业电子商务和保证以客户为中心的全方位运营体系的正常运行。

3. 信息技术平台建设

一般地讲，企业的信息平台建设是一个循序渐进、从基础设施建设到业务应用的过程[①]。

（1）构建企业的网络基础设施，主要是广域网和本地网的建设，保证网络的出口和物理接入。

（2）实现办公自动化 OA，建设 Web 站。

（3）建设核心业务管理和应用系统，主要包括 ERP（企业资源计划）系统，用以建立企业内部的核心业务流程；企业价值链的主要增值环节 CRM（客户关系管理），SCM（供应链管理），PDM 产品开发管理或 CPC（协同产品商务）等，建立企业完整的基于互联网信息技术供应链管理平台；以及 OLDSS（企业在线决策）、OLAPS（在线分析）、OLATS（在线事务处理）等企业决策支持系统。

（4）实现电子商务直接增值阶段，使企业完全建立在互联网信息技术平台运营，实现完全的企业电子商务运营和电子化管理。

企业的运营过程关键涉及四个方面，一是 CRM，企业必须和客户保持良好的关系，为客户提供优质的服务，改善与客户的关系；二是 ERP，涉及生产过程，优化企业内部的运作、降低生产成本和提高工作效率；三是建立与供应商、分销商之间的关系，形成快速的合作与交流渠道，这就是 SCM；四是 PDM，主要涉及产品研发过程，提高产品从概念到市场的时间周期。这四个主要的功能系统是企业密不可分的四个管理系统，解决了企业的需求层面、产品设计、供应层面和核心资源与核心能力的管理问题，为了保证全方位运营体系的实现，必须对该四个系统进行集成管理，才能实现一体化的电子商务管理。利用互联网建设企业的信息网络平台，根本目的就是建立支撑企业电子商务运营的新模式，使企业运营管理从传统的以物流为中心转变为以信息流为中心，提高管理效率，降低管理成本，更好地为客户服务，为企业赢得利润。

建立基于互联网的企业信息化模型，就是在建设网络经济时代企业运营的基础设施，我们用神州数码公司对中国电子商务的未来建议："基础成就未来"[②] 作为对信息网络平台的定位。互联网和电子商务是全方位运营管理体系重构的核心，电子商务活动的实现过程涉及了信息流、物质

---

① 王俊峰（联想电脑公司大客户应用集成部助理总经理）：《制造企业电子商务发展之路》，载《IT 经理世界》增刊《企业变革与电子商务》2000 年 11 月 20 日。

② 郭为：《中国电子商务：基础成就未来》，北京神州数码公司，2001 年 10 月。

流、资金流的三种交换活动，要完成这些活动的过程必须具备三类基础设施：[①]

　　•信息基础设施，包括企业、社区的内部网和通信基础设施，保证企业、客户、供应商的实时互动和沟通信息。

　　•物流基础设施，包括道路交通、运输设备、仓储设施等，保证企业的商品能够安全、准时、可靠地递送到客户手中。

　　•金融基础设施，包括电子银行、电子货币、安全认证等，保证交易过程资金的实时电子支付。

　　所有这些基础设施，都将围绕着信息流而展开，互联网为信息流的有效管理提供了技术基础。全方位运营管理体系只有构筑在互联网的运营平台上，才能实现以信息流为核心的集成一体化运作模式，互联网是全方位运营管理体系的落脚点。"信息流是企业的生命线"，用信息流构筑企业的核心竞争力。

三、知识资源与管理支撑体系

（一）知识资源定位

　　随着网络经济时代的到来，知识正在逐步取代土地、资本等传统资源，成为推动世界经济增长和人类社会进步的主要力量和企业的核心资源，是网络经济时代企业核心竞争力的基础和源泉，因此，建立完善的知识管理体系是企业获取竞争力的基础。如何将企业可得到的信息转化为知识，并将知识与人联系起来，促进员工之间进行知识交流，利用企业的无形资产创造价值，对于网络经济时代的企业发展日益重要。

　　首先，我们需要简单地区分一下数据、信息与知识的概念。[②] 按照一般的理解，数据是反映事物运动状态的原始数字和事实，它有数字、词汇、声音和图像四种基本形式；信息是已经排列成有意义的形式的数据，

---

　　① 郭为：《中国电子商务：基础成就未来》，北京神州数码公司，2001 年 10 月。

　　② 王德禄：《知识管理的 IT 实现》，电子工业出版社 2003 年版，第 17～19 页。

通过人的认知能力对数据进行系统组织、整理和分析，使其产生相关性，形成信息；知识是经过加工提炼，将很多信息材料的内在联系进行综合分析，从而得出的系统结论，信息是数据与知识的桥梁；智能是激活了的知识，主要表现为收集、加工、应用、传播信息和知识的能力，以及对事物发展的前瞻性看法，见图 5－7。

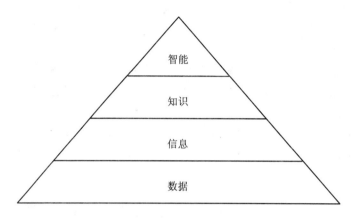

图 5－7　数据—信息—知识—智能的关系

　　数据—信息—知识—智能，构成了由低到高、由浅入深、由易到难的序列。从数据中提取的信息，其功能和价值远远大于数据。但信息只是对事物运动状态和变化的客观反映，是原始的、粗糙的、未经加工的材料，而知识是通过现象、资料、数据获得的对规律性的认识。信息可以"告知"，而要获得知识必须经过学习和思考。

　　什么是知识？所谓知识就是人们在长期的实践活动中逐渐积累起来的各种认识和经验的综合，可以用来指导执行任务、解决问题和制定政策等。经济合作与发展组织（OECD）将知识分为四类：事实知识（Know-what）、原理知识（Know-why）、技能知识（Know-how）和人力知识（Know-who）；日本学者野中郁次郎（Ikujiro Nonaka）和竹内弘高（Hirotaka Takeuchi）将知识分为隐性知识和显性知识，隐性知识是指高度个体化的、难以与他人共享，也不容易用形式化和标准化的方式表现的知识，以个人的经验、印象、技能和习惯等形式表现出来，随着个体的流动而流动，并随个体的死亡而消失。显性知识是指能够以一种系统的方法传达的正式和规范的知识，具有语言性和结构性特点，可以通过编码的方式

进行获取、存储、转移和再使用。显性知识与隐性知识之间的转化带来了四种知识创造的转化过程：[①]

- 社会化：隐性知识——→隐性知识
- 外部化：隐性知识——→显性知识
- 内在化：显性知识——→隐性知识
- 综合化：显性知识——→显性知识

（二）知识资源管理模式

什么是知识管理？按照 Lotus 公司对知识管理的定义："知识管理是系统性地利用信息内容和专家技能，改进企业的创新能力、快速响应能力，提高生产效率和技能素质。"[②] 并进一步解释其中的含义，"信息内容"是指存储在信息系统中的知识，即显性知识；"专家技能"是指存在于员工头脑中的知识和经验，即隐性知识；"利用"表明知识已经确实存在，所做的工作就是发现和利用这些知识；"系统性"表明知识管理是一个信息系统的综合实施过程，是通过网络和信息技术发现知识、利用知识的过程。

左美云将知识管理理论归纳为三个学派：技术学派、行为学派和综合学派。[③] 技术学派认为知识管理就是对信息的管理，主要集中在对信息管理系统、人工智能、群件等的设计、构建过程当中，知识等于对象，并可以在信息系统当中被标识和处理。该学派的研究者和专家们一般都有着计算机科学和信息科学的教育背景。行为学派认为知识管理就是对人的管理，主要集中对人类个体的技能或行为的评估、改变或是改进过程当中，从个体能力的学习和管理、组织管理进行讨论，知识等于过程，是一个对不断改变着的技能等的一系列复杂的、动态的安排。该学派的研究者和专家们一般都有着哲学、心理学、社会学或商业管理的教育背景。综合学派认为知识管理不但要对信息和人进行管理，还要将信息和人连接起来进行管理；知识管理要将信息处理能力和人的创新能力相互结合，增强组织对环境的适应能力。该学派的专家既对信息技术有很好的理解和把握，又有

---

① 张海霞等：《企业知识管理研究》，载《技术经济与管理研究》2002 年第 4 期。
② Lotus 2000 年系列白皮书：《Lotus 知识管理产品框架》，莲花软件（中国）有限公司。
③ 左美云：《国内外企业知识管理研究综述》，载《科学决策》2000 年第 3 期。

着丰富的经济学和管理学知识。他们推动着技术学派和行为学派互相交流、互相学习从而融合为自己所属的综合学派。由于综合学派能用系统、全面的观点实施知识管理，所以能很快被企业界接受。

对一个企业而言，其知识一般有四种存在形式：[1]

• 物化在机器设备上的知识。

• 体现在书本、资料、说明书、报告中的编码后的知识。

• 存在于职员头脑里的意会知识。

• 固化在组织制度、管理形式、企业文化中的知识。

从知识的构成来看，企业知识管理除了应对企业的信息资源和信息系统进行管理外，还应包括企业技术创新的管理、企业文化的管理、企业员工知识的管理、企业组织和制度的管理、企业固化知识的管理等。现在很多企业已经注意到对研究与开发的投资，然而对教育与培训的投资却重视不够或不知从何处着手，很多企业已经注意到对新知识、新技术的重视，但对已经固化到企业制度、组织形式、产品或设备上的知识则没有重视，或者不知如何管理。企业知识管理的内容就是对企业的信息资源和知识资源进行全方位的分析、整理、增值的过程，知识管理的目标就是要通过采用信息系统和股票期权等技术支持和激励机制以及设计、构造良好的企业文化的组织形式，发掘固有知识、引导知识创新，实现知识共享，并通过对共享的知识进行有效应用，最终提高企业的竞争力，实现企业的可持续成长。建立知识管理体系，实际上就是企业为了提高企业的竞争能力，利用信息技术手段，采用编码化策略和人格化策略，通过建立一种组织机制，将企业中的知识充分共享和交流，促进知识的四种转化过程，达到提高创新能力、快速响应能力、提高技能素质和工作效率，为企业创造利润。知识管理体系的关键是建立知识管理的技术平台和组织机制，以互联网为基础的信息技术平台为知识管理提供了技术支持，但是为了对企业的知识资源进行有效的管理，还必须建立有效的组织机制，保证组织内知识需求者、知识供应者、知识中介的良好运行。

Lotus公司提出的知识管理策略就是从支持"人、场所和事件"的产品应用开始，知识管理就是发现正确的人，将他们集中在共享的场所内，然后对发现和产生的信息进行处理。

―――――――――

[1] 张海霞等：《企业知识管理研究》，载《技术经济与管理研究》2002年第4期。

人：掌握特定经验和技能的同事、专家、客户以及朋友，与他们建立联系并得到这些专家知识的帮助。

场所：在线会议、虚拟社区、网上教学等应用，提供协作、快速响应、共享思想、知识传递的空间。

事件：创建、挖掘、整理和共享的结构化或半结构化内容。

因此，企业知识管理的实施就是要建立基于信息技术的知识库，定义和识别公司的知识类别，将属于知识管理范围的内容放到知识库中，将企业中个人的知识、小组的知识、部门的知识、组织与组织间的知识最大化地形成组织的知识，使知识库成为组织知识的重要载体；设立以知识主管CKO为中心的组织体系和制度体系，保证知识库的正常运行，加强知识的集成和更新，产生新知识，形成知识共享与知识创新的良性循环；建立能够为员工进行交流和知识搜索与挖掘的技术工具，如数据库、商务智能（BI）工具、面对面的沟通与交流，创造良好的知识共享文化氛围，形成知识共享和知识创新的激励机制。知识管理的核心在于知识创新。Marisa Wang 与 Grace Peng 根据对国内知识管理领域领先的中国惠普有限公司、三星数据系统（北京）有限公司和三九医药股份有限公司三家知识型企业三种不同模式的中国型知识管理的研究，提出国内企业成功实施知识管理的三大关键：[①]

（1）领导的重视：知识管理获得成功，领导的重视程度可以占到70%到80%的因素。首先，只有领导重视，项目才能在企业内推动；其次，知识管理系统的使用者大部分在基层工作，他们可以通过这些系统实现信息的共享，达到创新。但是如果领导不将这些新的想法、数据作为决策的依据，那对企业的发展就没有意义。

（2）组织文化建设：知识管理是一个组织文化的建设过程，知识分享的组织文化及顺畅的群组协同作业，必须优先于科技的导入。

（3）绩效考核：知识管理必须有绩效考核体系来支撑，才能获得员工的长久支持。知识管理系统可以把工作量化，绩效考核应该基于系统提供的数据。

因此，解决知识的资本化问题，实现"按知分配"机制，保证知识所有者参与利润分配是实现知识共享机制的前提和基础。

---

① Marisa Wang、Grace Peng：《知识管理》，载《世界经理人文摘》2003 年 2 月。

四、人力资源与管理支撑体系

（一）人力资源定位

企业最重要的资源就是人、人才，信息和知识都离不开人，人力资源是企业运营过程中的基本要素，运营管理的一个重要任务就是如何利用人力资源，调动员工的积极性、主动性和创造性，形成企业的竞争优势。

作为人力资源管理职能必须做到为企业吸引、保留和激励最好的员工，将员工个人目标与企业目标紧密结合，证明人力资源政策以及人力资源解决方案对企业的价值，人力资源管理应为企业创造价值。衡量人力资源管理的标准是：人力资源部门对企业总体目标的贡献，以及人力资源工作人士为企业创造了多少价值。网络经济时代企业的核心能力直接来源于企业的知识资产和人力资本，基于价值创造能力的人力资源管理和知识管理成为人力资源管理体系的核心内容。

（二）人力资源管理模式

陈惠维教授提出在知识经济时代人力资源管理制度发生了根本性的转变，主要表现在五大方面：[1]

（1）由以物为中心的管理转向以人为中心的管理。

（2）由强制性管理转向诱致性管理。

（3）由应用性管理转向开发、培训、激励约束相配套的人力资源系统化管理。

（4）人力资源资本化管理。

（5）人才引进与使用方式多样化。

人力资源真正成为企业的战略性资源，人力资源管理要为企业战略目标的实现承担责任。人力资源管理在企业中的战略地位上升，成为企业高

---

① 陈惠维：《知识经济时代人力资源管理的新特点》，载《经济管理》2001 年第 7 期。

层管理的主要职能之一；同时人力资源管理职能不仅仅是人力资源部的职能，而是全体管理者、全体员工的职责，人力资源管理的一项根本任务就是如何推动、帮助企业的各级管理者及全体员工去承担人力资源开发和管理责任；最后人力资源管理将由行政权力型转向服务支持型，人力资源部门权力淡化，直线经理的人力资源管理责任增加，员工自主管理的责任增加。

现代制造企业正在从劳动密集型企业转向知识、技术密集型企业，高素质的劳动力队伍在迅速扩张，知识工作者成为企业人力资源的主体，人力成本的不断提高，如何提高知识工作者的生产力成为企业管理的核心。企业管理者必须对人力资源从战略上予以高度重视，一方面，从战略上企业须以全新的视角来认识人力资源在企业发展中的作用，以全新的视角来正确认识企业与员工的关系，建立基于人力资本理论、知识资本理论的人员管理、绩效管理和知识管理机制，建立全面以提高知识工作者的生产力为目标的人力资源管理体系，构筑知识资本优势；另一方面，从管理手段上要充分利用网络技术，建立基于互联网的在线人力资源管理系统，提高人力资源管理行政管理体系的运行效率，降低成本，提高效益。

1. 知识工作者成为管理的核心

网络经济时代，知识工作者成为企业员工中的主体，是最大的劳动力群体，正如德鲁克指出的"20世纪企业最值钱的资产是生产设备，而21世纪企业或非企业最值钱的资产将是知识工作者及其生产力。"[①]德鲁克将知识工作者定义为那些掌握和运用符号和概念，利用知识或信息的人，知识型员工主要从事研究开发、产品开发、工程设计、市场营销、广告、销售、资产管理、会计计划，以及法律事务、金融和管理咨询，等等。随着网络经济的发展，企业中的自动化水平的提高和生产力的发展，简单的体力劳动将被先进的智能化机器设备所取代，企业中的知识型员工将主宰企业的运营活动过程，成为企业中员工的主体，美国在1956年劳动力构成中白领工人就超过了蓝领工人。如何提高知识工作者的生产力，成为企业管理特别是人力资源管理的挑战。知识工作者的生产力决定于以下六个

----

① 彼得·德鲁克著，潘承烈译：《21世纪对管理的挑战》（节译本），中国企业联合会，2000年2月，第22页。

因素：①

（1）首先是要问：任务是什么？对于知识工作者来说，任务不是事先安排好只需按部就班去做就行，而是需要知识工作者承担责任的具有挑战性的任务。

（2）知识工作者需要自己管理自己，他们要有自主权，同时也负有责任。

（3）不断创新是知识工作者任务与责任的一部分。

（4）知识工作需要知识工作者不断进行学习。

（5）知识工作者的生产力不是，或至少首先不是其成果数量的多少，质量也同样重要。

（6）知识工作者的生产力需要把知识工作者不是当做"成本"，而是当做一种"资产"去看待，要让他们自愿在这个单位而不去寻找别的机会。

知识型员工的特点主要表现在三个方面：一是专业忠诚性，知识型员工具有较高的流动性，他们的忠诚感是针对专业而不是雇主，为了和专业的发展现状保持一致，他们需要经常更新知识，并不希望终身在一个组织中工作，而是由追求终身就业岗位转向追求终身就业能力；二是工作自主性，希望共同参与决策过程，自主进行计划和工作；三是价值共享性，知识型员工一方面获得工资报酬，同时作为知识拥有者和财富创造者，要求与投资人、管理者共同分享公司的成功，参与企业剩余价值的索取与分配。

2. 人力资源管理体系模型

提高知识工作者的生产力，对于企业的人力资源管理提出了新的要求，必须重新定位人力资源管理的职能。人力资源管理的前身是传统的人事管理，人事管理主要进行招聘、培训、考核、工资、福利与劳动合同等行政职能方面的管理，19世纪末20世纪初的人事管理奠定了现代人事管理的基本职能。1954年，彼得·德鲁克在其《管理的实践》一书中提出了"人力资源"的概念，并提出了管理的三个更为广泛的职能：管理企业、管理经理人员、管理工人与工作，要把人作为具有某种生理特性、能力和

---

① 彼得·德鲁克著，刘毓玲译：《21世纪的管理挑战》，三联书店，第184～185页。

局限的资源看待，人与其他资源不同，"他有个性，有公民权，要监督他们是不是在工作，做得多或少，做得好或不好，因此，也就需要有动力，要钻进去，要有激励，有奖赏，要领导，要使他们有地位，有职权，使他们满意。"① 德鲁克关于"人力资源"概念的提出，使人事管理开始向人力资源管理转变，现代人力资源管理经过了作业执行、制度规划和策略规划三个发展阶段，三个不同的发展阶段可以体现出从传统的人事管理到现代的人力资源管理的过渡。

（1）作业执行：处于传统的人事管理阶段，企业人事管理的主要职能是制度的执行，基本上没有对制度的制定调整权，人事部门作为一个一般的行政管理部门。

（2）制度规划：处于人事管理向人力资源管理的过渡阶段，企业人事部门具有一定的管理自主权，可以根据企业实际制定相应的人事管理制度并加以调整，管理中引进了职务分析、人员测评、绩效评估等技术，薪酬福利制度的设计灵活多样，人事部门在企业管理中的地位和作用日益突出，企业逐步将人事管理部门更名为"人力资源部"。

（3）策略规划：人力资源管理规划与企业发展战略相结合，人力资源管理开始进入企业决策层，"人"作为现代企业的核心资源，被纳入到企业管理决策之中，以人为本的管理思想开始得到真正体现。

现代企业的人力资源管理包含了策略规划、制度规划和作业执行三个层次的功能，形成了完整、统一的人力资源管理体系。人力资源管理事实上存在着两种职能，分别是行政职能和战略职能。从战略职能的角度上看，人力资源管理的理念之一，是将企业中的员工视为非常重要的资源，是企业价值的重要体现，人力资源管理工作就是将这些资源加以有效地开发和利用，使之成为提高企业核心竞争能力的重要推动力。其常规工作包括制订人力资源发展规划、协助企业进行改组和业务流程的设计、提供公司合并和收购方面的建议、参与提供业务信息与企业竞争、制订人才保留计划、帮助业务人员提升解决难题的能力等。令人遗憾的是，不少人力资源管理者仅限于履行其行政职能，而忽略了战略职能。人力资源管理部门的价值，实际上是通过提升员工的效率和组织的效率来实现的。人力资源管理工作，只有与企业的战略目标相结合，并将日常工作融合到业务中

---

① 杜拉克著，苏伟伦编译：《杜拉克管理思想全书》，九州出版社 2001 年版，第 8 页。

去，才能创造自身工作的价值。人力资源管理人员，必须为企业的增值服务，为直接创造价值的部门努力创造达到目标的条件，才能赢得相应的尊敬。

　　在网络经济时代，企业的人力资源管理被作为"一个企业的战略贡献者"[①] 来对待，策略导向型的人力资源规划将成为企业战略规划不可分割的组成部分。作为战略贡献者的人力资源管理必须能够提高企业的经营绩效，企业的经营绩效是通过企业向顾客有效地提供企业的产品和服务来体现的，企业的人力资源管理可以认为就是设计、生产和提供这些产品和服务的人员。作为战略贡献者的人力资源管理必须用合法的和有效的成本方式来提供人力资源服务和活动，也就是说必须从传统的人力资源管理投入的分配和他们对企业的价值不相适应的状态中解脱出来，目前很多企业人力资源管理的大量时间和成本集中在行政管理上，然而人力资源的最大价值却在战略管理上，行政管理活动只对企业产生有限的价值。战略性人力资源管理使人力资源管理成为企业的一个价值创造中心，而不是一个不能为企业做出成效的成本中心。在网络经济时代，一方面，电子商务的发展使企业的人力资源管理的重心转向知识型员工，如何开发与管理知识型员工，如何提高知识工作者的生产力，成为人力资源管理的基本出发点，因此，必须对传统的以档案管理为核心的"人事管理"体系进行创新，建立以人力资源管理、知识管理为核心的战略性人力资源管理体系；另一方面，电子商务的发展对人力资源管理的技术和方法带来了根本性的变化，基于网络环境的电子化人力资源管理模型，主要包括电子化招聘、电子化培训、电子化学习、电子化沟通、电子化考评等内容，电子化人力资源管理带来了人力资源管理方式的革命。建立网络经济时代的人力资源管理体系的核心目标，就是充分利用网络技术优势，建立战略性的人力资源管理体系和网络化的人力资源服务体系，从而形成企业的基于人力资本和知识资本的核心竞争能力。

---

　　① 赵曙明著：《人力资源管理研究》，中国人民大学出版社 2001 年版，第 28 页。

（三）知识员工的管理与激励机制

网络经济时代，人力资源管理的对象主要是知识工作者，知识型员工的管理对人力资源管理提出了挑战，建立战略化的人力资源管理体系，要从策略规划、制度规划上围绕两个方面的内容建立人力资源体系，包括知识型员工的人员管理、激励机制。

网络经济时代的企业人员管理的目标就是形成和提高企业的核心竞争力，及时引进人才、使用人才、留住人才。引进人才，就是通过人力资源规划将企业的经营战略和目标转化成企业的人力需求，根据企业的发展战略目标及时引进人才，在短时间内弥补企业能力的不足，通过有目标地引进人才，促进企业核心能力的发展。使用人才，就是加强对企业核心人才的管理，虽然核心能力并非单纯地存在于任何个人头脑中，但是企业核心能力对人力资源具有高度依赖性，企业员工部分地充当了核心能力的承担者。特别是企业的核心人才，对于企业的核心能力了解和掌握较多，是企业挖掘新的核心能力的重要力量。企业需要加强对核心人才的培养、使用和管理，采取各种激励措施为高水平的核心人才创造良好的、能够充分发挥他们价值的工作环境，防止人才流失，特别是防止高水平人才加入竞争对手企业，从而削弱了本企业的竞争优势。留住人才，就是要激励人才，特别是基于团队和知识贡献的激励。传统的建立在个人业绩基础上的激励措施阻碍了企业成员之间的合作与交流，这对技术日益复杂的企业环境将会产生重大的负面影响。因此，需要把激励措施建立在团队业绩和个人对企业知识贡献的基础上，促进企业成员之间的交流，从而促进企业核心能力的发展。中国的联想集团有限公司在十三年的创业发展中，深刻认识到：企业成功的关键在于高素质的人才。2001年联想集团提出了："联想，成就人，成就于人"的人才理念，并在联想的使命中明确提出："为员工创造发展空间，提升员工价值，提高工作生活质量"，为人才提供一个"没有天花板的舞台"，紧紧围绕"吸引人，培养人，用好人，留住人"这四个方面开展人力资源管理工作，形成公司良性的人力流管理体系，保证公司战略发展的人才支撑。

1. 要建立企业与知识工作者的伙伴关系

在工业经济时代，企业中劳动力的主体是从事体力劳动的工人，传统上更多地将工人劳动力视为被雇佣者，采取的管理方式主要是以"胡萝卜加大棒"式的管理方式，以物质奖励和惩罚为主要手段，这是和传统的"经济人"假设相关的。在这里，企业与员工的关系是以劳动契约为纽带的劳动雇佣关系，员工获得的收入表现为劳动力的价格，以工资和奖金的形式为主；资本独占剩余价值的索取权，员工不能参与剩余分配，是典型的"打工者"。在网络经济时代，企业中劳动力的主体是从事脑力劳动的知识工作者，即知识型员工，知识型员工作为知识资本的载体，知识型员工与企业关系应该是一种什么样的关系，这是正确实施人力资源管理策略的前提条件。

如何看待企业中的人？泰勒的科学管理理论将员工作为"经济人"，金钱是员工工作的唯一需求，企业管理员工的关键就是通过开发精确的工作分析方案来选择员工并以此来支付员工报酬，员工为了获得金钱，就能最大限度地提高劳动生产率。科学管理首次运用了科学的工作分析方法并提出了以金钱为主要激励要素的激励理论。在这一时期，人事管理的主要目的是激励、控制和提高员工尤其是新员工的劳动生产率水平。20世纪30年代的霍桑实验研究结果使人事管理从科学管理转向了人际关系的研究，并提出了"社会人"的假设，为了提高劳动生产率还必须满足人的需求，提高员工的满意度，激发人的积极性。20世纪50年代，人际关系学说发展到组织行为学阶段，组织行为学从个体、群体行为的动机和原因的研究，马斯洛（Maslow）的需要层次理论、麦格雷戈（McGregor）的 X 理论和 Y 理论以及赫茨伯格（Herzberg）的激励—保健双因素理论，也是从"社会人"的角度探讨了对于人的激励问题。20世纪90年代，彼得·圣吉的学习型组织理论开始在全球范围内流行，并提出了建立学习型组织的五项修炼，既自我超越、改善心智模式、建立共同愿景、团体学习和系统思考，在激烈的市场竞争中企业必须通过学习来获取竞争优势，通过建立学习型组织，企业不仅可以克服组织智障，而且能够使员工超越自我、改善心智模式，将自己的个人愿景与企业的共同愿景相融合，实现自己的人生价值，学习型组织中的员工更加追求自身价值的实现，可以称为"自我实现人"。在工业经济时代，人是机器的附属物，被作为一种工具，企业的价值主要体现在实物资本上，因此，传统的人事管理将员工视为"经济人"，人事管理政策的特征就是以权力为基础的控制政策，企业与员工的关系是建立在劳动合同基础上的雇佣与被雇佣的关系。在网络经济时代，是一个人才主权时代。"所谓人才主权时代就是人才具有更多的就业选择权和工作的自主决定权，人才不是被动地适应企业或工作的要求。企业要尊重人才的选择权和工作的自主权，并站在人才内在需求的角度，为人才提供人力资源的产品和服务，并赢得人才的满意与忠诚。"① 知识型员工与企业的关系不只是简单的劳动雇佣关系，企业提供给员工的不仅是就业机会，而且是事业发展机会；知识型员工应该被看做"自我实现人"，在企业工作的目的不是简单地通过劳动获取工资性收入，而是更关注自身的个人价值，通过知识创造价值并与资本所有者共享价值创造成果，因为知识成为价值创造的主导要素，必然导致知识资本化、人力资本化，知识与资本共同创造和分享价值，企业与员工应该是一种新型的伙伴关系。

基于伙伴关系的员工，应该成为企业的内部客户，企业要以新的思维方式来对待员工，要以客户服务的视角来开发组织中的人力资源，站在员工需求的角度，通过提供令员工满意的人力资源产品和服务来吸引、留住、激励、开发企业所需要的人才。彭建锋教授提出21世纪企业与员工关系的新模式是"以劳动契约和心理契约为双重纽带的战略合作伙伴关系"，一方面，要依据市场法则确定企业与员工之间的责、权、利关系，建立基于劳动合同关系的劳动契约；另一方面，为了企业和员工的共同发展，根据知识工作者追求自身价值和自我实现的需要，企业应该与员工建立共同愿景，在共同愿景的基础上就核心价值观达成共识，实现企业与员工的"双赢"发展模式，个人与组织共同成长与发展。企业对员工的心理期望和员工对企业的心理期望之间达成默契，建立信任与承诺关系，实现知识型员工的自主管理。企业与员工的伙伴关系应该是资本所有者和知识所有者为了共同的事业发展目标而进行事业合作的合伙关系，这就是所谓的"资本追逐知识"、"知识雇佣资本"理论在企业与员工关系上的表现形式。员工不再是简单的"打工者"，而是"事业的合作伙伴"，只有这样才能真正树立"以人为本"的管理理念，实现人本管理目标。从单一的劳动契约关系发展到劳动契约与心理契约双重纽带的事业合作伙伴关系，从"经济人"、"社会人"到"自我实现人"，反映了从工业经济时代向网络经济时代发展过程中人力资源理论的发展过程。网络经济时代，人力资源真正成为企业的战略性资源，人力资源管理成为企业中的战略性管理部门，人力

---

① 彭建锋：《21世纪人力资源管理的十大特点》，载《销售与市场》2001年第2期。

资源经理不再是传统的执行操作的"警察"角色，而是企业的策略伙伴，对公司人才从战略上考虑，建立战略性的人力资源管理体系。

2. 为知识工作者营造宽松的工作环境和氛围

知识工作者的工作特点是创造性的工作，企业要站在员工需求的角度，视员工为客户，通过为员工提供满意的人力资源产品和服务来吸纳、留住、激励、开发企业所需要的人才，企业向员工提供的人力资源服务主要包括：

（1）共同愿景：通过与员工共享愿景，将企业的目标与员工的期望结合在一起，满足员工的事业发展要求，共同构建企业愿景下的学习型组织。

（2）价值分享：通过提供具有市场竞争力的薪酬体系和价值分享系统来满足员工的多元化需求，包括归属、知识、信息、经验的分享。

（3）职业发展：通过提供持续的培训和职业生涯发展规划服务，不断地开发、培训员工技能，提升员工的人力资源价值。

（4）授权自主：通过充分的授权管理，让员工参与管理，自主工作，并承担更多的责任。

尊重员工的个性，建立自我管理团队型的组织机构，即工作团队做出大部分的决策，选拔团队领导人，团队领导是"负责人"而非老板；团队成员之间直接进行信息的沟通，没有中间环节；工作团队自主确定工作目标并相互承担责任；团队自身确定并贯彻其培训计划的内容。我们提倡着眼长远的人力资源管理，企业领导者必须从全新的角度，以系统、全局的眼光来理解人力资源管理，在企业内建立基于企业愿景和经营战略的层层落实的人力资源管理系统，把对人的关注、人的个性释放和人的自主性需求的满足放在中心地位，真正做到运营管理过程中的以人为本。

3. 业绩评价与激励机制

对于人的本质的认识基础，形成了绩效与激励管理的基础。美国领导学专家史蒂芬·柯维提出了"全人"观念，[①] 认为科学管理模式下人被看成是"胃"，一种经济性动物，经理用"胡萝卜加大棒"的赶驴子的方法

---

① 史蒂芬·柯维：《领导学全书》，南方出版社 2000 年版，第 244～246 页。

激励员工，经理支配一切；人际关系模式下的人被看成是"胃＋心"，除了经济性的需要外，还需要有尊重、有归属感，是一种社会经济人，经理采用仁慈的独裁方式进行管理；人力资源模式下人被看成是"胃＋心＋意志"，人还需要成长和发展，对有价值的目标贡献力量，经理人只需要创造环境，让员工为达到组织目标，而尽情奉献自己的力量。柯维认为上述三项假设是错误的，不能有效发挥人力资源的作用。人不只是资源或资产，不仅具有经济性、社会性和心理性，而是具有灵性的，具备公平、仁慈、效率以及成效，渴望做有意义的事情。没有意义的事情，就算能够将天赋发挥到极限，也不会有人去做。因此，根本的原则就是从组织与个人两个角度出发，坚持"双赢"原则，企业要与员工形成"双赢"协议。

按照企业核心竞争能力的要求，正确认识和处理企业运营过程中企业发展与员工发展的关系，建立基于人力资本理论的人员管理体系，从企业发展战略与员工职业生涯规划的高度，使企业发展与员工个人发展协调、统一，形成利益共同体；正确认识和处理企业知识资源，建立基于知识资本理论的企业知识管理体系，真正让知识发挥作用、产生效益，知识管理本身不是目的，使知识产生经济效益和社会效益，成为企业核心竞争力的来源是目的；正确认识和处理员工与知识、员工管理与知识管理之间的关系，关键在于建立合理的绩效评估与激励制度，使价值创造、价值评估和价值分配过程统一起来，从而使个人知识变成组织知识，保持企业的可持续发展，使组织不会由于员工的流失而造成组织知识的流失、组织记忆的消失、组织能力的丧失，保持企业的持续发展。

如何准确评价知识型员工的工作绩效，如何有效激励知识型员工？必须解决人力资本化、知识资本化问题是网络经济时代人员管理和知识管理问题的关键，将知识型员工视为企业的"事业合伙人"，实现按知分配要求，是知识型员工具有和资本所有者具有同样的剩余利润的索取权，这是绩效评估和激励管理的核心问题，也是有效解决价值创造、价值评估和价值分配的核心问题。

知识管理专家玛汉·坦姆仆经过大量实证研究认为，[①] 知识型员工的激励因素依次为个人成长（34％）、工作自主性（32％）、业务成就

----

① 转引自彭建锋、张望军：《如何激励知识型员工》，载《中国人力资源开发》1999 年第9 期。

（29％）、金钱财富（6％），知识员工更加重视能够促使其不断发展、有挑战性的工作，对知识、对个体事业的成长有着持续不断的追求；要求在工作中具有自主权，并按照自身设计的有效方式完成工作，参与决策过程；知识员工要求获得一份与贡献相对称的薪酬并能够分享自己创造的财富。因此，企业必须建立人力资源价值管理体系，彭剑锋教授提出了人力资源价值链管理，来实现人力资本价值的实现及其价值的增值。人力资源价值链本身就是一个对人才的激励与创新的过程。

（1）价值创造：确立知识工作者的知识与投资人、企业家一样在企业价值创造中的主导地位，承认知识工作者享有对企业剩余索取权的主张权利；同时注重为企业创造巨大价值的人，注重形成企业的核心层、中间层和骨干层员工队伍，明确谁创造了企业价值。

（2）价值评估：通过价值评价体系及评价机制的确定，使人才的贡献得到承认，为企业所需要的人才提供成长环境。

（3）价值分配：通过价值分配体系的建立，满足员工需求，有效地激励员工。提供多元化的价值分配形式，满足员工多元化的价值需求，如职权、机会、工资、奖金、福利、股权分配等。

现代企业的激励重点应从外部激励转向内部激励，不是以金钱、职位和待遇等外部激励为主，而是以发展机会和成长机会等内在激励为主，更多地从工作本身内部进行激励，满足员工的成就感、尊重感，金钱奖励成为一种必要的辅助手段；激励方式选择组织激励、团队激励和个人激励相结合，强调团队激励；在激励时效上坚持短期激励与长期激励相结合，强调激励手段的长期效应，如实施股票期权、员工持股计划等；在激励报酬机制设计上，突破了事后确定奖酬模式，转变为从价值创造、价值评价、价值分配的事前、事中、事后三个环节出发设计奖酬机制。

第六章 基于核心能力导向的 企业运营平台体系研究

　　网络经济时代的市场竞争不再是单一企业之间的竞争，更不是单一企业与企业链的竞争，必然将发展为企业链与企业链之间的竞争，运营平台与运营平台之间的竞争。从管理理论的角度看，所谓平台是一种思想，实质就是协同商务，是虚拟组织具体化的应用，其本质是社会资源的最优化。它体现的是一种新的产权关系，用户不必花费大量的成本与资源，去获取某些必要资源的所有权，而仅仅具有使用权即可。特别是新企业，很难具有全面的资源优势，企业如果把资源分散到各个环节上，必然会造成资源使用的低效，不利于迅速建立自己的竞争优势。因此，适应环境变化的内在要求，充分发挥自身的核心竞争力和增强企业对环境的应变能力，适当地采用业务外包的经营模式整合利用其外部最优秀的专业化资源，从而达到降低成本，提高效率的目的。

　　从价值链的角度来看，所谓的平台就是把多种业务价值链所共有的部分进行优化整合，从而成为这些业务必不可少或最佳选择的一部分，这种由价值链的部分环节构成的价值体就成为了一个平台。从价值链的角度理解平台，应该注意三个要点，一是可以从具体业务的价值链上剥离出来，纵向一体化的公司正日益转向合作与外包，只从事一种业务的某一或某些环节的公司越来越多，这就形成相关平台。二是多种业务价值链上的共性部分，很多业务在价值链上具有相同的环节，比如日用消费品要通过终端才能接近消费者，终端就是这些业务价值链的共性部分；各个厂商的电脑都要用到微处理器，微处理器就成为各个厂商电脑价值链的共性部分。三是在剥离之后具有更高的效率或更好的价值表现，体现出规模效应和协同效应，比如专业的家电终端超过厂家自建终端的一个重要因素，就是专业的家电终端可以经营多个品牌的产品，消费者在专业卖场内可以进行比较挑选，而厂家自建终端由于厂商之间的竞争性则不可能做到这一点。在消费者对厂商品牌的信任度还没有足够到直接购买的时候，比价就是一个重要的购买因素。当然专业卖场还有其他的优势。信息技术带来了价值链的解构，所谓的运营平台，就是自身的围绕核心能力，形成规模优势和整合能力，对重业务发挥支撑和引导作用，在行业内处于领导地位。

　　企业领导者需要树立全新的经营理念，在坚持为顾客创造价值这一目标的前提下，应树立合作竞争意识，强化关联企业的业务合作，实施业务外包策略，企业在实施业务外包的过程中要具有追求变革的决心和相互信任的机制，努力构建良好的信息网络和合作伙伴关系网，以高度柔性的生产机制，迅速响应市场需求的变化。为了有效整合资源，必须建立基于核心能力导向的企业运营平台，真正形成核心竞争力，具备整合资源的能力。见图6-1。

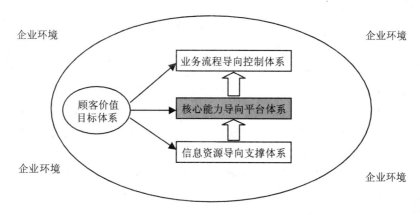

图6-1　运营管理体系GSPC研究模型—能力平台体系

　　构筑全方位的运营管理体系，企业必然采取战略联盟和业务外包策略，但是经营者必须致力于保护企业的核心专长，在彼此之间既合作又竞争的关系中保持清醒的头脑，保证业务外包和对外采购不致造成企业的"空洞化"现象。企业不是单纯地为了应付一时的市场态势，简单地执行竞争策略或者是合作策略，而必须从核心竞争力构筑企业的运营平台体系。核心竞争力的培养是一个动态的积累和学习的过程，不断的创新是核心竞争力的源泉，企业保持核心竞争力，就必须成为"学习型组织"，通过不断的学习，进行技术创新、管理创新。

一、基于核心能力的运营平台体系

（一）运营能力平台体系的结构

C. K. 普拉哈拉德和 G. 哈默在 1990 年出版的《哈佛商业评论》上发表了"公司的核心能力"一文，提出了核心能力的概念，它指的是多元化经营的一种模式，即公司所有进入的产业都有一个共同的圆心——核心竞争力，并着重分析了一些日本公司围绕核心技术进入多种相关产业的情况，如佳能公司的光学、图像、微处理一体化能力，索尼公司的微缩能力，本田汽车的发动机技术能力等，核心能力把企业界关注的焦点从研究竞争策略转向了增强企业核心能力，是企业战略理论的一个里程碑。"在长期中，竞争力来自于建立比竞争者以更低的成本和更快的速度提供出人预料的产品的核心竞争力。优势的真实来源在于管理者把全公司的技术和生产技能统一到竞争能力中，这种竞争能力能使单个业务很快适应机遇的变化。"① 在网络经济时代，人力资源、信息资源、知识资源成为企业的核心资源。企业的核心能力是企业获取长期竞争优势的源泉，企业的核心能力可以分为核心知识能力和核心运作能力，两者的紧密结合才能够充分发挥企业的核心能力。核心知识能力是指企业拥有的独一无二的专长、技术和知识，例如 3M 公司的核心知识是腐蚀剂和胶黏剂的技术知识；柯达公司的核心知识能力是图片影像技术，是企业的资源优势。核心运作能力是指使企业能够高速度、高效率地生产高品质产品和服务过程与功能，它可以是某一商业运作过程，也可以是某些有用的技术，例如，HP 公司的核心运作能力是迅速推出新产品的能力；Wal‑Mart 公司的核心运作能力是后勤管理；Amazon 公司的核心运作能力是掌握用户详细信息的信息技术。通过核心知识能力与核心运作能力的比较，我们可以确切地指明企业是如何赢得竞争优势的。企业的竞争能力和竞争优势不再被看做是转瞬即逝的

---

① C. K. 普拉哈拉德、G. 哈默：《公司的核心竞争力》、《未来的总裁》，四川人民出版社 2000 年版，第 262 页。

产品开发和战略经营的结果，而被看做是企业深层次的能力物质运作的结果，这种能力物质以企业能力的形式存在，能够促使企业不断地产出消费者难以想象的新产品，是企业的一种智力资本。

芮明杰、袁安照从战略管理的角度提出了企业的三种核心能力，[①] 即产业洞察力、系统能力和组织运行能力。产业洞察力是一种将"生产机会"与"现有资源"联系在一起的超群的能力，也就是企业的产业发展预见能力，是建立在对技术、人口统计数据、规章制度及生活方式的发展趋势的深刻洞察力之上的能力，是建立在未来市场基础上的发展战略；系统能力是指企业识别经营方向的能力，确定企业从事的核心活动的范围，系统能力包括价值保障提升能力与创新能力。组织运行能力是企业在"技术"上的能力，是经营中具体的实施能力，运行能力直接影响到企业产品成本和管理费用的高低。运行能力就是在既定的战略框架下企业行动的能力，它关系到企业战略意图能否完全被实施。产业洞察力、系统能力属于战略性的，是企业战略管理体系需要提供的核心能力；而组织运行能力是运营管理体系必须提供的核心能力。本书认为，网络经济时代，在企业取得和维持竞争优势的过程中，企业内部能力的培养和各种能力的综合运用成为最关键的因素，而企业运营过程就是企业发挥核心能力的潜能和在运作中应用核心能力的活动和行为。企业存在的根本目的，首要的就是要通过产品或服务为客户提供满意的解决方案，核心能力是由不同的能力要素通过有机整合而形成的系统整体能力，而不是单一的要素能力，运营管理体系的核心能力应该体现如下三个方面：

（1）企业对于客户需求的实时感知和把握能力，实现需求管理功能。

（2）企业整合内外资源提供产品和服务的能力，实现自身资源管理与合作网络管理。

（3）企业全方位的质量保证能力，实现系统效率与价值功能。

按照战略定位理论，"在每个行业中，总是有好几个位置可供公司挑选。因而，战略重点在于选择一个该公司能够为自己所独有的位置。所谓一个战略定位就是公司对以下问题做出的回答的总和"：[②]

• 谁：我们应该将谁作为客户？

---

① 芮明杰、袁安照著：《管理重组》，浙江人民出版社 2000 年版，第 91～105 页。

② 康斯坦丁诺斯·马尔基茨：《突破战略的六条原则》，载包刚升编译：《如何提升公司核心竞争力》，企业管理出版社 2000 年版，第 46 页。

- 什么：我们应该提供什么样的产品和服务？
- 怎么办：我们应该怎么办才能有效率地完成这一工作？

任何公司都无法逃避面对"谁—什么—怎么办"问题时必须做出的选择，而无论何时，每个公司所做出的选择都将确定该公司在本行业中的战略地位。客户需求是企业运营的原点，企业要探求客户的认知空间，了解客户的内心需求和行为方式，从客户的认知空间中，找出新的客户利益，形成市场机会，而电子商务能力与客户关系管理是需求管理的有效途径；企业为了能够适当地、前后一致地、快速地回应市场机会和客户需求，企业必须有效管理自身的资源，形成核心能力，并能够处理与合作伙伴之间有关获取、处理、传递产品的复杂关系，为客户提供合适的产品和服务，产品研发设计、产品生产制造、供应链物流管理是企业提供产品和服务能力的核心要素；为了使企业的所有流程能够有效地传递价值，企业必须要具备能够一次将事情做好的能力，具备优秀的质量保证能力。企业组织运行核心能力的三个方面，体现在企业运营管理体系的能力平台体系中，企业运营能力平台体系应该包括如下五个方面，形成上述三个方面的组织运行核心能力：

- 电子商务平台：基于客户需求的实时感知和把握能力。
- 产品研发平台：基于客户需求的产品和服务快速开发能力。
- 生产制造平台：基于供应链理论的资源整合能力和虚拟生产能力。
- 物流管理平台：基于高效物流体系的准时与便利的交付和服务支持。
- 质量保证平台：基于整个流程体系的质量控制和质量保证，达到客户的满意度。

电子商务平台和质量保证平台是基础能力平台，贯穿于企业运营的整个过程，并影响着产品研发平台、生产制造平台、物流管理平台三个企业供应链过程能力平台的运营。运营能力平台体系构成了企业的战略性资产，是企业竞争力的本质，是企业在市场中确立主导地位的基础。战略性资产具有稀缺性、不能被模仿、不可替代性等基本特征，体现了企业的核心能力，使企业在行业中不仅是一个竞争参与者，还是竞争中的胜利者，而竞争胜利者则与其独一无二的、富有竞争力的战略性资产密切相关，也就是取决于运营能力平台所体现出的核心竞争能力。见图 6 - 2。

一组分散的技能、专长和能力要素不能成为核心能力，核心能力是一

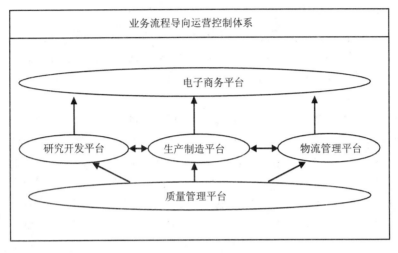

图 6-2　运营能力平台示意图

组能力要素整合而成的系统能力。运营平台体系的五个运营能力平台的核心能力最终将体现在客户服务的速度竞争上，速度将成为网络经济时代企业竞争的第一要素，在第一时间发现客户的潜在需求和市场机会，快速反应能力使运营平台体系的运行效率得到全面提升，有效地满足客户需求。基于时间的竞争（Time Based Competition，TBC）成为运营管理体系运行的主要目标，核心还是提高企业运营的速度，实施精准的管理模式，达到速度与费效比的统一。

（二）基于核心能力的管理过程

根据自身的核心能力培育成长平台是企业一种有意识的战略安排，这并不是所谓大企业的专利，即使小企业也可以选择合适的路径，在不同的阶段，构建一个适合自己方向的平台。我们看到很多企业拥有众多的业务，但是彼此之间却没有任何关联，既不能互相支撑，也不能为新业务的开拓提供助力。而且随着企业规模的扩大，管理难度随之增加，成长到一定规模之后就难以为继。平台力量的存在就为这类企业提供了一种可行的发展路径，即企业在发展壮大的过程中，以建立平台作为企业的基础构件，围绕平台的形成投入资源，并以平台作为企业的发展轴心，围绕平台的结构拓展业务。基于平台战略而形成的业务结构，可以让企业有效摆脱在多元化和专业化之间的矛盾和游移，形成一种兼具稳固性和扩张性的业务战略。找准平台方向由于企业在产业链上的位置不同，所形成的平台结构也会有很大差异。因此，不管何种规模的企业，都可以根据自己的位置，先进行归类，然后选准构建平台的方向。

按照 C. K. 普拉哈拉德和 G. 哈默的定义，企业的核心能力是一个组织中的积累性学识，特别是关于协调不同的生产技能和有机结合多种技术的学识。它是一个企业所具有的在本行业独树一帜的、难以复制模仿的能力，可实现用户看重的、高于竞争对手的价值，可提供进入广阔市场的潜能，从而是长期利润的源泉。核心能力具有下列三个基本属性：[①]

• 用户价值：核心能力应当对最终产品中顾客重视的价值做出关键贡献。

• 独特性：核心能力应当是竞争对手难以模仿的能力，是具有不可替代性的能力。

• 延展性：核心能力能够成为企业开拓新市场的基础。

核心能力本质上是企业拥有的一系列知识、技能和资源的综合体，核心竞争力是企业赖以生存和发展的决定性力量，佳能公司的"图像化"技术，日本本田汽车公司的发动机设计与制造能力，美国微软公司的软件设计与开发能力，美国英特尔公司的芯片设计与开发能力，都成为各自在其本行业竞争中超越竞争者与合作者，长期处于行业领先地位的力量源泉，核心能力是需要管理的。一般地说，核心能力的管理包括核心能力的识别、培育、应用和发展四个相互联系的系统过程：

（1）能力识别：通过对市场和技术发展趋势的把握，确定企业应该发展的核心能力，确定核心能力目标，尤其是关键核心能力目标。

（2）能力培育：通过企业内部和外部运作获得并融合核心能力目标所需要的技术、技能、知识等，来加强企业的核心能力。内部运作主要是对企业内部资源进行优化配置，整合内部能力要素，形成企业核心能力。外部运作主要是收购、兼并有助于加强核心能力的企业；加入战略联盟，吸收合作伙伴的核心能力，通过"双赢"模式达到合作伙伴间的相互信任，共享核心能力。

---

① 加里·哈梅尔、C.K. 普拉哈拉德合著，王振西主译：《竞争大未来》，昆仑出版社 1998 年版，第 220 页。

（3）能力应用：通过核心能力的应用来发挥其作用，并最终在市场上实现其价值。在核心能力的基础上，形成核心产品、最终产品，建立在核心能力基础上的产品和服务都有其特色，能够树立起用户对品牌的忠诚度。

（4）能力发展：企业的核心能力必须得到不断发展，核心能力的发展过程在于对核心能力的维护、监控和更新，从而保护核心能力的组合，防止失去对企业有价值的核心能力。

核心能力的管理必须通过企业具体的运营过程来实现。传统的管理方式重视产品战略和市场战略，以最终产品和服务来认知企业的竞争优势，完全依赖于基于外部环境的企业战略，按照最终产品和服务进行企业组织，关注企业本部门内的业绩，跨部门、跨企业交流合作困难，着重于眼前利益，对于企业所需的知识没有明确的目标，基于个人业绩进行奖励。以核心能力为基础的管理过程跨越了最终产品和服务的环节来认知使其具有竞争优势的基本技能和能力，把投资和业务重点放在加强核心能力上，基于核心能力、核心产品企业组织，关注整体业绩，强调跨部门、跨企业的交流与合作，着眼于核心能力的长期发展，对企业所需的知识有一个明确的目标，基于整体业绩的激励，重视核心人才的管理，而不是急功近利，只求短期的经济效益。

因此，基于核心能力的企业运营过程强调企业合作，强调非核心业务外包，强调系统能力整合，强调供应链整体的运作和竞争。在产业价值链运营环境中，作为一个企业，要获得利润和竞争优势，必须在产业价值链上具有核心竞争力，企业要在运营过程中，不断寻找、培育、发展核心竞争力，核心竞争力是企业进行业务外包和战略联盟策略的前提和依据。

本书认为，网络经济时代，五大运营能力平台是网络经济时代企业核心能力的来源与核心要素，是建设和培育核心能力的基础。

二、电子商务能力与电子商务运营平台

（一）电子商务能力

电子商务给了互联网以革命性的应用。电子商务不是狭义的电子交易，不是简单的电子订单处理和在线支付，它的范畴包括企业与各类社会单位传统的经营、管理、运作的全部环节，是改造传统经济的电子商务。丹尼尔·阿莫（Daniel Amor）指出："电子商务是商务案例的超集，是将商务电子化并在互联网上展开工作。电子商务的分类是按照商务实例进行的，而不是它所使用的技术。经过一段时间，越来越多的商务类型将转型到数字形式上来。任何类型的商务迟早会连接上网。"[①] 互联网提供了惊人的整合能力，能实现不同过程之间的自动相互影响。电子商务需要协同工作，不管是在线还是离线。电子商务包括利用以互联网为核心的信息技术来实现买卖商品和劳务的一系列活动，电子商务是一种实现面向客户的企业运营体制，是全天候24小时运作与虚拟运作企业的核心能力。电子商务的优势可以概括为如下七个方面：[②]

（1）全球化的访问和销售：企业可以扩展客户基础，甚至扩张生产线。

（2）更密切的关系：B2B的销售商可以发展出更加密切的关系。

（3）免费样品：产品可以通过互联网采样，快速、便捷而且免费。

（4）降低成本：企业可以通过动态调整价格，降低生产成本。

（5）减少媒体中断：互联网可以减少传输信息时出现的媒体中断情况。

（6）营销时间：可以缩短推向市场的时间，加快对转换市场需求的响应时间。

（7）客户忠诚度：通过对最新信息以及从不关闭的网站的便利访问，

---

① Daniel Amor：《电子商务——变革与演进》，机械工业出版社2003年版，第18页。
② Daniel Amor：《电子商务——变革与演进》，机械工业出版社2003年版，第11页。

能提高客户的忠诚度和服务。

电子商务是有效连接客户并为客户提供价值的渠道。网络经济时代，电子商务将成为多种行业中标准的运作模式，是企业的核心运作能力平台。电子商务的实质是企业通过以互联网为核心的信息技术在企业的生产经营活动中的广泛应用，达到有效降低生产经营成本、显著提高经营管理效率、成功开拓国内外市场、大幅度增进客户满意度的目的，提高企业适应市场、满足市场和开拓市场的能力。从企业的角度看，电子商务是企业互联网、内部网和外部网的综合应用，是买方、卖方、金融机构、厂商及其合作伙伴等通过网络结合起来，以电子化的形式开展各种商业活动的一种商业模式。"商业模式是企业的整个运作过程，表示了企业各部门间的关系。"①

（二）电子商务运营平台

电子商务的发展先后经历门户传播阶段、供需交易匹配阶段和集成协同阶段。在门户传播阶段，企业仅仅通过网站静态页面来发布产品和服务信息，电子商务的其他要素都很不完善，这个阶段可以做到的仅仅是为企业及其客户提供一种利用网页新技术建立的广告媒体，此外，涉及商务的其他环节（营销管理、商务接洽、物流管理、资金结算、订单交易系统等）还是保持着传统的线下运作模式。电子商务发展到供需交易匹配功能阶段，相对完善的企业间网上交易系统、物流信息系统开始发挥作用，可以实现基本的电子商务功能应用。但由于这个由第三方机构提供的交易服务系统不能和交易两端的企业自身内部的信息化管理应用实现数据和信息流程的整合，就导致各企业运营管理信息链的断层，参与其中的企业面临内外数据的人工转换工作负担，这不但降低了运营自动化的效率，而且人工重复录入极容易产生数据失真，其实质就是由第三方 B2B 服务提供商将传统有形的集中贸易市场搬到互联网上，供企业用户到这个电子化市场上来参加"网上供需见面会"。电子商务发展到集成协同阶段时，电子商务不再局限于供需匹配应用，而是扩展到企业内部及外部商务环境的各个环

---

① 布雷德·艾伦·克兰多著，劳帼龄译：《战略化的电子营销：管理电子商务》，机械工业出版社 2001 年版，第 7 页。

节，特别是在精深复杂的企业内部运营管理事务方面实现了全方位管理信息的协同运营，如产品的设计、研发与生产管理，以仓库为中心的物流供应链管理，以资产核算为中心的财务管理，以项目跟单为主要业务形式的复杂销售服务操作管理，以及由人力资源管理推动的企业业务工作协同运营等。MRP、CRM、SCM、财务等重要内部应用基于统一的 OA 平台被无缝集成起来，互联互通的内部数据通过网上门户、电子支付系统等连接系统与企业外部各业务伙伴等电子商务主体实现互通，数据互动完全自动化，商务运作效率因而大大提高。电子商务的一般框架可以概括为三个层次：[①]

（1）基础设施：硬件、软件、数据库和电信，这些设施共同作用，为国际互联网上的网络化信息功能提供了基础，并为电子数据交换（EDI）和其他通过国际互联网或增值网络传递信息的方式提供支持。

（2）服务：通信联系和其他各种发现信息、传递信息的服务，还包括有关谈判、交易、结算的服务。

（3）产品和结构：直接为消费者和商业伙伴提供商业服务，组织内信息共享和合作，以及组织电子市场和供应链。

电子商务的实现是一个过程，按照企业电子商务的建设过程分析，可以分为四个阶段：网络基础平台的建设，企业内部信息集成，建立一对一的电子交易，建立网络化社区。前两个阶段是电子商务的基础条件，后两个阶段是电子商务的价值表现，神州数码公司 CEO 郭为先生指出："言而总之，夯实基础、奠基中国电子商务，是我们所有人都不可逾越的课题。"电子商务，基础成就未来。[②]

（1）网络基础平台建设：企业以及各种机构必须通过组合和连接不同的系统硬件及系统软件搭建业务运作的网络基础设施，没有网络，电子商务就无从谈起。所以，首先要构造电子商务的基础平台，要改造和升级网络系统，要解决最后一公里的连接问题，要不断扩大网络的带宽，这样才能使电子商务从理想走向现实。

（2）企业内部信息集成阶段：信息集成化就是通过一个统一的数字化

---

①　Mahesh S. Raisinghani：《第三个千禧年曙光中的电子商务》，载希德·拉曼、马赫胥·莱辛哈尼主编，周伟民、吕长春、李凌译：《电子商务的机遇与挑战》，华夏出版社 2001 年版，第 7 页。

②　郭为：《中国电子商务：基础成就未来》，北京神州数码公司 2001 年 10 月。

信息平台去管理企业最核心的业务流程和管理流程。没有企业内部信息化，就没有电子化的企业，电子商务就失去了最基本也是最重要的行为主体。要实现企业某一个业务环节或者某一个管理功能的信息化是相对容易的一件事情，关键是要把企业内部的信息集成，把企业内部一个个信息孤岛整合在一起，整合成一个统一的信息平台。

（3）建立一对一的电子交易：首先要构建 B2B，构建企业之间的电子商务的运行环境，建立一对一的电子业务往来，形成企业与企业网网相连的结构。企业要通过建立与上游供应商和下游合作伙伴之间的互通互联，从而将信息集成和整合的范围扩大到整个市场营销的范畴、扩大到整个供应链的意义上，在整个运营过程所涉及的各个环节上，彻底扫除信息死角，才能创造出更高的效率和更大的效益。

（4）建立网络化社区：整个社会实现电子化，建立了全球电子贸易平台，建立一种信息社会的新型经济秩序和人文环境，新经济的经营模式和利润模式就拥有了生存和扩张的广阔空间，实现了企业的虚拟运营模式。

开展电子商务其核心是价值创造过程和价值交换过程。因此，某种电子商务的商业模式成功与否，从根本上取决于它能否提高价值创造过程或价值交换过程的效率。在市场经济条件下，商业活动的一个最重要特点就是，价值创造和价值传递这两个过程的实现是以顾客的需要为根本出发点，也就是说，提高效率必须以保证效果作为前提，所谓的效果就是满足客户的需要，就是客户满意。企业创造什么样的价值取决于顾客需要什么，而如何实现价值交换则取决于顾客的特征及需求特点。面向客户，关心客户，一切围绕客户为中心来运作，是企业实施电子商务的根本要求。

电子商务的有效运行依赖于企业信息流、物质流、资金流的统一运转，核心是信息流管理体系，它是企业运营的核心要素，全方位运营管理体系的有效运转，关键在于企业信息流管理体系的高效运转。电子商务运营平台将包括如下系统：

• 前台在线交易平台（门户网站）。

• 后台支持系统，包括 CRM 系统、ERP 系统、SCM 系统等。

利用互联网建设企业的电子商务运营平台，根本目的就是建立支撑企业电子商务运营的新模式，使企业运营管理从传统的以物流为中心转变为以信息流为中心，提高管理效率，降低管理成本，更好地为客户服务，为企业赢得利润。

（三）电子商务的基本运营模式

按照参与交易的对象，电子商务主要有三种基本形式，第一种是企业与企业之间的电子商务，简称 BtoB；第二种是企业与消费者之间的电子商务，简称 BtoC；第三种是企业内部的电子商务，简称 BtoE。

1. 企业与企业电子商务——BtoB 模式

BtoB 电子商务模式是目前网络经济的主要组成部分，它指在现代的互联网技术环境中，实现企业与企业之间的买卖关系，及最终交易上的交流与合作。BtoB 商务运营模式是现阶段网络经济价值的体现。它不仅向生产商和零售商提供理想的企业营销解决方案，全面协调产品供求关系，而且提供包括产品信息、品质保证、运输安全在内的一系列综合服务。企业与企业之间的 BtoB 电子商务，使得下列的商业应用变得更便利：[1]

（1）供应商的管理：电子商务可以帮助公司减少供应商的数目，更好地协助企业伙伴，因为它可以减少订单的处理成本及流程的次数，可以用更少的人力来处理更多的订单数目。

（2）库存管理：电子商务可以缩短订货、运货和收款的流程时间。如果大多数的协作厂商都以电子方式相连接，相关信息可以立即传送，这可以帮助减少库存的层次、改良库存的转手以及避免缺货的产生。

（3）配送管理：电子商务可以确保文件本身具有更正确的资料，因而做到更好的资源管理，如请款单、订单、运货通知、报关文件等。

（4）渠道管理：电子商务应用快速地将不断改变中的作业情况的相关信息传送给贸易伙伴，公司可以和国外的代理商、经销商的网络连接，确保正确的信息共享，节省大量的人力和时间成本。

（5）付款管理：电子商务将供货商和经销商的公司连接起来，使得付款可以通过电子方式传送和接收，减少了人员的失误，提高了公司计算发票的速度以及减少了交易费用与成本。

在线 BtoB 模式以清晰的规则、行业范围定价和公开市场信息为企业

---

[1] ［美］Ravi Kalakota、Andrew B. Whinston 著，陈雪美译：《电子商务管理指南》，清华大学出版社、麦克米伦出版公司 2000 年版，第 16 页。

提供了现代交易市场。

2. 企业对消费者电子商务——BtoC 模式

BtoC 电子商务模式主要包括电子购物、客户支持、产品传递等。在传统的"推动"商务模式中，消费者偏好是通过供应链来层层过滤的，生产周期也是按照供应商的需要而非消费者的需求来安排的。在 BtoC 的电子商务模式中，"推动"模式被"拉动"模式所替代，由消费者需求来引导产品和服务。DELL 计算机公司运用"拉动"模式，1998 年的网上销售量翻了一倍多，每天的销售额超过 1400 万美元，占公司总收入的 25%；到 1999 年 4 月 30 日的这一季度，网上销售额有了更大的增长，达到日均 1800 万美元，占公司第一季度收入 55 亿美元的 30%。根据需要，在以电子辅助的消费者交易 BtoC 中，客户借助电子出版来了解产品，用电子现金及其他安全付费系统来买产品，甚至用网络来运送信息货物。从消费者的角度，BtoC 带来了如下便利：[①]

（1）社会互动：消费者能够通过电子邮件、视频会议和新闻组来和其他人进行沟通。

（2）个人财务管理：消费者能够使用在线的金融工具来管理投资和个人业务。

（3）购买产品和信息：消费者可以找到原有产品服务和新产品服务的在线信息。

在线 BtoC 模式，由于省去许多中间环节，降低了制造商的库存及配送成本，使得订货方便可靠，从而间接地向消费者提供了更低的价格。

3. 公司内部电子商务——BtoE 模式

公司内部的电子商务基本上指公司内不同单位、团队、员工之间，通过内部网进行的电子商务。它增强了公司总部和子公司之间的信息沟通，促进了团队与员工信息共享，使公司内部信息的获取更加方便，获取的信息量更大。公司总部还可以通过内部网更好地协调全球范围内的各项活动和整体运作。组织内部的电子商务 BtoE 主要目的是帮助公司维持一个对

---

① ［美］Ravi Kalakota、Andrew B. Whinston 著，陈雪美译：《电子商务管理指南》，清华大学出版社、麦克米伦出版公司 2000 年版，第 18 页。

于传递重要客户满意度极为重要的关系，就是密切注意组织内部各种功能的整合。包括：①

（1）工作群组的沟通：公司经理可以利用电子邮件、视频会议及公告栏与员工进行沟通，使员工知道更多的信息，并充分共享信息。

（2）电子出版：公司能够利用电子手段组织、出版及传送人事手册、产品规格及会议记录，提供全公司更好的战略以及战术上所需要的信息。

（3）业务团队的生产力：改进生产和业务团队之间、公司与客户之间的信息流程，使公司能够很快地收集到与市场相关的信息，并对信息进行仔细的分析，进行更好的决策。

目前的企业内部网（Intranet）主要是建立用以出版和提取重要的公司信息，如人事资料、员工沟通、产品开发及项目管理资料、内部目录、业务支持资料、设备和货运的追踪及提取公司的数据库。

电子商务已经彻底改变了传统商务运营的根本方式，实现网上互访、网上议价、网上签约，它极大地方便了企业的生产和运营，并为销售和消费提供了无可比拟的便利条件。功能庞大的互联网自动化商务处理交易平台全面应用到电子商务活动中的每一个环节，以实现真正的虚拟空间与传统方式相结合。电子商务能力成为网络经济时代企业必备的核心竞争力。电子商务不仅改变了固有的传统贸易方式和营销渠道，并且使生产企业、代理商、零售商之间的业务关系和运作模式产生了深刻的变革。"虽然电子商务的影响是革命性的，但它最终形式的出现还将是一个渐变的过程。"②

---

① ［美］Ravi Kalakota、Andrew B. Whinston 著，陈雪美译：《电子商务管理指南》，清华大学出版社、麦克米伦出版公司 2000 年版，第 17 页。

② Mahesh S. Raisinghani：《第三个千禧年曙光中的电子商务》，载希德·拉曼、马赫胥·莱辛哈尼主编，周伟民、吕长春、李凌译：《电子商务的机遇与挑战》，华夏出版社 2001 年版，第 23 页。

三、研究开发能力与研究开发运营平台

（一）研究与开发能力

在工业经济时代，制造是企业运营过程的中心环节，成本和质量是管理的重心，也是限制企业实现利润的"瓶颈"，典型的竞争模式是"价格战"。在网络经济时代，产品的研究与开发成为企业运营过程的中心环节和"瓶颈"，产品的设计过程基本上决定了企业运营过程及企业可以实现的利润水平，产品设计和创新环节成为管理的重心。当价值链的竞争优势集中在研发环节时，整个价值链出现技术与产品的垄断，企业能够获得巨大的垄断利润。作为企业核心业务的研究与开发，一方面是企业发展战略具体化的重要支撑，通过有效运作保证企业战略实施体系中的技术开发与产品开发的竞争优势；另一方面是企业在产品生命周期内完美满足客户需求的前提，通过有效运作保证快速响应客户需求的竞争优势。从客户需求角度看，快速变化是这一时期市场的最主要特征。市场环境动荡不稳，表现出快速、持续、不可预测的非线性变化，企业要生存和发展，就必须快速响应市场变化，时间成为企业在竞争中获胜的关键因素。从满足需求的角度看，产品的设计而不是制造成为企业运营过程的中心问题和"瓶颈"，企业必须通过产品的快速创新，才能满足顾客的个性化需求。从客户需求与满足需求的能力两个方面来看，我们可以得出一个结论：在网络经济时代，知识是企业运营过程中的关键资源，时间是企业竞争制胜的关键因素，产品创新是竞争制胜的主要手段。苏珊哈特在编著的《新产品开发经典读物》序言中指出："对于一个公司，甚至一个国家的经济而言，产品创新是这个公司或国家保持长久生存、成长和成功的基本要素。"新产品开发是公司赖以长期生存的关键，未来创新的压力来自很多方面，尤其是：[①]

---

① 格伦·厄本、约翰·豪泽著，韩冀东译：《新产品的设计与营销》，华夏出版社、Prentice Hall 出版公司 2002 年版，第 11 页。

- 股东和资本市场的压力不断要求销售的增长、获得利润的能力和股票价格。
- 来自市场内部的竞争更为强大并且日益成为全球范围的竞争。
- 为寻找集中的利润机会，公司不断追求传统业务以外的新市场和新机遇。
- 产品生命周期正变得越来越短，而产品的市场则逐渐成熟和饱和。
- 技术变革的步伐越来越快，企业雄心勃勃地支持高新技术、增长导向的业务。
- 社会和政治的变革加速，人口、消费态度和生活方式持续快速地变化。
- 买方在决策时变得更为明智并且积极要求所购产品能够解决他们的问题。
- 分销渠道成员的力量不断加强。
- 新材料更容易获得，旧材料则由于环境和人们认识的提高而受到限制。
- 公司要获得成功，战略联盟的运用逐渐增加。

这些基本的驱动因素继续下去，我们将会看到更多的新产品开发活动。对于公司的成功来说，创新能力成为核心竞争能力的关键，创新成为企业赖以生存和发展的基石。

（二）研究与开发平台

互联网使所有的企业都有可能成为全球化企业，面对全球的客户，整合全球的资源，从而引出了全球研发管理的问题。从技术密集的跨国公司如何组织全球研究和开发的问题，可以发现全球研发管理面临的关键问题：[①]

- 研发地点的选择趋势和影响因素。
- 建立一体化的研究开发网络。
- 建立交互重叠的组织机构。

---

① Roman Boutellier、Oliver Gassmann、Maximilian Von Zedtwitz 主编，曾忠禄、周建安、朱甫道主译：《未来竞争的优势——全球研发管理案例研究与分析》，广东经济出版社 2002 年版，第 25～34 页。

- 虚拟项目团队的组织方式。
- 研究开发中的市场导向。
- 管理研究与开发界面。
- 跨国研究的开发过程。
- 信息与通讯技术：分散的研究开发项目的成功要素。
- 管理知识和人力资源。

全球化改变了研究开发的面貌。不同地方的知识簇群不仅被跨国公司所利用，而且日益被中小型公司所利用。全球的研究开发网络加快了技术的发展，并要求有新的管理概念。以互联网为核心的现代的通信技术创造了"地球村"，但是顾客变得更加挑剔。他们要求有他们自己的特殊产品，要求产品充分地本地化，并充分地适应他们目前的业务。一体化的技术需要满足这些要求。今天的问题在很多情况下不是一些功能在技术上是否可行的问题，而是消费者是否愿意接受它们，并为之付钱的问题。

陈伟在《创新管理》中将企业的创新活动从创新过程的角度提出了五种创新过程模型，[①] 分别是技术推动的创新过程模型、需求拉动的创新过程模型、创新过程的交互作用模型、一体化创新过程模型和系统集成和网络模型。技术推动的创新过程模型认为创新的原动力是技术发明，研究开发是创新构思的主要来源，因为技术发明成功的产品化和产业化，实现了创新，被称为第一代创新模型。需求拉动的创新过程模型认为市场的需要创造了产品创新机会，创新的原动力来源于市场而非技术，被称为第二代创新模型。创新过程的交互作用模型则认为创新的驱动力是技术推动和市场拉动相互作用的结果，创新管理就是将市场需要和新技术能力相互匹配的结果，被称为第三代创新模型。以上三种创新模型都是将创新过程看做是序列式的从一个职能转向另一个职能的串行开发过程。20 世纪 80 年代后期出现了一体化创新过程模型，认为创新过程是同时涉及研究开发、原型开发、制造、营销等因素的并行过程，创新强调研发与制造协同以及与供应商和领先客户的密切合作，强调横向合作，被称为第四代创新模型。90 年代出现了被称为第五代创新模型的系统集成和网络模型（SIN，System Integration Network），本质上是对一体化开发过程的理想化发展，强调创新的电子化和信息化过程。"SIN 将供应商和用户之间的计算机辅助设

---

① 陈伟：《创新管理》，科学出版社 1998 年版，第 56～58 页。

计系统作为新产品合作开发的一部分，强调密切的电子化产品设计制造体系（一体化的计算机辅助设计或柔性制造系统）。SIN 不仅将创新看成是交叉职能联结过程，还把它看做是多机构网络过程。"[1] SIN 创新过程模型就是互联网环境下企业创新的一般模式，该模式具有三大特征：

- 数字化技术下的协同开发平台。
- 并行工程为主的过程管理平台。
- 开发团队管理的网络化平台。

1. 数字化技术下的协同开发平台

大规模定制模式作为一种能够实现低成本快速满足客户个性化需求的生产模式，快速定制和低成本是需要解决的主要问题，在该生产模式下，SIN 产品研发必然是一种协同开发模式，并具有如下特征：

- 面向客户。
- 市场驱动。
- 相关人员之间协同开发。
- 跨企业跨部门并行协同工作。
- 项目可以控制。
- 建立全面研发文档体系。
- 主动协同工作。
- 全面的绩效考核与激励。
- 信息技术平台（PDM/CPC）的支持。
- 产品 TQCSEZ 指标优良。

因此，产品开发过程的管理关键是要实现：

- 客户参与产品开发过程。
- 跨企业跨部门的协同产品开发过程。
- 产品便于实现低成本定制。

而实现上述目标，必须依赖于数字化技术基础和互联网络。利用数字化技术，可以建立起一套适合于网络环境下的现代产品设计开发方法体系——数字化产品设计与数字化产品开发。[2] 数字化产品设计的核心内容

---

①　陈伟：《创新管理》，科学出版社 1998 年版，第 58 页。

②　覃征、汪应洛、张磊、卫民堂、阎礼祥：《网络企业管理》，西安交通大学出版社 2001 年版，第 138～146 页。

主要包括数字化、并行化、智能化、集成化四个方面。数字化是产品在其生命周期内的数字化建模，包括全局产品的信息定义（即利用计算来支持产品生命周期的全过程并以计算机能够理解的方式给出产品生命周期全过程的数字化定义）、产品的数字化工具（利用广义的计算机辅助工具将产品信息自动数字化）、产品数据管理（利用计算机对产品开发与生产全过程中的大量数字化信息进行全面的管理与控制）三个方面。并行化是指在计算机软硬件支持的信息共享基础上，采用团队工作模式，实现异地设计模式，从而有助于实施战略联盟、强强合作、优势互补，极大地提高企业的产品设计能力。智能化是指能够使设计人员不必了解设计的底层细节，而由计算机智能设计并最终制造出合乎要求的产品，同时设计系统具有自动获取新知识和丰富知识库的能力。集成化是指现代设计系统不再是单一的 CAD、CAM 或 CAPP 系统，而是支持产品生命周期全过程的现代设计集成系统。数字化设计系统是基于虚拟现实（VR，Virtual Reality）技术，基于自然方式的人—机交互系统，利用计算机生成一个虚拟环境，并通过多种传感设备使用户有身临其境的感觉。数字化产品开发是以计算机仿真、建模为基础，集计算机图形学、智能技术、并行工程、虚拟现实技术和多媒体技术为一体，由多学科知识组成的综合系统技术。数字化产品开发是现实产品开发在计算机环境中的数字化映射，它将现实产品开发过程的一切活动和产品演变为基于数字化的模型，对产品开发的行为进行预测和评价。数字化产品开发是在产品设计、制造、维护等系统的物理实现之前，就模拟出未来产品的性能和状态，从而做出前瞻性的优化决策和实施方案，它建立在可以用计算机模拟产品整个开发过程的这一构想的基础之上。数字化产品开发的最终目的是缩短产品开发周期，以及缩短产品开发与用户之间的距离。数字化产品开发的特点是虚拟化，包括产品虚拟化、功能虚拟化、地域虚拟化和组织虚拟化等。功能虚拟化是指数字化产品开发系统虽然有制造、装配、营销等功能，但是并没有执行这些功能的机构；地域虚拟化是指产品开发各功能活动分布在不同的地点，通过网络加以连接和控制；组织虚拟化是指扁平的多元网络组织结构将随着开发过程的进展而消亡。

2. 并行工程（CE，Concurrent Engineering）为主的过程管理平台

在传统的新产品开发管理过程中，人们遵循一种线性思维方式，整个

产品开发过程被分解为若干个开发阶段，这些阶段之间是前后关联的串行逻辑关系。见图 6-3。

修改反馈

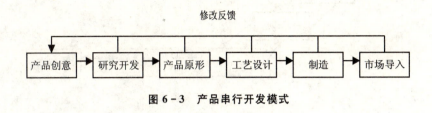

产品创意 → 研究开发 → 产品原形 → 工艺设计 → 制造 → 市场导入

图 6-3　产品串行开发模式

串行开发模式导致了产品开发周期长，前后信息反馈回路长，如果在后面市场导入阶段发现了设计差错，则要重新启动开发循环，造成时间和成本的巨大损失；在该模式中，参加研发的各部门之间缺少有效的信息交流和沟通，开发部门、制造部门、市场部门出现"界面问题"和"抛过墙"思维模式，造成了开发成本高，效率低，周期长。由于串行开发模式不能适应激烈的市场竞争，并行工程应运而生。1987 年，美国防御分析研究所对并行工程的定义是："并行工程是对产品设计及其相关过程（包括制造过程和支持过程）实施并行、一体化设计的一种系统化的工作模式，这种工作模式力图使开发者从一开始就考虑到产品全生命周期中的所有因素，包括质量、成本、进度与用户需求。"[①] 并行工程强调必须组织跨学科、跨部门的项目小组，通过集成企业内的相关资源，使一切产品的开发活动尽早开始，在设计的早期阶段就考虑影响产品生产周期的各种因素，并力争一次获得成功，采用并行工程的美国公司，缩短设计周期达 40％～60％。波音公司的波音 777 的设计成功和实现无图纸生产标志着并行工程在波音公司的实际应用。并行工程缩短了产品开发周期，降低了产品研发过程中的试错成本，大大提高了开发效率。并行产品开发过程是一种先进的工程方法，从设计、生产、市场导入全过程的角度出发，打破了传统的部门分割、职能分割的观念，强调集群协同工作，重构了产品开发过程。见图 6-4。

---

① 胡树华：《产品创新管理——产品开发设计的功能成本分析》，科学出版社 2000 年版，第 75 页。

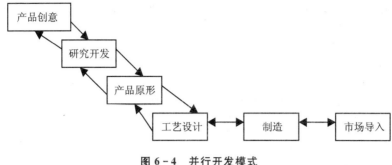

图 6-4 并行开发模式

覃征将基于并行工程的电子化并行设计系统归纳为具有如下特征：[1]

（1）开发过程的并行重组和开发周期的缩短。

（2）支持并行设计的集群工作方式，在产品开发过程中，可以实现"多人实时在线，共享信息资源，工作步骤交叉平行"。

（3）统一的产品信息模型，将不同部门、不同内容、不同表述形式、不同抽象程度、不同关系、不同结构的产品包容在一个统一的信息模型中。

（4）智能化的信息处理过程。

（5）实时化的决策过程，在设计过程中实时进行优化决策，来组织、指导并控制产品的开发过程。

（6）分布式的软件环境，在同一时间内多机、多程序对同一设计进行协同求解，在多台终端上同时运行，并利用通信网络实现同步协调，实现全方位网络合作开发。

（7）开放式的系统接口，既能够与其他系统进行频繁的数据交换，又具有良好的扩展性。

并行产品开发过程要求组织内各个部分更高程度的集成，以便组织中的并行过程进展更顺利。为了实现不同部门之间的集成，不同的组织一般需要具备不同的能力。这些能力包括通过引入硬件、人或软件集成，从而实现整个组织内的集成。[2]

---

① 覃征、汪应洛、张磊、卫民堂、阎礼祥：《网络企业管理》，西安交通大学出版社2001年版，第59～60页。

② R.雷·格哈里：《迅捷企业的并行产品开发》，载苏珊哈特编著：《新产品开发经典读物》，机械工业出版社2003年版，第129～130页。

（1）组织范围内的硬件集成：组织可以引进硬件技术，例如计算机辅助设计（CAD）、计算机辅助制造（CAM）、计算机辅助工程（CAE）、计算机集成制造（CIM）、柔性制造系统（FMS），等等，跨越各个部门集成并共享有用的公共信息和其他资源。一般地说，如果在企业某些部门或逐渐增加的基础上引入集成技术则无利可图，只有在企业范围内引进并实施这些技术才可能获得高投资回报率。

（2）组织范围内的人员集成：尽管基于新技术的硬件解决方案相对容易被引入到组织中，但是它们被接受的程度和获得成功的过程却比较缓慢。改变组织中长期形成的人的行为态度的过程是漫长的，但人们对这种新解决方案的接受程度并没有受到该过程的延误。这种组织中的雇员常常抵制技术和组织过程中的任何变化，因为他们对可能出现的结果感到害怕和缺乏了解。要成功引进并利用上面提到的集成技术，组织中各个部门的员工必须对他们能够联合起来执行各种任务充满信心。为此，必须对组织的人力资源进行培训，使其能够以非对抗的方式与组织中其他部门的成员共享、沟通并交流思想。

（3）组织范围内的软件集成：全新的管理实践和过程也可以用于集成并加速产品开发过程。通过在组织中不同部门之间进行公开沟通和信息共享而做出的集体决策有利于克服大型工业企业中存在的官僚主义的影响。一个共同承担责任的跨功能商业团队日益成为快速制胜的组织中的有效单元。

3. 开发团队管理的网络化平台

随着经济全球化的发展和以互联网为核心的计算机与通信技术的发展，企业的研究开发活动越来越趋于全球化，越来越多的大公司一方面都纷纷在海外投资设立研发机构，形成跨国公司内部研发机构与研发活动的网络化；另一方面，越来越多的公司趋于利用外部的技术力量和技术资源，建立技术开发的策略联盟，实现企业与合作伙伴间研发活动的网络化。因此，研究开发全球网络化，主要有两种方式：

- 基于信息技术的研究开发网络。
- 技术战略联盟。

信息技术的迅猛发展为全球网络化提供了良好的技术手段，基于信息技术的全球研究开发网络，利用 Internet 技术消除了时间和空间的障碍，建立了高效的沟通渠道，可以利用全球的科技人才和技术资源，全球开发团队可以通过电子邮件、远程登录计算机、共享数据库实现开发活动的同步性和全球 24 小时连续不断的开发活动，提高了研究开发的效率。研究开发网络实现了在设计前期就可以将供应部门、生产部门，甚至客户单位、消费者个人接入开发过程，从而实现了各个生产职能、营销职能与开发的沟通和协同运作。主要的应用方式有三种：

（1）虚拟团队：组织分散在全球各地分支机构的科技人员组成一个团队，共同开发项目。

（2）无形共同体：利用个人计算机通信网络的发展，使得异地的研究人员与研究设备连成一个网络，共享数据库、文件传输，在共享信息、避免重复、改进公司知识库方面起关键作用。

（3）全球研发机构的管理与协调：信息技术的使用有助于协调全球各地的研究开发。

技术战略联盟是企业战略联盟的主要形式之一，主要是世界上的跨国公司和高技术公司为了共同面对竞争，降低开发风险，相互合作，组成联合研究开发机构，利用各自的优势技术和优势资源，缩短开发周期，迅速开发出新产品和新技术。通过建立研究开发战略联盟，企业可以不断提高自身的核心竞争力，并可以合作开拓新的经营领域和进入新的产业，节约研究成本，缩短研究周期，并且降低了风险。1992 年 7 月，美国 IBM 公司、日本东芝公司、德国西门子公司建立技术联合体，投资 10 亿美元共同开发新型集成电路芯片，这将在很大程度上降低因大企业之间市场竞争激化和技术变革频率日益加快而带来的风险。对于在虚拟研究开发项目组中采用信息通信技术，应该注意以下问题：[1]

（1）在项目启动前，大部分成员应相互认识。如果不是这样，开始就必须采取强化措施，提高合作精神。为此，项目组应该集中在一个地方，一旦成员之间的信任气氛已经树立，还要不断加以激活，因为存在信任的半衰期，在合作中可能降低。

（2）电子邮件，共用数据库和远程联机的采用，对于虚拟项目组的工作效率通常是至关重要的。视频会议是面对面会议的有效补充。

---

　　① Roman Boutellier、Oliver Gassmann、Maximilian Von Zedtwitz 主编，曾忠禄、周建安、朱甫道主译：《未来竞争的优势——全球研发管理案例研究与分析》，广东经济出版社 2002 年版，第 181 页。

（3）重要的是信息通信技术的采用要因地因时制宜。信息交流、协调支持、提倡创新以及开发非正式交流网络是运用信息技术的合理框架。信息通信技术工具的选择要根据每个研发阶段的主要任务而定。

（4）虽然信息通信技术有巨大的进步，对于跨国研究开发项目，面对面的接触仍然是不可缺少的，研究开发项目组的虚拟程度由所要求的信任度、不明确的知识的比重和项目组的复杂程度所决定。

（三）基于产品平台的产品序列开发

产品战略是对企业产品机遇的战略性认识，是公司在决定研发新产品时对所有机遇的全局考虑与决策。产品战略决定着企业产品研究的方向。清晰的产品战略是事前的非反应性的产品研发，事先系统地勾勒出未来产品的研发活动、预测市场和技术的变化，按照需求确定生产技术和产品研发的顺序，使企业有效地扩展其核心能力。企业的产品战略的规划倾向于从愿景开始，流向平台战略，然后流向产品线战略，最后流向新产品开发。见图6-5。

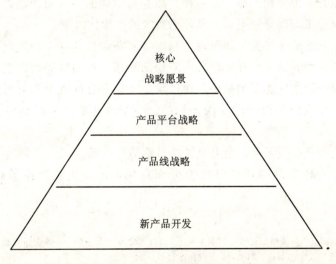

图6-5　企业产品战略

产业发展史上最伟大的成功是由具有非凡愿景的人创造出来的。汤姆·沃森预见了计算机应用的未来前景，开创了 IBM 这个世界上最大的计算机公司；亨利·福特预想到了可以使汽车进入每一个家庭的生产过程，建立了 FORD 汽车公司；比尔·盖茨比其他人更好地预见到了微处理器的爆炸性增长会给计算机软件企业带来巨大机会。成功地获得有效的核心战略愿景需要具有预见未来机会和引导产品战略指向那个未来机会的竞争能力。

产品平台不是产品。一种产品平台是"整个系列产品所采用的共同要素，特别是基本技术要素的集合。它主要是用于规划、决策和战略思考的一种定义"。① 通常，一种平台是一组产品或一个产品线相关技术的最低共同标准。产品平台提供了许多相关产品，特别是一条产品线的基础，从一种平台衍生出来的具体产品的界定和先后顺序构成了一种产品线战略。产品平台战略包括如下内容：②

- 清楚地掌握该平台的基本要素。
- 该平台的决定性技术能够清楚地区别于其他的平台要素。
- 该平台的独特差别性提供了一种可持续的竞争优势。

产品平台战略使企业的产品能够得到迅速和协调的配置，从同一种平台，可以开发出多种产品，每一种产品拥有不同的特色和功能以便集中于特定的细分市场和分销渠道，满足消费者的个性化需求。

产品线战略是按照时间阶段计划的、有条件的这样一种规划，该规划确定了从一种共同平台开发产品供应物的顺序。产品线战略确定了产品的开发和市场投放所遵循的顺序，这种顺序在该平台的整个寿命周期中和整个这条产品线中是按时间阶段计划的。一个成功的产品线战略包含如下因素：③

- 这种产品线覆盖了所有重要的目标细分市场。
- 每一种产品的供应物是充分聚焦的，足以避免产品繁殖和市场困惑。

---

① 迈克尔·E. 麦格拉思著，刘求生译：《高技术企业产品战略——推动企业商务向网络速度迈进》，清华大学出版社、McGraw Hill 出版公司 2002 年版，第 45 页。

② 迈克尔·E. 麦格拉思著，刘求生译：《高技术企业产品战略——推动企业商务向网络速度迈进》，清华大学出版社、McGraw Hill 出版公司 2002 年版，第 47～53 页。

③ 迈克尔·E. 麦格拉思著，刘求生译：《高技术企业产品战略——推动企业商务向网络速度迈进》，清华大学出版社、McGraw Hill 出版公司 2002 年版，第 45 页，第 77～82 页。

- 产品线开发日程计划是按照时间阶段安排的。
- 相似的产品家族和产品线是协调配套的。

基于产品平台的产品序列开发方法,就是把产品结构分解为标准组件、共享组件和定制组件。通常情况下,产品序列内产品的个性化定制部分的比例为10%～30%。也就是说,一个新产品的70%～90%的设计工作可以通过企业已经建立起来的产品平台快速、容易地完成,实际需要完成的主要定制设计工作为剩下的10%～30%。微软公司的视窗 NT 操作系统是一种复杂的 32 位平台,1988 年开始开发 NT 平台,并在 1993 年推出该平台的第一种版本视窗 NT3.1,1994 年推出的第二种版本视窗 NT3.5,速度更快也更稳定。1995 年,微软通过视窗 NT3.5.1,实现了 NT 平台与视窗 3.5 桌面应用软件的兼容性,这些平台都是 NT 平台的升级版本,而不是替代平台。1996 年,微软投放了视窗 NT4.0,它与其说是改进,还不如说是一种平台替代更新。因此,基于产品平台的产品序列设计是适合大规模定制条件的有效开发模式,针对开发新产品平台的研究小组要创造出基本设计、标准零件,以及子系统组装的标准;产品序列研究小组要制造出不同的产品模型,并发展零件组装技术以迎合不同特殊顾客的产品需求。

四、生产制造能力与生产制造平台

(一) 生产制造能力

网络经济时代市场环境的特点是市场需求多样化、交货期缩短、竞争压力增大,传统的大批量生产模式已经无法满足现代生产的要求。大规模定制生产模式旨在以大批量生产的成本和速度,向客户提供个性化的产品。站在客户的立场上,在客户希望的时间、希望的地点,以客户希望的方式提供任何定制商品和服务;站在企业的立场,通过柔性的组织、设备和过程,快速地以大批量生产的成本制造多品种产品。大规模定制对传统的大批量生产企业的制造系统提出了挑战,第一,企业应具有实施电子商务的能力。信息是沟通企业与顾客的载体,没有畅通的沟通渠道,企业无法及时了解顾客的需求，顾客也无法确切表达自己需要什么产品，电子商务为这一问题提供了很好的解决途径。第二，企业必须具有柔性的制造系统。柔性的制造系统才能适应动态的市场需求和敏捷的响应速度要求。柔性包括三个方面：能力的柔性、容量的柔性、系统适应内部变化的柔性。其中系统适应内部变化的柔性是指在设备故障、紧急订单或其他方面扰动的情况下，系统能够快速恢复运行的能力。第三，大规模定制的成功实施必须建立在卓越的企业管理系统之上，大规模定制需要扁平的企业结构，使得客户的需求变化可以很快地传递到车间层次，保证信息可以迅速地在企业内流动。具有柔性和快速响应能力是大规模定制制造系统的主要特点，信息集成技术、先进制造技术和先进的管理技术是大规模定制制造系统的不可缺少的支撑技术。企业的生产制造管理模式的变化可以区分为两个大的阶段：[①]

- 基于单个企业的管理模式。
- 基于扩展企业的管理模式。

所谓基于单个企业的管理模式，是指管理模式的设计以某一个企业的资源利用为核心，资源的概念仅限于本企业，企业之间的关系是竞争关系，生产基于企业的设备能力和市场预期，制定生产计划，先生产再销售。基于扩展企业的管理模式，将资源的概念扩展到企业外部，企业必须充分利用外部资源，进行非核心业务的外包，利用企业外部资源快速响应市场需求，相互合作的企业之间形成了一个扩展企业，从而成为扩展企业管理模式。传统的制造管理体系就是基于单个企业的管理模式，是一种"纵向一体化"的管理模式。企业为了达到对制造资源的占有和对生产过程的控制，采用的策略是扩大自身规模，控股或参股到供应商企业，使为其提供原材料、半成品、零部件的企业，形成一种以所有权关系为纽带的"纵向一体化"生产协作体系，企业形态表现为拥有庞大的生产能力的大规模巨型企业。传统的"一对多"生产方式，即企业开发出一种产品，然后组织大规模生产，用一种标准产品满足不同消费者的需求，这种大规模生产模式已经不能保证企业获得收益。传统的以"纵向一体化"为特征的生产管理模式，以成本和质量作为主要目标，在稳定的市场环境下是成功的，但是也造成了如下问题：

① 宋力刚主编：《国际化企业现代物流管理》，中国石化出版社 2001 年版，第 352 页。

（1）企业所有的生产设施都要企业自身筹集资源投资建设，势必加大企业的投资负担，项目建设周期长，投资风险大。

（2）由于市场的不确定性和项目建设周期长，企业将承受丧失市场机会的风险，等项目建设完成投产时，市场形势已经发生了变化。

（3）企业管理线过长，资源分散，导致竞争优势不明显，不能集中优势资源于核心义务，形成核心竞争力，导致没有核心优势和特色，从而失去市场。

（4）在众多市场领域直接面临众多竞争对手，导致竞争力不强，疲于应付。

（5）增加了行业风险，如果整个行业不景气，采用纵向一体化的企业可能整体瘫痪，遭受全面市场打击。

在网络经济时代，企业必须具有根据每一位顾客的特别要求提供定制产品和服务的能力，与"一对一营销"相对应必须具备"一对一"的定制化生产和服务能力，从而生产模式必须从大规模生产模式向大规模定制模式转化。因此，必须改变企业的管理意识和经营方式，放弃"纵向一体化"的经营模式，转向"横向一体化"的经营模式。即企业利用外部资源快速响应市场，核心企业只抓住企业运营中的关键环节，如产品方向和市场，生产中根据核心能力只生产关键零部件，其余全部委托其他企业加工。由于消费者需求的多样性，任何一个企业都不能完全依靠自身的资源满足消费者的需求，因此，企业之间的合作竞争成为一种发展趋势，应构建基于供应链管理体系的合作生产方式，实现敏捷制造能力。供应链管理的实质是一个扩展企业的概念，是跨企业的集成管理，扩展企业体现了如下基本管理思想：[①]

- 基于横向一体化的战略联盟思想。
- 核心竞争能力思想。
- 资源共享思想。
- 竞争性合作思想。
- 团队管理思想。
- 同步化运作。
- 客户驱动的思想。

---

① 马士华、林勇：《供应链管理》，机械工业出版社 2000 年版，第 25 页。

供应链管理将多个企业联结而成一个有共同利益的集合体，每个企业都不必承担过大的投资风险，又可以实现产品从原材料到加工成品的全过程，为企业的生产制造体系带来了如下优势：

（1）减少物流流通时间。供应链上的企业通过对消费者需求做出快速反应，可以实现供应链中各环节的即时销售、即时生产（JIT）和即时供应，将消费者需求的消费前置时间降低到现代物流速度的最低限度。为此，必须通过供应链实现企业的信息共享，全方位地对上下游市场信息做出快速反应，营造一种共同行动的群体气氛，实现按需生产的要求。

（2）减少库存，降低成本。供应链通过整体的合作与协调，在加快物流流通速度的同时减少了各个环节上的库存数量，避免了不必要的库存成本浪费。

（3）提高产品的生产和服务质量。参与供应链的企业都拥有各自的核心能力，在产品设计、生产工艺、售后服务等方面都处于同行业的领先地位，供应链管理利用网络技术使得企业可以在较大的区域范围内进行产品的生产制造和销售服务，保障产品的质量和服务水平。

（4）简化组织，提高效率。供应链管理的实施需要网络技术的支撑，组织结构向扁平化方向发展，减少了层次简化了结构，提高企业对信息的反应速度，使组织管理更为有效。

（5）加强企业的竞争优势。随着市场竞争的日益激烈，企业面临的竞争对手由个别企业变为一些相互关联的企业群体，仅仅依靠企业自身的力量已经不能有效地参与市场竞争，必须把供应链中的各方有效地集成起来组成一个竞争集体，共同面对竞争。

供应链管理的思想体现了客户导向、系统管理、协同工作和核心能力的思想，代表了现代企业发展的方向，是适应现代社会激烈竞争的一种管理方法和模式。

（二）生产制造平台

1. 单一企业模式下的计算机集成制造平台

"技术是一种非常重要的资源，它不仅对运作方式而且对企业的整体利益和企业发展都具有深远的影响。"① 先进的制造技术、信息集成技术和先进的管理技术是大规模定制制造系统的不可缺少的支撑技术。要实现大规模定制生产，就要利用先进制造技术、信息集成技术和先进管理技术构筑的柔性制造系统。

先进制造技术（Advanced Manufacturing Technology，AMT）是人们对于由于微电子技术、自动化技术、信息技术等技术而给传统制造技术带来的种种变化和新型系统的概括，是集机械工程技术、电子技术、自动化技术、信息技术等多种技术为一体所产生的技术、设备和系统的总称。主要包括计算机辅助设计（CAD）、计算机辅助制造（CAM）和集成制造系统（CIMS）。计算机辅助设计就是利用计算机进行产品及零件的结构设计并绘制图纸的技术，主要功能是设计计算和制图，并可以用来做成零件管理一览表，进行成本估算等。CAD 给设计工作带来了变革，一是把工程技术人员从日常繁重的计算、制图的劳动中解放了出来，极大地提高了技术人员的生产率；二是设计方法和技术的这种改变对缩短新产品开发周期起了极大的促进作用，今天 CAD 成为并行工程中的重要部分。计算机辅助制造是指利用计算机直接进行加工制造、过程控制的技术，其主体由数控机床（NC）、机器人（Robot）、自动物料储运系统（AMH）等设备构成。数控机床是一种能够根据预先编好的指令来加工各种复杂形状的工件的大型机床，它可以对各种尺寸或各种形状的工件进行车、铣、刨、磨等不同的加工。目前 NC 已经从读数机时代进入到了计算机控制时代，一种叫计算机数控（CNC），它是一台独立的机床，通常由一台独立的微型计算机来控制它的运行；另一种叫作直接数控（DNC），是用一台中心计算机对多台机床同时控制，但是它只是对不同的机床分别发出指令，进行控制，不进行机床间的计划调度、协调配合等。机器人是对可编程控制的多功能机器的总称，机器人比数控机床具有更多的功能，自动控制的能力更强，通常可以几乎完全独立于人进行各种活动。目前已经发展到第三代机器人，具有一定的识别和判断能力的智能机器人，具有自适应能力，能够按照人的口头指令行动。自动物料储运系统中的一种搬运技术是 AGV（Automated Guide Vehicle），一种小型的无人驾驶卡车，自带电力驱动系统，

① Richard Chase、Nicholas J. Aquilano、F. Robert Jacobs 著，宋国防等译：《生产与运作管理——制造与服务》（第 8 版），机械工业出版社、McGraw Hill 出版公司 1999 年版，第 116 页。

由计算机控制，在工序间移动，在需要的时候运送必要的物料；另一种技术是自动化立体存储系统 AS/RS（Automated Storage/Retrieval System），利用计算机控制的自动存放和提取各种材料、工具、零部件的系统。数控机床、机器人、自动物料储运系统构成了计算机辅助制造的核心内容。集成制造系统是 AMT 的发展方向，系统中的各种生产设备已不再是相互独立的单元，而是处于相互联系的大系统中，避免了局部的技术突破或高技术的应用所造成的自动化孤岛。集成制造系统可分为三个层次，加工中心（MC）、柔性制造系统（FMS）、计算机集成制造系统（CIMS）。加工中心可以实现工作站一级的制造自动化，能够在多功能 CNC 机床和微机的支持下实现多工序的连续作业，完成某一类零件的主要加工任务；柔性制造系统则由若干个加工中心所组成，其间有机器人或自动送货小车加以连接，完成不同工种、多工序的连续作业，实现对零件全部或绝大部分工序的加工，且无须工人看管；计算机集成制造系统能够实现全部工厂业务的计算机化，从产品设计、工艺设计到制造，以及通过 MRP Ⅱ 完成生产与市场、库存、财务、质量、设备等各方面的统筹与协调，使整个工厂甚至全部企业的管理都能得到计算机的支持。

在信息技术的支撑下，管理技术也得到了发展，先后提出了 MRP、闭环 MRP、MRP Ⅱ、ERP、ERP Ⅱ 五个发展阶段的管理技术和手段。物料需求计划（MRP）是 20 世纪 60 年代末 70 年代初由约瑟夫·奥里奇（Joseph Orlicky）和奥利弗·怀特（Oliver Wight）提出的面向未来的生产计划和采购计划。即根据主生产计划、物料清单 BOM 库存信息来计算企业生产什么、采购什么，解决了企业的生产计划和采购计划的编制，解决了企业物料管理中"什么时间、需要什么和需要多少"的问题，并建立了基于时间的 MRP，代替了订货点法的库存管理和控制系统。MRP 是面向物料信息的集成。但是 MRP 没有考虑企业的生产能力，同时对执行的结果没有反馈。在 MRP 的基础上增加了生产能力计划和执行结果的反馈形成了闭环 MRP。企业的信息管理系统对产品构成进行管理，借助计算机的运算能力及系统对客户订单、在库物料、产品构成的管理能力，实现依据客户订单，按照产品结构清单展开并计算物料需求计划，实现减少库存，优化库存的管理目标。但是闭环 MRP 不能反映企业的效益情况和企业总体目标的实现情况，于是将财务模块加了进来，实现了物流与资金流的集成，形成了制造资源计划（MRP Ⅱ）。MRP Ⅱ 是面向企业物料和资金的信息集成系统，在 MRP 管理系统的基础上，系统增加了对企业生产中心、加工工时、生产能力等方面的管理，以实现计算机进行生产排程的功能，同时也将财务的功能囊括进来，在企业中形成以计算机为核心的闭环管理系统，这种管理系统已能动态监察到产、供、销的全部生产过程。随着互联网的发展，企业产业价值链和供应链理论的发展，企业之间的合作经营要求企业的管理范围突破企业的范围而扩展到整个供应链，而不能局限在企业内部资源的集成。在这样的背景下，Gartner Group 集团在 2000 年末提出了 ERPⅡ的概念，主要是指实现了协同商务的信息系统，并预计到 2004 年左右会逐渐成熟，作为下一代的 ERP。ERPⅡ就是从 ERP 的功能中延伸出来的应用和实现策略，目的是使企业同外部领域得以合作，Gartner Group 集团将 ERPⅡ与 ERP 比较如表 6 - 1 所示。①

表 6 - 1　　　　　　　　　　ERPⅡ与 ERP 比较表

项目	ERP	ERPⅡ
角色	企业	价值链参与 协作式商务
领域	制造，销售，分销，财务	跨行业 行业部门 行业流程
流程	内部集成	外部连接
结构	封闭而独立的网络意识	部件化、开放式、网络化
数据	内部生成和消化	对象级（XML 文件） 外部和内部 发布和预定

　　企业资源计划系统（ERP）是目前企业信息化的核心内容之一。ERP是一个集合企业内部的所有资源，进行有效的计划和控制，以达到最大效益的集成系统。ERP 吸收了 JIT 思想和 MRP 理论，是一种先进的管理思想和管理方法。全方位运营管理体系的核心概念之一就是将管理的范围扩展到整个产业价值链，对供应链上的各个合作伙伴进行全方位的集成管

---

　　① 上海现代物流人才培训中心编著：《企业资源计划（ERP）与 SCM、CRM》，电子工业出版社 2002 年版，第 3 页。

理，实现供应链的一体化运作。因此，全方位运营管理体系体现了 ERP Ⅱ 的管理思想，是网络经济时代运营管理的发展方向。在工业经济时代，ERP 属于一个企业驱动多个流程；在网络经济时代，ERP Ⅱ 是一个流程驱动多个企业。

计算机集成制造系统体现了在现代制造技术支撑下，面向客户的一种生产制造体系，充分运用了现代技术的发展成果，实现了制造环节的集成与一体化。1974 年，美国的约瑟夫·哈林顿提出了计算机集成制造的两个基本观点：

（1）企业生产的各个环节，即从市场分析、产品设计、加工制造、经营管理到售后服务的全部生产活动是一个不可分割的整体，要紧密连接，统一考虑。

（2）整个生产过程实质上是一个数据采集、传递和加工处理的过程。最终形成的产品可以看做是数据的物质表现。

计算机集成制造是生产组织的一种哲理、思想和方法，目的在于使企业更好、更快、更省地制造出市场需求的产品，提高企业的生产效率和市场响应能力。CIMS 体系包含了一个制造企业的设计、制造、经营管理的三种主要职能，系统包括四个功能分系统和两个支撑分系统。其中的四个功能分系统是：[①]

（1）管理信息分系统。以 MRP Ⅱ 为核心，包括预测、决策、生产计划、生产技术准备、销售、供应、财务、成本、设备、工具、人力资源等管理信息功能，通过信息的集成，达到缩短产品生产周期、降低流动资金占用、提高企业应变能力的目的。

（2）产品设计与制造工程设计自动化分系统。用计算机来辅助产品设计、制造准备及产品性能测试等阶段的工作，即 CAD/CAPP/CAM 系统，目的是使产品开发活动更高效、更优质、更自动地进行。

（3）制造自动化和柔性制造分系统。由数控机床、加工中心、清洗机、测量机、运输小车、立体仓库、多级分布式控制计算机等设备及相应支持软件组成。是 CIMS 中信息流和物流的结合点，也是 CIMS 最终产生经济效益的聚集地。根据产品的工程技术信息、车间层的加工指令，完成对零件毛坯加工的作业调度和制造，使产品制造活动优化、周期短、柔性

---

① 陈荣秋、马士华编：《生产运作管理》，机械工业出版社 2004 年版，第 255～257 页。

高、成本低。

（4）质量保证分系统。包括质量决策、质量检验与数据采集、质量评价、控制与跟踪等功能。系统保证从产品设计、制造、检验到售后服务的整个过程，以实现产品的高质量、低成本，提高企业的竞争力。

两个支撑分系统包括：

（1）计算机网络分系统。支持 CIMS 各个分系统的开放型网络通信系统。采用国际标准和工业标准规定的网络协议，可以实现异种机互联，异构局部网络及多种网络的互联。以分布为手段，满足各应用分系统对网络指出服务的不同需求，支持资源共享、分布处理、分布数据库、分层递阶和实时控制。

（2）数据库分系统。支持 CIMS 各分系统，涵盖企业全部信息的数据库系统，在逻辑上是统一的，可以是分布的全局数据库管理系统，用以实现企业数据共享和信息集成。

本书认为，计算机集成制造平台是在现代信息技术、现代制造技术、现代管理技术支撑下，企业实现面向客户的柔性化生产管理模式的典型制造平台，是在信息集成、过程集成之上的一种企业集成。法国 Vernadat 教授对企业集成的定义是："企业集成涉及把所有的必需的功能和异构的功能实体连接在一起，促成跨越组织边界的信息流、控制流和物流更为顺畅，从而改善企业内部的通信、合作和协调，使企业运转的像一个整体。由此提高其整体的生产率、柔性和应变管理的能力。所要集成的企业中不同成分的功能实体包括信息设备、设备装置、应用软件和人。"[1] 企业集成包含"企业内集成"和"企业间集成"两层意思，企业内集成就是指在实现过程集成的基础上，在企业内部实现"人、经营、技术"三者的集成。企业间集成包括两个方面，一是不同类型的企业沿着供应链的集成；二是同类型的企业基于不同的核心能力，为追逐一个市场机遇而形成虚拟企业所实现的集成。

企业内的计算机集成制造平台是面向客户定制的单一企业模式下典型制造平台，同时是扩展企业的一个网络结点；企业间的计算机集成制造平台是面向客户的扩展企业模式下的典型制造平台，即虚拟企业制造平台。

---

① Vernadat F. B. Enterprise Modeling and Integration: Principles and Applications. Paris: Chapman & Hall, 1996. 转引自李清、陈禹六:《企业信息化总体设计》，清华大学出版社 2004 年版，第 19 页。

2. 扩展企业模式下的虚拟企业制造平台

虚拟企业（Virtual Enterprise，VE）思想的提出是和敏捷制造（Angile Manufacturing，AM）概念相适应的。1991 年美国里海大学（Lehigh）的亚科卡（Iacocca）研究所发表了一份"21 世纪的制造企业战略"的报告，提出了敏捷制造的概念，描绘了一幅在 2006 年以前实现敏捷制造模式的图画。该报告的主要结论是：全球性的竞争使得市场变化太快，单个企业依靠自己的资源进行自我调整的速度赶不上市场变化的速度。为了解决这个影响企业生存和发展的世界性问题，报告提出了以虚拟企业或动态联盟为基础的敏捷制造模式。敏捷制造面对的是全球化激烈竞争的买方市场，基于互联网的信息开放、共享和集成，采用可以快速重构的生产单元构成扁平组织结构，以充分自治的、分布式的协同工作代替金字塔式的管理层级机构，注重发挥人的创造性，变企业之间的竞争关系为"双赢"的竞合关系。构成灵捷制造系统的三种基本资源是：[1]

• 有技能和知识且被适当授权的高素质人才。

• 有创新精神的管理结构和组织。

• 先进制造技术，主要是柔性制造技术和智能化技术。

三种基本资源构成了敏捷制造的三个基石，敏捷制造提出了虚拟制造体系的概念。长城企业战略研究所的《虚拟制造体系理论与实践研究》报告中将虚拟制造体系定义为"充分利用计算机技术和互联网技术，为快速响应市场需求，根据敏捷性哲理和价值链规律打破传统的空间概念组建管理扁平化、竞争与合作相结合的动态联盟，围绕各自的核心竞争力开展生产活动的经济体系"，并从六个层面进行了分析：[2]

（1）市场层面。虚拟制造体系的特征是货物、信息和服务高度个性化的综合，货物信息和服务的价格是单个顾客赋予价值的函数。

（2）生产层面。在虚拟制造体系下，能够快速对顾客的需求做出反应，按顾客订购生产不同种类任意批量的产品。

（3）设计层面。集成了顾客、销售商、供应商、生产者各方面的意

---

[1]　陈菊红、汪应洛、孙林岩：《灵捷虚拟企业科学管理》，西安交通大学出版社 2002 年版，第 38 页。

[2]　长城企业战略研究所：《虚拟制造体系理论与实践研究》，载《企业研究报告》2000 年 10 月，第 11 页。

见，在网络中进行动态的个性化设计，直到需求者满意为止。

（4）组织层面。新的组织形式——虚拟企业出现，它的核心是一种从必要的商务过程或资源中综合出新的生产能力而不管它们的物理位置是否在一个公司或在一群合作的公司中。

（5）管理层面。由可以快速重组的单元组成扁平化的组织结构，以自治的团队工作代替金字塔式的多层制管理，从"命令—控制"的管理哲学向"领导、激励、支持、信任"的管理哲学转变。

（6）人的层面。由于组织形式随业务的转变而进行动态的调整，为人才提供更多展现自己的机会，不断出现有知识、有技能、有创业精神和充分授权的劳动力。

虚拟制造体系的核心就是采用标准化和专业化的计算机网络和信息集成基础设施，以分布式结构连接各类企业，构成虚拟制造环境，以竞争合作为原则在虚拟制造环境下动态地选择合作伙伴，组成面向任务的虚拟企业进行快速生产。系统运行的目标是最大限度地尽快满足客户需求。虚拟企业制造平台的运作过程，可以描述为如下发起企业所进行的七阶段运作模型：[①]

（1）发现市场机遇。通过深入的市场营销找到具有盈利潜力的目标市场和潜在客户，并结合企业自身的核心能力判断是否具有满足这个目标市场的能力。如果具备核心能力，就可以对此目标市场做出反应。

（2）全球网络招标。为了抓住市场机遇，企业通过互联网向社会招标，筹集特定资源。这里的资源不仅指生产企业，还包括人力资源公司提供的临时雇员等。为完成特定任务寻找合格的资源提供者，要对投标者进行能力考核和信誉评估。

（3）组建虚拟企业。招标完成后，发起企业要对任务分工和利润分配方案形成经济契约，该契约对合作各方都具有约束力，对整个项目和客户负责，虚拟企业成立。

（4）整体的产品设计。由虚拟企业中的各个协作成员共同参与对产品进行整体设计，主要考虑各成员完成的模块间的自组织性。这里的产品是一个广义的满足客户需求的产品概念，可能是产品、服务或整体生产过程、解决方案等。

---

① 覃征、汪应洛等：《网络企业管理》，西安交通大学出版社2002年版，第162～163页。

（5）模块化设计与生产。在完成产品的整体设计后，各个协作成员就各自负责的模块进行设计和生产，制造过程是相互独立的分布式制造，各个成员在保持实时沟通联系的条件下，独立地完成自己制造的模块的设计、制造、检测和优化。

（6）贴近客户装配。按照客户的要求，根据运输和售后费用的最小化原则，在贴近客户的协作单位进行组装，向客户提交产品。

（7）虚拟企业解体。当特定任务完成后，虚拟企业根据协议自动解散，资源又回到社会大环境中去寻找新的市场机会。如此循环往复。

虚拟企业生产制造平台是基于供应链理论的协作生产方式，实现了客户化的定制生产。

（三）虚拟制造平台体系下的企业动态联盟

企业是虚拟制造平台体系的主体，动态联盟是虚拟制造的核心。动态联盟就是指为了适应快速、多变的市场需求，制造商联合供应商、经销商、顾客，以及时地共同设计、生产和销售产品的一种生产组织模式。从资源配置的角度看，动态联盟是一个资源整合体，这些资源来自于不同的企业成员并被整合，具有"整体大于部分之和"的效应。

虚拟企业作为一种企业的动态联盟，有两种基本形态：

（1）产品联盟。是指某一企业为了适应产品灵活性发展和快速响应市场的要求，对市场需要的产品进行分解，让外部的一些厂商承担产品全部或部分零部件的生产。最常见的产品联盟就是"两头在内、中间在外"的"哑铃型"生产组织形式。

（2）知识联盟。是一种研究开发联盟，目标是新知识、新技术的研究和开发，有助于降低风险、削减成本、提高新知识的开发速度。

作为企业动态联盟的虚拟企业与我们传统的企业战略联盟是不同的概念，主要差别表现见表 6-2。[①]

---

① 陈菊红、汪应洛、孙林岩：《灵捷虚拟企业科学管理》，西安交通大学出版社 2002 年版，第 57 页。

表 6 - 2　　　　　　　　　　动态联盟与战略联盟表现

项　目	动态联盟	战略联盟
合作建立	根据市场机遇	根据业务需要
合作企业	互补性业务活动的企业	同种业务活动的企业
合作范围	战略层、运营层	战略层
合作时间	短期	长期

企业动态联盟具有如下特征：

• 组织上的临时性。

• 地域上的分散性。

• 功能上的完整性。

• 组合上的敏捷性。

• 领导上的相对性。

企业动态联盟是一种超越空间约束的、依靠经济利益维系的、有别于传统企业的多主体动态联盟，是虚拟制造平台体系的基础与核心。

五、物流管理能力与物流管理运营平台

（一）物流管理能力

在网络经济时代，电子商务的成功运作需要信息流与物质流高度协调运作。客户的网上订单，除了一部分商品如软件、音乐 CD、视频信息等可以通过网络以电子数据的形式直接传递到消费者手中外，绝大多数商品必须依靠传统的物质流体系完成从供应商到消费者的物流管理过程，在适当的时间，用适当的方式，在适当的地点将客户所需要的实体产品递送到客户手中，满足消费者的需求。因此，物质管理能力是电子商务成功的关键因素。

在电子商务发展的早期阶段，由于只重视电子商务过程中的信息流和资金流运动，而忽视了物流过程，大量的网上订单得不到有效处理，客户不能在规定的期限内收到货物，严重影响了电子商务的发展。物流是实现电子商务的保证，无论是传统贸易还是电子商务，产品生产过程是商品流通的基础，而企业的生产过程必须依靠物流活动的支持。产品的整个生产过程实际上就是供应物流、生产物流、销售物流和回收物流的相继流动过程。合理化的物流可以降低生产成本、优化库存结构、缩短生产周期、加速资金流动，保证企业生产过程的高效运转。没有现代物流系统的支持，生产将难以顺利进行，电子商务也无法顺利实施。缺少现代物流技术，消费者不能按时得到网上订购的商品，电子商务无法带给消费者便捷性的购物过程，电子商务的意义也就不复存在。因此，必须在注重信息流和资金流电子化的同时，更要注重物流的电子化，大力发展现代化的物流体系，实现电子商务的完整运作过程，建立电子化的物流体系。美国投资银行Bear Stearns 将电子化物流（e—logistics）定义为："以互联网技术作为关键工具，来管理广泛的物流过程或物流过程的一部分"，[①] 实现物流管理的电子化。

物流是企业与其顾客和供应商相联系的能力，是实现企业大规模定制生产的前提和基础，没有现代物流体系的支撑，即使有先进的信息流管理体系，也是无法实现大规模定制生产的。因此，建立大规模定制生产体制必须建立在高效的物质流管理体系上，满足客户的个性化需要。从生产企业的角度，可以将企业运营过程中物质流管理体系分为四个基本领域：[②]

（1）销售物流。销售物流是企业将产成品交给顾客的过程，是和企业的营销渠道相联系的物流过程。在销售物流中，通过实物配送将制造商、批发商和零售商、顾客与营销渠道联系起来。顾客是营销渠道的最终目的地，使为顾客服务的时间和空间需求成为营销的一个整体组成部分，保证顾客能够及时获得所希望的产品和服务，物流服务成为企业营销过程的关键要素，实现了销售物流的一体化管理。

（2）生产物流。生产物流是指企业在生产过程中的物流活动，这种物流活动与生产工艺过程、生产加工过程，共同构成了完整的生产过程，并决定了生产的基本模式，比如 JIT 生产方式。企业生产物流将原材料、零部件、燃料等辅助材料从企业仓库开始，到产成品入库，通过物流将生产过程整合为一个整体，而不是只关注单一生产过程，实现了生产物流的一

---

① 杨鹏：《2001 年中国物流盘点》，载《21 世纪经济报道》2001 年 12 月 31 日。
② 覃征、汪应洛等：《网络企业管理》，西安交通大学出版社 2002 年版，第 205 页。

体化管理。

（3）供应物流。供应物流是企业为了保证自身生产的连续运转，必须不断地组织原材料、零部件、燃料、辅助材料等供应的物流活动，通过组建高效供应网络、供应方式，与企业的供应商建立"双赢"模式的供应商合作伙伴关系，实现供应过程中的零库存的目标。

（4）回收物流。回收物流是指对企业在供应、生产和销售物流活动中产生的各种边角余料和废料进行运输、装卸和处理的物流活动。从环境的角度看，大量的废弃物的出现对经济社会产生了严重的消极影响，不仅导致了废弃物处理的困难，还会引发社会资源的枯竭以及自然环境的恶化。

企业物流管理体系的控制对象包括了生产商、批发商、零售商和消费者全体，形成了供应物流、生产物流、销售物流、回收物流的完整的循环物流体系，循环物流体系在环境保护意识日益增强的今天是物流体系发展的必然趋势。

（二）物流管理运营平台

建立物流管理运营平台就是在电子商务运营模式下，建立能够实现大规模定制的物流管理体系，完成为客户创造价值的整个过程。物质配送运营平台实际上是企业生产过程与供应链物流过程相互融合的一体化运作体系，在互联网技术的支持下实现运营信息的共享，实现供应链的电子化整体运作，使生产过程和物流过程融为一体，在物流过程中实现加工制造，在加工制造过程中优化物流，共同构成了以集成化电子供应链为基础的物流管理体系。

1. 客户化物流平台概念模型

物流管理的首要目标就是客户服务问题，也说明了物流的服务化特征。关于物流的管理目标有三种主流观点：一是成本中心观点，强调物流在整个企业过程中是成本的重要产生点，物流管理的目标应该是降低成本，物流关注的焦点是降低企业成本。二是利润中心观点，强调物流可以为企业提供大量的直接和间接利润，物流是继自然资源、人力资源两个大量提供利润的第三个领域，被称为"第三利润源泉"。通过降低物料消耗增加利润和降低劳动力消耗增加利润的潜力越来越小，而被德鲁克称为

"经济领域的黑暗大陆"物流领域却是企业挖掘利润潜力的源泉。三是服务中心观点，强调物流的最大作用并不在于为企业节约了成本或增加了利润，而在于提高了企业对客户的服务水平，进而提高了企业的竞争力。本书认为，在网络经济时代的电子商务运行环境下，客户成为企业运营的核心，网络化的营销和企业的虚拟运作模式，使得物流的管理难度增加，物流合理化的服务中心观点是企业物流应该追求的一个主要目标，实现物流系统整体效率的最大限度发挥，以尽可能低的物流成本提供尽可能高水准的物流服务，形成以客户为中心的服务化物流体系。

　　Ronald H. Ballou 从物流规划的角度，将企业的物流决策归结为"物流决策三角形"，认为物流规划主要解决四个方面的问题：客户服务目标、设施选址战略、库存决策战略和运输战略，该四个决策问题也是物流管理关键的四大要素。见图 6 - 6。①

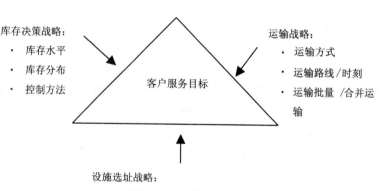

图 6 - 6　物流决策三角形

---

　　①　[美] Ronald H. Ballou 著，王晓东等译：《企业物流管理——供应链的规划、组织和控制》，机械工业出版社 2002 年版，第 27 页。

肯特·N.卡丁从全球物流管理的角度，提出了一个物流系统模型。互联网使整个世界变成了一个"地球村"，电子商务将全球的供应商、生产商和消费者实时地连接在一个网络中，顾客现在能够在家里舒服地上网购买所需要的物品，信用卡的信息传递安全问题已被解决。但是要保证电子商务的全部承诺得以实现，则商品必须迅速地抵达买方手中。因此，必须构筑全球的物流管理体系。作为生产制造商，如何将遍布全球的生产经营网络作为一个单一的、有效的整体加以管理，将世界各地的生产、营销、研发纳入到一种竞争优势之中。在全球组织中，物流是一个强有力的管理工具，从而能比竞争者更好地满足客户需求。一个物流系统模型包括六个基本要素，见图 6-7。①

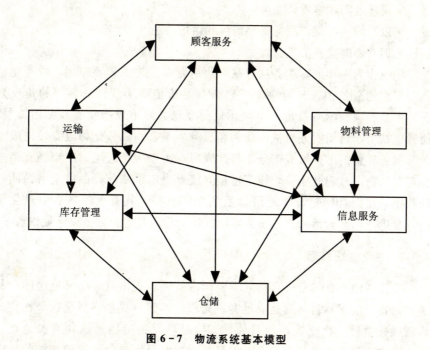

图 6-7 物流系统基本模型

① 肯特·N.卡丁著，綦建红等译：《全球物流管理——新千年的竞争优势》，人民邮电出版社 2002 年版，第 30 页。

卡丁提出："所有的物流活动必须作为一个不可分割的系统加以管理，在这个系统中，单个的决策都是在它们如何影响整体的基础上进行的。其目的是使总成本最小化且为顾客提供一定水平的服务。"[①] 从系统的观点将物流体系看做是一个整体，追求整个物流系统效率的最大化，而不是单独的一个组成部分的效率最大化。

两个物流概念模型都将客户服务作为物流体系的首要因素，表明物流的首要目标是要满足客户的需求，物流活动仍然是要以客户为中心，服务化物流是物流发展的一大趋势。市场营销中顾客服务与物流活动有着密切的关系，市场营销为了让顾客迅速、有效地满足需求，促进产品附加价值的实现，物流活动必须具备三种能力：

- 快速地向顾客提供服务。
- 以平均速度提供服务的稳定性和信赖性。
- 拥有即时交易的库存量。

物流作为一项顾客服务项目在企业运营中发挥了重要作用，服务化物流不仅在创造价值，甚至决定了整个商品价值的实现。从客户的角度来看，商品和服务的质量是一个大质量的概念，即不仅指物质商品的质量，而且包括企业营销服务质量以及顾客服务质量，而服务化物流直接构成了顾客服务质量的重要组成部分。与此同时，由于生产过程以及市场营销过程都是从物流过程开始的，物流过程间接地决定了物质产品以及营销活动的效率。特别是伴随着物流信息系统化的发展，其有效的顾客信息化管理，对生产和经营活动产生重大影响。物流活动是客户服务的重要内容。

2. 物流管理目标

物流活动存在的唯一目的就是要向内外顾客提供及时而又准确的产品递送，物流的根本目标就是满足客户需求，向客户提供多样化、个性化的物流服务项目。物流管理的目的是"按时将有关货物运送到有关地点"。为此，物流管理必须达到四个运作目标，这些目标是物流管理绩效的决定因素。

（1）快速响应。企业必须能够快速响应客户需求，及时满足顾客需求

---

① 肯特·N. 卡丁著，綦建红等译：《全球物流管理——新千年的竞争优势》，人民邮电出版社 2002 年版，第 31 页。

的能力是获得竞争优势的根源之一。这里的顾客，也包括企业内部顾客。

（2）最小偏差。企业的物流管理活动必须能够消除物流系统运作中的混乱行为，如订单交货延误、生产中断、货物损坏或需求骤变等均会造成运作偏差，这些偏差必须被及时识别并解决，以保证系统能够高效地运作。

（3）最小库存。库存主要以资产占用量和相对周转速度来衡量。资产占用量是指存在于整个物流系统的库存价值，最小库存的目标是在满足顾客服务目标的同时，将库存量减少到尽可能低的水平。相对周转速度是指该系统内库存的流动速度。

（4）最小的总物流成本。在满足顾客需求的前提下，将物料获取、储存和货物运输的总费用降至最低。传统的物流管理重视降低生产设施内移动产品的变动成本，而现代物流管理的重点应放在减少用于支持物流的资金占用水平，同时又增加灵活性上。例如，运输是公司承担的最大的物流支出，一般是当产品易于损坏时，运输成本会随距离的增加而增加。而当运输量增加时，单位重量的运输成本将减少。然而，这并不意味着大批量运输是唯一合适的选择。很多物流系统使用高速、小批量运输方式，如空运，以提供优质服务。因为在有些情况下，顾客宁愿以高价格购买优质服务。

客户服务水平和物流服务成本是建立物流运营平台的两个关键目标，如何实现物流体系整体效率的最大限度发挥，以尽可能低的物流成本提供尽可能高的物流服务。工业经济时代，企业的生产过程是基于预测的需求，企业利用库存政策来满足消费者需求，整个物流体系是以静态库存为中心的，通过建立仓库和产品库存来实现消费者服务水平。虽然库存占用一定的资金，在需求相对稳定的条件下，还是可以接受的。在网络经济时代，消费者的需求不可预测，客户需求的个性化、激烈的竞争和快速变化引起的市场扰动，客户端微小的变化都可能导致分销和供应体系的剧烈波动，也就是"牛鞭效应"的存在。通过建立库存来满足消费者的需求成本和风险都很大，为了快速响应消费者的多样性需求，大规模定制生产模式成为主导生产模式。在大规模定制模式中，企业生产什么，生产多少，何时交付已经不取决于企业经营者的主观愿望，而是取决于市场和客户的需要。企业必须快速准确而且低成本地将多样化商品送到客户手中。但是大规模定制生产模式的基本运行模式是虚拟企业制造平台体系，而虚拟企业制造平台体系是建立在完善的信息流和物质流体系的协同运作基础之上的，因此，整个物流体系将是以运输为中心，实现零库存目标，并建立在柔性生产体系的基础之上的，形成新的大规模定制下的供应链物流管理模式，JIT 生产管理体系和 JIT 物流管理体系。

3. 基于供应链的物流管理平台

供应链管理是一种集成的管理思想和方法，它执行供应链中从供应商到最终用户的物流计划和控制等职能。供应链管理是信息流、物流、资金流的统一，企业的物流过程包括从厂家到最终用户的全过程。但是传统的物流管理并没有从系统的、整体的角度去考虑，从而物流系统的整体功能不能得到有效发挥，物流效率和效果不够理想。由于物流系统的地理跨度和时间跨度都很大，连接了多个生产企业、运输部门、销售行业以及用户，而且随着需求和供应的不断变化而变化，对信息的依赖程度大，要求物流体系必须具备足够的灵活性和可变性。物流系统从生产、分配、销售到用户不是孤立的行为，而是相互制约、相辅相成的。因此，物流管理必须集成化管理才能达到协调一致，发挥最大的经济效益和社会效益。基于供应链的物流管理平台体现了系统化管理的模式特征。

物流系统分为信息系统和作业系统两个基本部分。信息系统是指整个物流活动在企业运营中与其他业务职能活动之间建立有机的联系，从而提高企业运营活动的效率和绩效；作业系统是指在运输、保管、配送、装卸、包装等作业中，通过引进各种技术获得系统的自动化运转和高效率产出，同时使各个作业职能模块之间能够完满地连接起来。供应链管理的本质就是跨企业的集成化管理。没有集成化，供应链上的每个企业就会只管理它自己的库存，以这种方式来防备由于链中其他企业的独立行动而给本企业带来的不确定性。实现了集成化，供应链中的全部库存管理就可以通过供应链所有成员之间的信息沟通、责任分配和相互合作来协调，这样就可以减少链上每一个成员的不确定性，减少每个成员的安全库存量。在供应链集成管理的协调下，所有的成员可以用更少的库存来为顾客提供更好的服务。

供应链管理（Supply Chain Management，SCM）既是一种管理思想、管理方法，也是一种管理平台、管理软件系统。

（三）物流管理模式

物流业务外包是物流管理活动的一种发展趋势，第三方物流体系、第四方物流管理体系的概念都已提出并在实践中不断发展。

1. 第三方物流管理模式

随着社会大生产的扩大和专业化分工的深化，专业化的第三方物流应运而生。第三方物流（Third Party Logistics，3PL）是 20 世纪 80 年代中期由欧美提出的，并将第三方物流定义为供方与需方以外的物流企业提供物流服务的业务模式。宋华认为："第三方物流是由一种货主企业与运输企业之间的中介组织在特定时间段内按照特定的价格向使用者提供个性化的系列物流服务，并且这种物流服务是建立在现代电子信息技术的基础上的。"①

（1）第三方物流是独立于供方与需方的物流运作形式。根据运作主体的不同，可将物流的运作模式划分为第一方物流、第二方物流以及第三方物流。第一方物流是由卖方、生产者或供应方组织的物流，这些组织的核心业务是生产和供应商品，为了自身生产和销售业务需要而进行物流自身网络及设施设备的投资、经营与管理。第二方物流是由买方、购买者组织的物流，这些组织的核心业务是采购并销售商品，为了销售业务需要投资建设物流网络、物流设施和设备，并进行具体的物流业务运作组织和管理。第三方物流则是专业的物流组织进行的物流，其中的"第三方"是指提供物流交易双方的部分或全部物流功能的服务提供者，即物流企业，是独立于第一、第二方之外的组织，具有比这二者明显资源优势的承担物流业务、组织物流运作的主体。

（2）第三方物流是一种社会化、专业化的物流。物流可以划分为社会物流和企业物流。发生在企业外部的物流活动总称为社会物流，它是超越一家一户的以一个社会为范畴、面向社会为目的的物流，这种社会性很强的物流往往是由专业的物流组织来承担的。企业物流则是发生在企业内部的物流活动的总称，是具体的、微观的物流活动的典型领域，又可细分为

---

① 宋华、胡左浩：《现代物流与供应链管理》，经济管理出版社 2000 年版，第 199 页。

企业生产物流、企业供应物流、企业销售物流、企业回收物流。第三方物流是企业生产和销售外的专业化物流组织提供的物流，第三方物流服务不是某一企业内部专享的服务，第三方物流供应商是面向社会众多企业来提供专业服务，因此，具有社会化的性质，可以说是物流专业化的一种形式。

（3）第三方物流是综合系列化的服务。国外一般将第三方物流看做类似于外包（outsourcing）或契约物流的业务形式。企业传统的外包主要是将物流作业活动如货物运输、存储等交由外部的物流公司去做，相应地产生了仓储、运输公司等专门从事某一物流功能的企业，它们通过利用自有的物流设施来被动地接受企业的临时委托，以费用加利润的方式定价，收取服务费。而像库存管理、物流系统设计之类的物流管理活动仍保留在本企业。第三方物流则是根据合同条款规定的要求，而不是临时需要，提供多功能甚至全方位的物流服务。一般来说，第三方物流公司能提供物流方案设计、仓库管理、运输管理、订单处理、产品回收、搬运装卸、物流信息系统，产品安装装配、运送、报关、运输谈判等近30种物流服务。依照国际惯例，服务提供者在合同期内按提供的物流成本加上需求方毛利额的20％收费。可见，第三方物流是以合同为导向的系列化服务。

基于上述三个要点，可将第三方物流理解成是由供方和需方外的物流企业提供物流服务、承担部分或全部物流运作的业务模式，是在特定的时间段内按照特定的价格向使用者提供的个性化的系列物流服务，是专业化、社会化和合同化的物流。

第三方物流是一种实现物流供应链集成和解决全球化物流的一种有效方法和策略，是基于企业核心竞争能力理论的企业外包策略在物流领域的具体实现形式，它通过协调企业之间的物流运输和提供后勤服务，把企业的物流业务外包给专门的物流管理部门来承担，特别是一些特别的物流运输服务。通过外包给第三方物流承包者，核心企业可以将资源、时间和精力都放在自己的核心业务上，提高供应链管理和运作的效率。随着企业市场外部条件的变化和生产经营模式的变革，在网上营销、大规模定制生产模式下，协同是大规模定制的基本要求。企业认识到任何单个独立的企业都不可能低成本地建立起广泛的物流网络，企业需要集中资源于自己的核心业务领域，而将物流资源释放到社会中去，将物流业务外包出去。第三方物流逐渐成为物流业目前主要的发展趋势，企业的物流模式从传统的自营物流模式向协同的第三方物流模式演进。

第三方物流供应商为客户提供所有的或一部分供应链物流服务,以获取一定的利润。第三方物流公司提供的服务范围很广泛,它可以简单到只是帮助客户安排一批货物的运输,也可以复杂到设计、实施和运作一个公司整个分销和物流系统。第三方物流的最大附加价值是基于信息和知识,而不是提供最低价格的一般性无差异的服务。

2. 第四方物流管理模式

按照埃森哲咨询公司的定义,第四方物流是指"一个供应链的集成商,它对公司内部的和具有互补性的服务供应商所拥有的不同资源、能力和技术进行整合和管理,提供一整套供应链解决方案",[①] 第四方物流具有如下特点:

(1)方案:提供一整套完善的供应链解决方案。第四方物流集成了管理咨询和第三方物流服务商的能力。一个前所未有的、使客户价值最大化的统一的技术方案设计、实施和运作,只有通过咨询公司、技术公司和物流公司的紧密协作才能够实现。

(2)再造:供应链过程协作和供应链过程的再设计。第四方物流最高层次的方案就是再造,再造过程就是通过供应链管理咨询技巧,使得公司的业务策略和供应链策略协调一致。

(3)变革:通过新技术实现各个供应链职能加强。第四方物流通过领先的技术,加上战略思维、流程再造和卓越的组织变革管理,对供应链管理活动和流程进行整合和改善。

(4)实施:流程一体化、系统集成和运作交接。第四方物流通过帮助客户实施新的业务方案,包括业务流程优化、客户公司和服务提供商之间的系统集成,以及将业务运作交给4PL的项目运作小组。

(5)执行:承担多个供应链职能和流程的运作。第四方物流承接多个供应链职能和流程的运作责任,其工作范围远远超过了传统的第三方物流的运输管理和仓库管理的运作,包括制造、采购、库存管理、供应链信息技术、需求预测、网络管理、客户服务管理和行政管理。

任何一家企业可以把所有的供应链管理活动外包给第四方物流供应

---

① 杨鹏:《第四方物流:供应链服务的创新》,载《IT经理世界》2001年7月5日。

商，第四方物流供应商只是从事供应链功能与流程的关键部分，充分利用其他服务提供商的能力，包括第三方物流供应商、信息技术供应商、合同物流供应商、呼叫中心、电信增值服务商等。第四方物流通过提供一个全方位的供应链解决方案来满足今天的公司所面临的广泛而又复杂的要求。这个方案关注供应链管理的各个方面，既提供持续的更新和优化的技术方案，同时又能满足客户独特的需求。

第四方物流提供商是一个虚拟的物流外包商，可以利用信息技术的支撑提供端到端的供应链服务。第四方物流公司需要具备如下能力基础：[①]

• 世界水平的供应链策略制定，业务流程再造，技术集成和人力资源管理能力。

• 在集成供应链技术和外包能力方面处于领先地位。

• 在业务流程管理和外包的实施方面有一大批富有经验的供应链管理专业人员。

• 能够同时管理多个不同的供应商，具有良好的关系管理和组织能力。

• 全球化的地域覆盖能力和支持能力。

• 对组织变革问题的深刻理解和管理能力。

六、质量保证能力与质量管理平台

（一）质量保证能力

任何公司只有将质量置于公司战略与运营的核心地位，才有可能长期获得成功。在网络经济时代，电子商务成为主流商务模式，买卖交易过程和产品的交付过程分离，一般是在网上签约、付款，然后专门通过配送渠道送货上门，从而产品和服务质量成为影响电子商务效率、效果的关键；同时，企业在虚拟运作模式中，企业运作过程可能是全球分布的多家企业之间的合作，很多业务环节是通过业务外包完成的，如何在这样的由多家

---

① 杨鹏：《第四方物流：供应链服务的创新》，载《IT经理世界》2001年7月5日。

企业的合作中保证产品和服务质量的一致性和统一性，对于核心企业本身和整个供应链合作体系来讲，都是一个巨大的挑战。

什么是质量？世界著名的质量管理专家朱兰（Joseph M. Juran）将质量定义为："质量是一种合用性，而所谓合用性是指使产品在使用期间能满足使用者的需求。"[①] 这是一个从客户的使用角度对质量进行的定义。美国的另一位质量管理专家克劳斯比（Philip Crosby）则从生产者的角度将质量概括为产品符合规定要求的程度，符合需要，并提出了"零缺陷"的概念，侧重于提高职员的工作动机和报酬，提高来自职员自身的使产品尽善尽美的愿望。Roger G. Schroeder 在《运营管理新概念与案例》中，将质量定义为"满足或者超过顾客现在以及将来的要求"。[②] 提出应该是由顾客而不是由生产商来确定产品的质量定义。从生产商的角度来看，生产商必须尽可能具体地规定产品或服务质量标准，然后努力去达到这些质量标准，同时还要不断地改进产品的质量，最后由顾客来评判生产商所生产的产品是否满足顾客的要求。因此，质量本质上是用户对产品或服务的某些方面所做出的评价，一件产品或一项服务能否成功地完成它预定的使命取决于四个主要因素，它们是：[③]

（1）设计质量：产品被生产出来之前就确定的，由市场调研、设计概念和设计规格共同确定。

（2）质量符合设计的程度：生产出满足规格要求的产品，只要产品满足规格要求，不论产品的设计规格如何，就可认为是质量合格的产品。

（3）便于使用：涉及有效性、可靠性和可维护性，并将时间因素引入，以反映顾客的需求是否连续地得到满足。

（4）售后服务：产品在售出后生产商对产品的担保。顾客希望产品在使用过程中出现的问题都能够迅速圆满地解决，而且现场服务人员应该做到诚实和谦逊有礼。

以上四个要素共同的指向就是顾客满意，顾客满意是质量管理的出发

---

① 赵平、郑晓明：《世界管理 100 年》，清华大学经济管理学院、中外管理导报联合编撰，1999 年。

② Roger G. Schroeder：《运营管理新概念与案例》，清华大学出版社、McGraw Hill 出版公司 2003 年版，第 119 页。

③ 威廉·J. 史蒂文森著，张群、张杰等译：《生产与运作管理》，机械工业出版社 2002 年版，第 225 页。

点和归宿。在消费者主权的网络经济时代，我们应该更多地从用户的角度定义质量，只有用户满意的质量，才是真正的质量，才是良好的质量管理体系。例如上海宝钢的质量标准是"宝钢以产品的市场实现和用户满意为最终标准"，宝钢有独特的"标准＋α"的质量机制，即在国际标准的基础上，向用户提供符合各自要求的产品。宝钢向海尔、上海大众等直供大户供货，都不是单纯标准的宝钢板，而是宝钢"海尔板"、宝钢"大众板"。宝钢的质量观念是网络经济时代的客户化质量观念。美国摩托罗拉公司是第一个获得"鲍德里奇国家质量奖"的企业，其根本目标就是让全体顾客满意，提高顾客满意度的行动由所有层面上的管理部门来领导。

所有的质量管理理论和管理方法，所有的成功经验和失败教训，都说明以客户满意度为目标的质量标准、可靠性和竞争力成为行业竞争制胜的唯一基准，客户希望全方位的优质服务，这就要求整个企业的各个层次的每一位员工、整个供应链上的每一个企业，都必须全身心致力于持续的质量改善，只有那些致力于质量改善的公司，才能成功，才能获利。顾客导向、流程导向、零缺陷是网络经济时代质量管理体系的核心内容。

（二）质量管理平台

菲利普·克罗斯比主张企业应该追求产品生产的零缺陷或努力做到"一次成功"，从而使我们抛弃已经习惯的"相信产品有缺陷是正常的"思想，从而使质量管理的前提假设发生了变化，详见表 6-3。[①]

表 6-3　　　　　　变化的质量假设（作者进行了改造和整理）

变　化	可接受水平的质量目标	"零缺陷目标"
（1）管理理念	反应型、检验型。	前瞻型、预防型。
（2）管理目标	满足规格的要求。	不断改进质量。
（3）管理对象	以产品为导向。	以过程为导向。
（4）管理方法	进行责备，质量与生产相互独立，质量与成本不能兼顾。	解决问题，质量与生产相互协调，质量和成本可以兼顾。

① Roger G. Schroeder：《运营管理新概念与案例》，清华大学出版社、McGraw Hill 出版公司 2003 年版，第 128 页。

续表

变 化	可接受水平的质量目标	"零缺陷目标"
(5) 管理主体	只有生产部门参与质量改进工作,主要由蓝领工人造成质量问题。	销售、工程技术人员和生产部门都参与质量改进工作,主要由白领工人造成质量问题。
(6) 管理组织	质量部门有质量问题,受质量小组领导。	采购、研发、销售与生产部门都有质量问题,是质量管理小组的一部分。
(7) 管理地位	质量是技术问题,进度安排第一。	质量是管理问题,质量第一。
(8) 管理后果	产品的缺陷被隐藏,质量成本高,对总经理不做质量管理方面评价。	应该暴露产品的缺陷,质量成本低,质量管理方面是评价总经理业绩的一部分。

网络经济时代,企业的任何质量缺陷都可能通过互联网瞬时传遍全球,并可能酿成一场危机,比如 Intel 公司 1994 年的"奔腾 FPU 中的故障"危机,耗费了 4.75 亿美元才渡过危机。安迪·葛鲁夫遇到了大问题:"26 年来的每一天里,都是由我们自己来评定自己的产品优劣,是我们制定了质量标准和特殊要求,并把我们认定合格的产品装船运输。"[①] 然而,"规则和风向变了",现在是客户导向,顾客需要"零缺陷"的产品和服务。当然,期望交付使用的产品达到名副其实的"零缺陷"是不现实的,但是,按照零缺陷的方法要求,每一家企业、每一个人都应朝这个目标努力,这是质量管理"零缺陷"的精髓所在。

目前企业质量管理的方法体系与管理平台主要有全面质量管理、ISO9000 体系和 6σ 管理法。

1. 全面质量管理体系 TQM

全面质量管理是由美国的费根堡姆(Armand V. Feigenbaum)最早提出的概念,"全面质量管理是为了能够在最经济的水平上,并考虑到充分满足顾客要求的条件下进行生产和服务,并把企业各部门研制质量、维持质量和提高质量的活动构成为一体的一种有效体系"。[②] 美国著名质量管理专家戴明指出:在生产过程中,造成质量问题的原因只有 10%~15% 来自工人,而 85%~90% 是企业内部在管理系统上有问题。质量涉及企业各个

---

① 安迪·葛鲁夫:《只有偏执狂才能生存》,中信出版社、辽宁教育出版社 2002 年版。
② 刘丽文:《生产与运作管理》,清华大学出版社 2002 年版,第 323~324 页。

部门、各类人员，质量保证是要通过全面质量管理来实现。全面质量管理的思想体现在：[1]

（1）全面的质量概念：质量包括技术性能、服务质量和成本质量，是由设计质量、制造质量、使用质量、维护质量等多种因素构成，质量是设计、制造出来的，而不是检验出来的。

（2）全过程质量管理：全面质量管理的范围是产品质量产生、形成和实现的全过程，包括市场调查、研究、开发、设计、制造、检验、运输、储存、安装、使用、维护、报废、回收等多个环节和整个过程的质量管理。

（3）全员参与的质量管理：调动企业所有人员的积极性，包括 QC 小组活动、全员把关和全员质量教育。

（4）全企业的质量管理：在企业的各个管理层次都有明确的质量管理活动内容。为了从组织上和制度上保证企业长期稳定地生产符合规定要求和用户期望的产品，必须建立起全企业的质量体系。

质量管理作为一种管理体系，要求企业从研发、生产到销售、售后服务等各个环节相互协同，环环相扣。全面质量管理体系体现了质量管理的系统性和完整性。

2. ISO9000 质量管理体系

ISO9000 是国际标准化组织所制定的质量管理和质量保证的一系列国际标准的简称。1994 年版的 ISO9000 系列标准主要包括三种质量保证模式：

• ISO9001－94《质量体系——设计、开发、生产、安装和服务的质量保证模式》。

• ISO9002－94《质量体系——生产、安装和服务的质量保证模式》。

• ISO9003－94《质量体系——最终检验和实验的质量保证模式》。

2000 年，国际标准化组织对 1994 年版的 ISO9000 质量标准进行了修改，将三种模式合为一种，并提出了八条明确的指导思想：[2]

• 以顾客为中心。

---

① 刘丽文：《生产与运作管理》，清华大学出版社 2002 年版，第 337～338 页。

② 刘丽文：《生产与运作管理》，清华大学出版社 2002 年版，第 344 页。

- 领导作用。
- 全员参与。
- 过程方法。
- 管理的系统方法。
- 持续改进。
- 基于事实的决策方法。
- 与供应方互利的关系。

ISO 质量管理体系认证制度，有利于质量管理标准的国际化，特别是第三方认证制度对建立供需双方的信任关系、降低交易成本很有好处。对于需求方，使需求方无须耗费人力审核质量就能得到有效保证，需求方简化了进货检验，而且有第三方认证机构对供应方质量管理体系的日常监督，需求方对于供应方的产品能够持续地满足质量要求建立了信心，需求方选择供应方也变得更加方便。对于供应方，可以免予被多个需求方进行多次审核，供应方通过了注册，就表明供应方的质量体系符合公认的国际标准要求，使供应方的产品在国际市场上能够畅通无阻。这种制度，对于电子商务运营更是不可缺少的基础保证，ISO9000 质量体系认证保证了一家企业的生产出符合规格的产品。

3. 6σ 质量管理体系

6σ 管理法可以看做是评估工作流程的一种方法，是一种接近完美的、达到每百万次缺陷次数不超过 3.4 次的目标；是一种改变组织文化的方法，把公司的定位转移到更好地满足顾客需求状态的方法，以此获取更大的利润和更强的竞争力。Peter S. Pande 将 6σ 管理法定义成一种促进绩效改进的质量管理方法，"6σ 管理法是一种灵活的综合性系统方法，通过它获取、维持、最大化公司的成功。它需要对顾客需求的理解，对事实、数据的规范使用、统计分析，以及对管理、改进、再发明业务流程的关注。"[1] 目前在美国通用电气、摩托罗拉等大公司成功地实施了 6σ 质量管理方法，通过实施 6σ 质量管理方法，这些公司获得了巨大成功：[2]

---

① Peter S. Pande、Robert P. Neuman、Roland R. Cavanagh 著，刘合光等译：《6σ 管理法——追求卓越的阶梯》，机械工业出版社、McGraw Hill 出版公司 2001 年版。

② Peter S. Pande、Robert P. Neuman、Roland R. Cavanagh 著，刘合光等译：《6σ 管理法——追求卓越的阶梯》，机械工业出版社、McGraw Hill 出版公司 2001 年版，序言 XI—XII。

- 减少成本。
- 提高生产力。
- 增加市场份额。
- 保留顾客。
- 减少周期循环时间。
- 减少失误。
- 改变公司文化。
- 改进产品和服务。

6σ管理法成为20世纪90年代以来最流行并被认为最有效果的质量管理与改进方法。6σ管理法的六个核心主题是：[①]

（1）对顾客真正的关注：6σ管理法绩效的评估首先就从顾客开始，并用对顾客满意度和价值的影响来评估改进的程度。

（2）由数据和事实驱动的管理：6σ管理法首先澄清什么是业务绩效标准化的关键手段，使用统计数据和分析方法来构筑对关键变量和最优目标的理解。

（3）对流程的关注、管理和提高。6σ管理法将业务流程作为成功的关键，与企业的日常运营融为一体，业务流程就是采取行动的地方。

（4）主动管理：6σ管理法在事情发生之前进行管理，注重预防而不是忙于救火。

（5）无界限合作：6σ管理法需要确切地理解最终用户及整个工作链，创造出一种能真正支持团队合作的管理结构和环境。

（6）对完美的渴望，对失败的容忍：6σ管理法向着更好的方向努力，同时愿意接受并控制偶然发生的挫折。

对于顾客和流程的关注，适应了网络经济时代以客户为中心、流程导向的企业运作控制过程。实施6σ管理法的操作步骤指南构成了21世纪成功组织竞争力的核心部分：[②]

- 辨别核心流程和关键客户。
- 定义顾客需求。

---

① Peter S. Pande、Robert P. Neuman、Roland R. Cavanagh 著，刘合光等译：《6σ管理法——追求卓越的阶梯》，机械工业出版社、McGraw Hill 出版公司 2001 年版，第 19～23 页。

② Peter S. Pande、Robert P. Neuman、Roland R. Cavanagh 著，刘合光等译：《6σ管理法——追求卓越的阶梯》，机械工业出版社、McGraw Hill 出版公司 2001 年版，第 84 页。

- 评估公司当前的绩效。
- 辨别优先次序、分析和实施改进。
- 扩展并整合 6σ 管理法系统。

6σ 管理法从顾客、流程出发，而不是从产品出发，成为网络经济时代质量管理改进的核心方法和发展趋势，为企业带来了竞争优势：

- 增加顾客获得的价值。
- 为所有人设计绩效目标。
- 加快改进的速度。
- 促进组织学习和学习型组织的建立。
- 使企业获得持续的成功和改进。
- 帮助公司执行战略转移。

质量管理平台是全方位运营平台的基石，质量不可能从管理中分离出来，为了生产真正满足现在和将来顾客需求的产品和服务，质量管理工作需要不断地改进和创新。美国鲍德里奇国家质量奖的评选标准，就是从一家企业管理的综合系统而不是单独的质量保证范畴来评价其质量保证体系。鲍德里奇标准包含七个方面的内容：[①]

- 领导。
- 战略质量计划。
- 以顾客和市场为中心。
- 信息和分析。
- 人力资源开发和管理。
- 流程管理。
- 公司运营效果。

鲍德里奇标准代表了网络经济时代顾客导向、流程导向、零缺陷的一种质量管理框架。公司运营效果评价占其评价总分 1000 分的 45% 即 450 分，包含了顾客满意效果、财务和市场效果、人力资源效果、供应商和合作方的质量效果、公司具体部门的效果等七个方面。标准质量要衡量缺陷产品百分比、顾客回报、及时配送，以及利润率、投资回报和市场份额。企业的领导者在坚持为顾客创造价值这一目标的前提下，应树立合作竞争

---

① Roger G. Schroeder：《运营管理新概念与案例》，清华大学出版社、McGraw Hill 出版公司 2002 年版，第 130～131 页。

意识，强化关联企业的业务协作，充分利用核心能力平台的组合与变换，努力构建良好的信息网络和合作关系网络，以高度柔韧性的生产机制，迅速响应市场需求的变化。

在信息技术和信息资源的支撑下，企业为了满足客户价值的要求，实现精准管理的速度和费效比的革命性提升，必须依据核心能力构建运营平台，在平台型价值链上进行竞争。

第七章　基于业务流程导向的企业运营控制体系研究

哈默提出："对于 21 世纪的企业来说，流程将非常关键。优秀的流程将使成功的企业与其他竞争者区别开来。优秀的流程要满足顾客的需求，那就是快速、正确、便宜、容易。"其实就是要实施精准型运营管理模式，在最短的时间内、以最低的成本将质量符合顾客要求的产品提供给客户，实现客户速度要求，达到高的费效比。要提高运营速度，就要建立快速响应、高效运作的速度型组织。速度型组织是少层次的、端到端的流程型组织，是精益的和轻装的组织。从企业核心能力的视角来看，企业的业务流程与核心能力是一种孪生关系，核心能力帮助回答"企业应该做什么"的问题，而业务流程则回答了"企业应该怎么做"的问题。因此，企业必须建立业务流程导向的全程供应链控制体系，围绕产业价值链上各个成员企业的核心能力来构筑价值网，形成企业运营控制体系，变革从流程开始。见图 7-1。

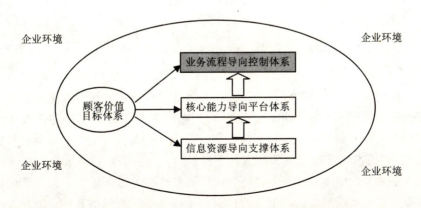

图 7-1　运营管理体系 GSPC 研究模型——流程控制体系

　　传统的企业组织机构是按照职能和科层来设计的，这种结构在工业经济时代稳定的市场环境下，组织进行大规模生产是具有运作效率的，但是在网络经济时代动态化、多样性、个性化的市场环境下，组织大规模定制生产所做出的反应就显得笨拙和低效率。因此，企业必须按照流程再造的思想，建立基于流程的企业结构和企业运营控制体系，保证给公司带来竞争优势。一个以流程为中心的企业和一个传统的以职能为中心的企业的根本区别不是企业运营流程的不同，而在于维系企业的基本控制结构不同。在传统企业中，组成企业的基本控制结构是职能相对单一的部门，由这些职能部门分别完成不同的任务，这些任务构成流程的不同片段，完整的客户服务流程隐含在每一个部门的职能中，没有人专职对具体的流程负责，流程成为片段式的任务流，任务间相互脱节和冲突；而以流程为中心的企业中，企业的基本组成单位是不同的流程，不存在刚性的部门，甚至流程本身也不是刚性的，而是随着市场的变化可以随时增加改变的，每个流程都由专门的流程主持人负责控制，由各类专业人员组成的团队负责实施，流程成为一种可以真实地观察、控制和调整的过程，仿佛每个顾客都得到了特殊对待，而流程本身变的紧凑，任务之间不再冲突。

　　网络经济时代，要求企业的运营控制体系必须从以职能为导向转型为以流程为导向。

一、基于流程导向的运营控制体系

（一）基于流程的企业运营控制体系

　　按照迈克尔·哈默教授的定义，业务流程再造"就是一种不继续走老路的思想观念——找出并打破以前最基础的企业经营思想的陈旧模式"。M. 哈默和 J. 钱皮在《企业再造——经营革命的宣言》一书中对再造的定义是："根本地重新思考和彻底地重新设计，再造新的业务流程，以求在速度、质量、成本、服务等各项当代绩效考核的关键指标上取得显著的改善"，"再造就是对战略、增值营运流程，以及支撑它们的系统、政策、组织、结构的快速、彻底、急剧的重塑。"在企业流程再造出现以前，企业管理的基本思路是从企业内部寻找提高效率的突破口，以提高现有经营过程的质量，降低运营成本实现企业在市场竞争中的优势。而企业再造，提出了完全不同的管理思路，站在企业外面，首先观察企业运作的流程是否合适，如果流程不合理，就重新设计企业流程；然后观察企业是否以流程作为运作核心，如果不是，就将企业再造成围绕流程的新型企业。因此，企业再造是一次管理革命。业务流程再造坚持三个核心原则：

（1）坚持顾客导向的原则：以顾客为中心的原则使公司的管理层和全体员工都十分明确，企业存在的理由是为顾客提供价值，而价值是由企业流程创造的。只有改造为顾客创造价值的流程，企业的管理变革才有意义。顾客需要的是流程的结果，而过程与顾客无关，任何流程的设计和实施都必须以顾客标准为标准，这是流程再造成功的保证。

（2）坚持以流程为导向的原则：企业流程再造的最终目标就是将企业从过去的职能导向型转变为流程导向型。以流程为中心的企业是一个高度弹性的组织，流程直接面对客户需求，随着市场的变化，流程也必须随时变化，保持公司与不断变化的环境相互协调。

（3）坚持以人为本的团队式管理原则：传统企业所面对的是相对静止的市场环境，内部管理是基于分工理论的任务型管理，除了高层领导者之外，其他人思考问题的出发点就是如何完成本职工作，每个人都不关心自己工作所属流程的进展，而只关心自己是否完成了本职工作。一个工人就是每天按照交给他的生产任务加工规定数量的零件，至于仓库里这种零件已经堆积如山那就不是他关心的事了；一个产品开发工程师只需要关注他的图纸，至于顾客有什么反应，市场前景如何，那是别人的事。而在以流程为中心的企业里，每个人都关心整个流程的运转情况，工作以流程团队的方式完成。

网络经济时代，互联网成为整个社会的信息基础设施。按照 Rayport 和 Sviokla 提出的虚拟价值链理论，每一家企业都要同时面对两个不同性质的市场，一个就是在互联网上形成的虚拟"市场空间"，另一个就是传统的"市场场所"。今天的企业要在现实的"市场场所"和虚拟的"市场空间"同时开展业务，现实环境中的商务发生在实际市场，信息环境中的商务发生在虚拟市场。互联网上的"市场空间"中信息的流转，形成了一条虚拟价值链，通过信息流为企业内、外的顾客创造价值，"在产品或服务的设计、制造、营销、销售的任何阶段，都存在支持信息结构。每个阶段都收集、组织、选择、综合和分配信息。该信息可能是新业务和现有业务中新的竞争优势的基础"；[1] 互联网下的"市场场所"实体物质流转，形成物理价值链，并在"市场空间"中的信息流驱动下完成物质产品和物理服务的提供过程。全方位运营管理体系的核心是全方位的信息共享，在组织内部的各个层次、在企业与所有的合作伙伴之间实现全方位的信息共享，"伙伴关系比传统的买卖关系更需要组织各层面全方位的信息共享，由伙伴各方定期分享事业与策略规划、机密的成本与定价资料、产业与产品技术专利等等"。[2] 信息成为竞争优势的来源，信息流构成了企业运营管理控制体系的核心。在互联网上的"市场空间"中，以信息流为核心的业务控制过程集中体现在制造企业的增值经营环节，主要包括产品研发、制造和交付、供应链、客户四个方面，从而客户关系管理（CRM）系统、产品设计与研发（PDM/CPC）系统、企业资源管理（ERP）系统、供应链管理（SCM）系统在企业运营过程中的四个基本环节各司其职，就是企业运营过程中的互动营销、研究开发、生产与产品交付、供应链管理环节的管理控制过程。见图 7-2。

（1）以客户关系管理（CRM）为核心的互动营销过程，CRM 定位于产成品的整个营销过程的管理，包括市场活动、销售过程与售后服务三大环节的管理。

（2）以产品设计与研发（PDM/CPC）为核心的合作研发过程，实现了全过程的产品数据管理和虚拟协作开发管理。

（3）以企业资源计划（ERP）为核心的生产制造与产品交付过程，ERP 系统定位于企业供应链的全程一体化管理，实现从原材料采购到产成品完成整个过程的各种资源计划和控制，实现企业对客户的产品及时交付。

（4）以供应链管理（SCM）为核心的物流管理过程，基于 Internet 的集成 SCM 管理，是对供应链所涉及的所有合作企业的集成物流、信息流、资金流的协同管理。

在传统的工业经济时代，业务流程是在企业独立运作的条件下定义

---

[1] 斯蒂芬·P. 布雷德利、理查德·L. 诺兰：《网络时代的价值获取》，新华出版社 2000 年版，第 17 页。

[2] 斯蒂芬·P. 布雷德利、理查德·L. 诺兰：《感测与响应——网络营销战略革命》，新华出版社 2000 年版，第 17 页。

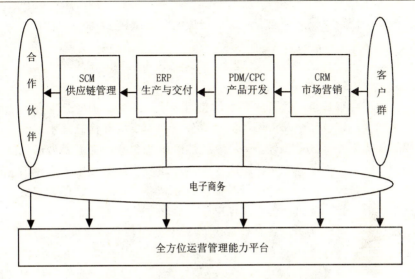

图7-2 基于业务流程导向的运营控制体系

的，而网络经济时代，它被描述为连续互动的整个企业群的运作。一个企业的业务流程相对于其他企业来说，不再是分散和孤立的，而是连续不断、相互依存、反应迅速的一个整体的一部分。业务流程再造是企业构建基于信息技术的扁平化组织和网络化组织的工具和过程，业务流程再造不仅要关注本企业内部的流程，更要重视企业与合作伙伴之间的业务流程，实施"企业 X 再造"。J. 钱辟将企业的业务流程分为三种基本类型：[①]

（1）企业可以自我完成的业务流程：这些业务流程对于企业来说，是能够借以获得竞争优势的唯一途径。其重要程度要求企业必须完全掌握其控制权，而且不能交予其他组织完成。

（2）企业可以与其他组织协同完成的业务流程：这些业务流程涉及企业、供应商、合作伙伴以及客户之间的信息、货物、资金的交换和流转。这些业务流程对于企业来说已经不再认为是专有的了。

（3）外判予其他组织的业务流程：这些业务流程并非企业的营运核心，其他组织或许可以更好、更有效地完成它们。

全方位运营管理体系强调企业内部的业务集成运作和企业合作伙伴之间的业务集成运作，以流程为核心的企业运作模式将取代以职能为中心的

---

① ［美］詹姆斯·钱辟著：《企业 X 再造》，中信出版社 2002 年版，第 34 页。

运作模式，使企业成为面向客户价值创造的流程型扁平组织。

（二）基于流程的管理控制模式

信息和控制是组织的基本要素，在网络经济时代，面对日益复杂、动态变化的客户需求和全球市场，所有的公司都需要借助信息技术以改善组织控制和决策并保持竞争优势。"信息是组织的命脉，这是因为信息能够在结构、技术、创新等方面辅助决策制定，还因为信息是组织连接供应商和顾客的生命线。"[①] 同时，企业控制系统也依赖于信息，管理者需要信息维持组织的运转，并保证企业向客户提供价值过程的有效完成。

我们需要清晰地认识到企业业务就是由流程和客户组成的复合系统，企业的流程支撑了企业的核心能力，而核心能力则支撑了企业的核心产品，核心产品则支撑和演化出众多的最终产品以供顾客选择和消费。因此，辨识企业的核心流程和关键客户，是了解业务系统基本结构和建立运营控制体系的关键。

什么是流程（Process）？《牛津英语双解词典》对其的定义是："相互关联的一系列活动、变化；一系列审慎采取的步骤、方法、程序。"[②] 我们知道，企业最基本的也是最重要的职能就是生产产品或提供服务，企业从事生产产品或提供服务的基本活动组成的流程以及为这些基本活动提供支持的活动组成的流程构成了企业日常运作的运营流程体系，正是这些流程的不停运转，使企业的经营目标得以完成。流程作为完成某一项任务或某一项工作的全过程，具有如下基本功能：

- 完成一定的目标和任务。
- 实现了分工的一体化。
- 确定执行者的责任。
- 具有时间性和阶段性。

作为制造型企业，设计、生产、销售产品是公司的核心业务，提供无缺陷的产品对于企业来说，比以往更加重要。但是，仅仅依靠生产无缺陷的产品并不能保证一个公司的成功，成功的制造型企业必须具有全面的系

---

① ［美］Richard L. Daft 著，李维安等译：《组织理论与设计精要》，机械工业出版社1999年版，第194页。

② 张芳杰：《牛津英语双解词典》，牛津大学出版社1984年版，第903页。

统竞争力:

• 获取顾客的订单,按照订单生产,满足顾客的需求包括特殊需求并获取利润。

• 理解现有顾客和潜在顾客的需求,并且他们的需求能够通过创新产品或改进生产流程来满足。

• 跟踪最新技术,并能够将其通过研究与开发应用于产品之中。

• 建立与管理好供应商体系和网络,确保零部件和原材料的及时供应。

• 迅速适应变化多端的市场环境。

因此,站在企业总体流程的角度,企业向客户提供产品和服务的流程是主要核心流程,其他流程是支持流程。这些流程主要包括:

• 吸引顾客的流程:为公司吸引并维系顾客的流程。

• 订货管理流程:该活动意味着去解释或者跟踪顾客对产品或服务的要求。

• 装货流程:该流程的任务是生产、准备、发送顾客订购的货物。

• 顾客服务流程和支持流程:这些活动的目的在于发货以后维持顾客的满意度。

• 开发新产品或者新服务的流程:构思、设计并实施向顾客提供新的附加值的服务。

企业的支持流程主要包括四个基本方面,为企业的核心运作过程提供资源支撑和体制支撑:

• 信息管理流程:传输并处理有关数据和信息,推动公司的各项运作和决策。

• 组织管理流程:基础设施建设、职能管理与流程管理的流程,遵守法律、法规的流程。

• 人力资源流程:包括招聘、培训、绩效评估、薪酬管理流程。

• 财务管理流程:包括取得资金、运用资金、预算流程。

在面向职能管理的传统企业组织中,组织运营控制体系是围绕着职能及其分解后的职能部门、工作或任务来组建的。在这样的组织中,人们关注和解决问题的焦点是职能、部门和任务。每个部门经理最关心的是自己的职能部门而不是整个企业,其绩效考核和升迁与其所在职能部门效益的好坏息息相关。员工一般都具有与职能相关的知识,他们讨论和关心的是某一项固定的活动或是支持目标的某种新技能，员工的职位是根据内部报告系统来确定的。这个系统将对本部门有用的信息是从外部环境中筛选出来的，而且职能部门内部往往有各自的专业术语，从而与外部环境以及其他部门割裂开来，这样一方面为部门的员工提供了很强的安全感和稳定感，但另一方面也导致了组织内部横向沟通的障碍和部门之间协调合作的困难。而且职能部门与外部环境中顾客存在的距离，也使得部门内部对顾客的需求缺乏足够的认识，因此，也无法对其做出及时的有效反应。

在面向流程的组织管理中，组织运营是围绕企业的核心流程来进行的。在这样的组织中，人们关心和解决问题的焦点在于企业整体的运营流程。这些流程与顾客需求紧密相关，直接体现企业的价值链及其关键性指标，企业的组织机构趋于扁平化，员工清楚地知道流程的结构及其与绩效指标的关系，他们对顾客的需求具有高度的敏感性。在自我管理、分工协作的工作团队中，具备某些专业知识的员工注重其作为一个专家在团队中的作用，通过发挥自身的创造性才能改善流程绩效，并有助于团队中其他成员专长的发挥与完善。采用先进的信息技术，将企业的内部组织与外部顾客联结起来，使得组织内部的沟通变得容易。

面向流程的全方位运营控制体系，就是要在信息技术的支持下，把信息集成的范围扩大到整个供应链，所有的合作伙伴都有基于网络的应用平台和开放的体系结构，可以实时地共享信息，实现协同商务，体现虚拟企业的精神，提高企业或以核心能力为特色的整体供应链的应变能力和竞争力。借助于信息系统对企业供应链的各个环节业务运作进行一体化的集成管理，主要包括：

- 面向营销和客户服务的客户关系管理系统——CRM 系统。
- 面向产品研发和协同制造的协同产品商务系统——CPC 系统。
- 面向企业内部供应链管理的企业资源计划系统——ERP 系统。
- 面向企业外部供应链与物流管理的供应链管理系统——SCM 系统。

电子商务框架下的客户关系管理（CRM）、产品研究与开发（PDM/CPC）、企业资源计划（ERP）和供应链管理（SCM）共同构成了全方位运营管理控制体系的内涵，其运营控制的基础和核心要素就是信息流。以互联网为技术平台的企业电子商务网站、CRM 系统、PDM/CPC 系统、ERP 系统、SCM 系统也构成了企业全方位运营控制体系的完整方案。四个系统构成了全方位运营控制体系的核心内容，每一个系统都代表了如下三层含义：

　　• 管理理念：每一个系统都体现了一种新的企业管理理念和管理思想；

　　• 信息技术：每一个系统都是一套系统的信息技术解决方案；

　　• 管理软件：每一个系统都代表了一种软件产品。

二、市场营销流程控制与客户关系管理(CRM)体系

(一) 营销理念的变革

　　菲利普·科特勒将营销定义为："就是个人和集体通过创造并同别人进行交换产品和价值，以获得其所需所欲之物的一种社会过程。""营销管理是为了实现各种组织目标，创造、建立和保持与目标市场之间的有益交换和联系而设计的方案的分析、计划、执行和控制。"[①] 按照菲利普·科特勒的观点，企业营销管理的指导思想主要有以下五种：

　　(1) 生产观念，就是企业的一切经营活动以生产为中心，围绕生产来安排一切业务，"以产定销"。

　　(2) 产品观念，就是企业的主要任务是提高产品质量，只要产品质量好，消费者就喜欢，企业的经营活动是一个以产品为中心，而忽视了市场的实际需求。

　　(3) 推销观念，就是强调企业的产品是被"卖出去的"，而不是被"买去的"，企业必须建立专门的推销机构，大力开展推销技术。

　　(4) 营销观念，就是以顾客的需要和欲望为导向的经营哲学，以整体营销为手段来取得顾客的满意，市场营销观念即市场导向是企业经营思想的一次根本性变革。

　　(5) 社会营销观念，就是要正确处理消费者欲望、消费者利益和社会

---

① 菲利普·科特勒著，梅汝和等译：《营销管理：分析、计划和控制》，上海人民出版社1996年版，第19～20页。

长远利益的关系，不仅要满足消费者的需要和欲望并由此获得企业利润，而且要符合消费者自身和社会的长远利益。社会营销观念要求企业要权衡企业的利润、消费者需要的满足和社会利益。

五种营销观念实际上可以划分为两大类：其一可以称为传统营销观念，包括生产观念、产品观念和推销观念；其二可以称为现代营销观念，包括市场营销观念和社会营销观念。在传统营销观念向现代营销观念的更新转变过程中，最根本的转变是企业活动的中心发生了变化，由以生产者为中心转变到以消费者为中心。20 世纪 60 年代，美国营销学家杰·迈卡锡（E. Jerome McCarthy）提出了 4Ps 营销组合理论，通过产品（Product）、价格（Price）、渠道（Place）和促销（Promotion）四个要素的适当组合和搭配，它体现着工业经济时代的整体营销思想。4Ps 的营销组合是以企业为中心、以产品为中心的一个营销理念，企业以现有的产品、现有的服务向消费者服务，在没有完全了解消费者的需求之前，产品已经制造出来了，市场营销的基本任务就是努力推销已经生产出来的产品，基本上仍然是属于用标准化的产品满足客户的需求，这是适应工业经济时代大规模生产方式的营销模式。1990 年，美国的劳特朋（Robert Lauterborn）教授从顾客需求的角度研究市场营销理论，在 4Ps 理论的基础上提出了与传统营销 4Ps 相对应的 4Cs，4Cs 完全是从客户的角度定义营销的理念：

• "把产品先搁到一边，加紧研究客户的需要与欲求（Customer wants and needs），不要卖你所能制造的产品，要卖客户想购买的产品。"

• "暂时忘掉定价策略，快去了解客户，要满足其需要与欲求所需付出的成本（Cost to satisfy wants and needs）。"

• "忘掉通路策略，应当思考如何给客户方便（Convenience to buy）以购得商品。"

• "最后，请忘掉促销，正确的词汇是沟通（Communications）。"

4Cs 模式是真正以客户为中心、以客户需求为中心的营销理念，市场营销的根本任务就是要进行有效的客户资源管理，从真正把握客户的真实需求开始，并能够快速响应和满足客户的个性化需求，生产那些能够卖出去的产品，这种以顾客的价值来看待企业的营销，被称为营销学的第三次革命，① 这是适应网络经济时代大规模定制生产方式的市场营销模式。美国的舒尔茨（DonE. Schultz）在 4Ps、4Cs 的基础上，以竞争为导向，又提出了 4Rs（关联、反应、关系、回报）营销新理论，阐述了一个全新的营销四要素：

（1）关联：就是要与顾客建立关联。在竞争性市场中，顾客具有动态性，顾客忠诚度是变化的，顾客在得不到满意服务的情况下可以转向其他企业。要提高顾客的忠诚度，赢得长期而稳定的市场，重要的营销策略是通过某些有效的方式在业务、需求等方面与顾客建立关联，把顾客与企业联系在一起，这样就可以建立顾客忠诚度，大大减少了顾客流失的可能性。

（2）反应：就是提高企业对市场的反应速度。在网络经济的今天，对经营者来说最现实的问题不在于如何制订计划与实施控制，而在于如何站在顾客的角度，认真地倾听顾客的希望、渴望和需求，并迅速做出反应，满足顾客的需求。目前多数公司多倾向于说给顾客听，而不是听顾客说，对顾客的需求反应迟钝，不能适应市场的发展要求。

（3）关系：就是要实施关系营销策略。在企业与客户的关系发生了本质性变化的市场环境中，抢占市场的关键已转变为与顾客建立长期而稳固的关系，从交易关系变成伙伴关系，从交易营销转向关系营销，从管理营销组合变成管理和顾客的互动关系。所有这一切其核心是处理好与顾客的关系，把服务、质量和营销有机地结合起来，通过与顾客建立长期稳定的关系实现长期拥有客户的目标。

（4）回报：就是企业营销的目标利润导向原则。对企业来说，市场营销的真正价值在于其为企业带来短期或长期的收入和利润的能力。一方面，追求回报是营销发展的动力；另一方面，回报是维持市场关系的必要

① 市场营销学研究中提出现代企业必须善于分析判断消费者的需求和欲望，并据此提供适宜的产品和劳务，保证生产者与消费者之间"潜在的交换"得以顺利实现。所谓潜在的交换，就是生产者的产品或劳务要符合潜在消费者的需求和欲望，并将市场定义为是生产者和消费者进行潜在交换的场所，凡是为了保证实现这一潜在交换所进行的一切活动，都属于营销活动，都是市场营销学的研究对象。这一原则要求把市场在生产过程中的位置颠倒过来，市场不是传统所认为的生产过程的终点，而是生产过程的起点，必须充分重视消费者对生产的影响，使消费者参与生产、投资、研究等计划的制订，这一原则被公认为市场营销学的第一次革命，也称为企业经营中"哥白尼太阳中心说"。菲利普·科特勒在 20 世纪 80 年代提出的大市场营销概念，将营销组合由4P 扩展为 6P、10P、11P，从战术营销转向战略营销，被称为市场营销学的第二次革命。

条件。企业要满足客户需求，为客户提供价值，并为企业创造利润。一切营销活动都必须以为顾客及股东创造价值为目的。

4Rs根据市场不断成熟和竞争日趋激烈的市场形势，着眼于企业与顾客的互动与"双赢"，不仅积极地适应顾客的需求，而且主动地创造需求，运用优化和系统的思想去整合营销，通过关联、关系、反应等形式与客户形成独特的关系，把企业与客户联系在一起，形成竞争优势。

站在企业运营管理的角度，从工业经济时代以产品为中心的营销理念转变为网络经济时代以客户为中心的营销理念，是现代市场营销理论的重大演变。以客户为中心的营销理念，要求企业必须建立一种市场营销模式，能够将消费者的需求信息、消费习惯实时地传递到企业，企业能够和消费者进行沟通和交流，建立一种双向互动的信息共享机制，从而准确地把握消费者需求，为消费者提供服务，使企业的4Ps能够很好地适应消费者的4Cs、4Rs，因此，关系营销模式和客户关系管理便应运而生。对于企业来说，客户关系是现代企业商务活动的巨大信息资源，企业所有商务活动所需要的信息几乎都来自于客户关系管理。在网络经济时代，借助互联网技术，通过信息流的管理，客户关系管理将成为企业信息技术和管理技术的核心。拥有客户就意味着企业拥有了在市场中继续生存的理由，而拥有并想办法保留住客户是企业获得可持续发展的动力源泉。这要求企业在广泛关注所有的竞争环境的同时，必须加大力度关注客户这一因素。客户是企业生存发展的基础，是企业利润的源泉。

（二）客户关系管理（CRM）

CRM的概念由Gartner Group提出，被定义为："企业与客户之间建立的管理双方接触活动的信息系统"，该定义从信息系统的角度提出在网络经济时代，利用现代信息技术手段，在企业与客户之间建立一种数字的、实时的、互动的交流管理系统，使企业在客户服务、市场竞争、销售与支持方面形成彼此协调的关系。作为一个管理信息系统，CRM将企业营销信息的管理从分散走向集成。在传统的营销模式下，企业内部的各个管理部门是分工明确、各自独立的职能部门，协调起来非常困难。市场部门只负责向客户介绍公司产品；销售部门只关心客户购买的意向；服务部门只了解客户服务的要求；投诉部门只担任客户投诉意见的收集和处理工作；财务部门只知道客户付款情况。各种信息都分散地保留在各个部门，一个客户对产品的了解程度、购买意向、对服务的要求、投诉的意见、付款情况的种种信息是相互分割的，企业没有一个部门可以对客户的情况做到全面了解，客户与公司的关系没有得到很好的管理，造成管理效率低下，引起客户不满意。因此，CRM 通过先进的计算机应用技术和以客户为中心的管理思想的结合，建立收集使用和分析客户信息的系统，使企业内部的各个部门共享客户信息，统一对客户进行系统的研究，建立有关老客户、新客户、潜在客户的关系，从中找出有价值的客户，并且不断挖掘客户的潜力，开拓企业的市场，以获得最大的利润。CRM 作为客户关系管理软件，实现了企业前台销售管理的自动化，并使企业能够充分利用客户信息来优化企业决策过程。

CRM 主要涉及企业的市场、销售和服务三个部门，这三个部门是企业的前台部门，目标就是开拓市场、加强销售，提高服务质量。CRM 将三者的目标集中起来，加以协调，并通过信息的综合分析，达到企业级管理的需求。以互联网技术平台为支撑，以客户关系管理 CRM 为核心的市场营销管理体系，实现了企业的市场、销售和服务三个部门的信息共享，实现了集成一体化市场营销过程。作为一种管理软件，CRM 主要包括四个部分的内容：

（1）销售自动化：销售自动化 SFA（Sales Force Automation）是以信息技术替代原有的销售过程，销售自动化面向销售人员，通过向销售人员提供计算机网络和各种通信工具，使销售人员了解日程安排、佣金、定价、商机、交易建议、费用、信息传送渠道、客户信息、新闻等，提高销售人员的工作效率，缩短销售周期。客户则可以通过电子商务的网上交易来定制和购买企业的产品和服务。CRM 的销售自动化主要包括现场销售、电话销售、网络销售、客户管理、奖金管理、日历日程表等功能。CRM 强调与客户交流渠道的多样性，如电话、网络、现场、传真等，为客户提供了方便的沟通渠道，使企业扩大了与客户交流的机会。多种渠道的存在要求企业具备融合各个渠道的能力，保证客户无论通过哪种渠道均能达到目的。各种渠道的最终结果是建立一份销售订单。

（2）营销自动化：营销自动化是通过营销计划的编制、执行和结果分析、清单的产生和管理、预算和预测、资料管理、建立产品定价和竞争等信息的知识库、提供营销的百科全书、进行客户跟踪、分销管理，以达到营销活动的设计目的。CRM 营销自动化的主要功能包括：营销活动管理、营销活动百科全书、网络营销、日历日程表等。

（3）客户服务与支持：客户服务与支持 CSS（Customer Service & Support）是客户关系管理中的重要部分，通过呼叫中心和互联网，为客户提供了产品质量、业务研讨、现场服务、订单跟踪、客户关心、服务请求、服务合同、维修调度、纠纷解决等功能。客户服务与支持的功能包括：安装产品的跟踪、服务合同管理、求助电话管理、退货和检修管理、投诉管理和知识库、客户关怀、日历日程表等。

（4）商务智能：当销售自动化、营销自动化和客户服务与支持三方面的功能实现后，将产生大量的客户与潜在客户的各方面信息，利用客户信息数据库，利用商务智能，为各级人员提供强大的数据统计和分析功能，供决策者及时做出正确的决策。商务智能包括销售智能、营销智能、客户智能等内容。

客户关系管理强调以客户为中心，必须把握客户的真实需求并快速响应、满足客户的个性化需求，更为重要的是要提高客户的满意度和忠诚度，客户忠诚的前提是客户满意，而客户满意的关键条件是客户需求的满足。

弗雷德里克·纽厄尔在其《网络时代的顾客关系管理》中从营销的角度将客户关系管理定义为："通过对顾客行为长期地施加影响，强化公司与顾客之间的关系。顾客关系管理作为一种真正意义上的'一对一'营销手段，它的营销目的已经从传统的以一定的成本取得新顾客转向想方设法地留住现有顾客，从取得市场份额转向取得顾客份额，从发展一种短期的交易转向开发顾客的终生价值。这里再一次指出，顾客关系管理的目的是从顾客利益和公司利润两方面实现顾客关系价值最大化。"[1] 顾客关系管理是企业的一种长期的市场策略，通过与客户建立超越了交易范畴的良好关系，通过与客户进行及时而多方面的沟通与交流，在获得了更多客户信息的基础上，建立客户的忠诚度，从而获得更多客户，并最终将客户资源转变为企业的收益，创造有价值的订单，围绕订单信息流启动全方位企业运营管理系统。

---

① 弗雷德里克·纽厄尔著，李安方译：《网络时代的顾客关系管理》，华夏出版社 2001 年版，第 10 页。

吕本富在《CRM 的隐形钱袋》一文中指出："《软件工程师》实施 CRM 的核心是怎样让决策层、管理层以及实施层都能从思维和行为习惯上真正聚焦到客户身上。现在，已经有 93％的 CEO 认为客户关系管理是企业成功和更富竞争力的最重要因素，企业文化是影响企业能否有效地建立与客户之间的良好关系的关键，是 CRM 能否发挥效能的前提条件；同时，CRM 作为支持新型企业文化的有力工具，又给企业文化带来了新的变革。通过实施 CRM，企业由重视企业内部价值和能力，变革为重视企业外部资源的利用能力，这是 CRM 给企业文化带来的最大变革，企业文化的其他许多变革也正是由这一变革所衍生。"①

(三) 网络市场营销过程控制

互联网将成为企业主要的沟通媒介，网络市场营销将成为网络经济时代的主要营销形式。郭斌将网络营销定义为："利用 Internet 技术，最大限度地满足客户的需求，以达到开拓市场、增加盈利目标的经营。"② 覃征将网络营销定义为："不仅仅在于将产品推销给客户，还应该利用先进的技术手段发展新型的网络企业与用户之间的关系，促进网络企业市场营销的新变革。"③ 王方华老师将网络营销定义为："在网络环境下，企业以消费者为中心，通过产品、定价、渠道、促销等一系列的经营活动来获取恰当的利润满足社会需求的过程。"本书认为，王方华老师的定义比较准确，网络营销首先是企业的一种营销活动，必然遵循营销活动的一般原则，同时由于网络的出现和普及，必然会给网络营销带来新的特点，主要体现在如下五个方面：

（1）直接营销模式：网络营销建立了企业与客户之间的联系，去除了传统营销渠道中经销商的影响，是一种典型的直接营销模式。在传统的营销模式中，典型的分销渠道是"生产商—批发商—零售商—用户"，而网络营销的模式是"生产者—用户"或"生产者—新兴电子中介—用户"，消除了传统的渠道"需求滞后差"，大大减少了市场流转的时间和成本，能够快速响应客户的个性化需求。

---

① 吕本富、吴文良：《CRM 的隐形钱袋》，载《软件工程师》2003 年第 12 期。
② 郭斌：《网络企业管理》，浙江大学出版社 2001 年版，第 92 页。
③ 覃征等：《网络企业管理》，西安交通大学出版社 2001 年版，第 172 页。

（2）实时互动式营销：网络营销的最显著的特点是网络的实时互动性，企业将注意力放在实时的客户满意度上，通过提供技术支持、引导和相关信息来获得顾客的忠诚。网络营销同时考虑客户需求和企业利润，寻找能实现企业利润的最大化和满足客户需求最大化的营销决策。新的市场经营环境要求企业必须把客户整合到整个营销过程中来，并在整个营销过程中不断地与客户交流。网络互动的特性使客户真正参与到整个营销过程中来成为可能，客户在企业营销中的地位得到提高，客户参与的主动性和选择的主动性得到加强。在这种网络互动式营销中，卖方和买方可以随时随地进行实时互动式双向（而非传统企业营销中的单向）交流。

（3）"一对一"营销：网络营销中，企业和客户之间的关系变得非常紧密，形成了"一对一"的营销关系（One-to-one-Marketing），超越了传统营销方式下企业与客户群之间的"一对多"的营销关系。

（4）定制营销：随着企业和客户相互了解的增多，客户关系的建立，客户的销售信息将变得更加定制化。网络营销的发展趋势是将由大量销售转向定制销售。

（5）"软营销"：软营销是相对于传统企业的强势营销与消费者的被动接受而言的。工业化大规模生产时代的"强势营销"主要有两种促销手段：传统广告和人员推销。传统广告企图以一种信息灌输的方式在客户心中留下深刻印象，它根本就不考虑你需要不需要这类信息；人员推销不事先征求推销对象的允许和请求，而是企业推销人员主动地"敲"开客户的门，企业考虑的是为顾客提供一定价值需求情况下的硬性推广。软营销的主动方是客户，网上企业"软营销"的特征主要体现在遵守"网络礼仪"（Netiquette 或 Network Etiquette）的同时获得良好的营销效果，必须事先经过顾客许可才可以发送邮件，一般是通过为客户提供某些有价值的信息，同时附带一定的广告信息。

企业的网络营销发展分为三个阶段：网上宣传阶段、网络营销阶段和电子商务阶段，其中网络营销的主要模式包括数据库营销、会员制营销、伙伴营销、许可营销、E-mail 营销、关系营销、网上广告、网上品牌等，可以分为五个层次：[①]

（1）企业上网宣传：这是网络营销最基本的应用方式，将互联网作为

---

① 　熊波、陈柳、陶永勇：《网络营销管理》，中国电力出版社 2001 年版，第 37～40 页。

一种新的信息传播媒介,建立企业网站,进行企业形象和产品的宣传。

(2) 网上市场调研:借助互联网的信息资源和交互性特点,在网站上进行调研市场信息,发现消费者需求动向,为企业细分市场提供依据。

(3) 网络分销联系:利用互联网所具有的高效及时的双向沟通功能,在企业与其分销商、供应商之间建立信息联系的平台,从而提高供应链的运作效率,降低库存,及时调整产品结构。

(4) 网上直接销售:建立网上商店直接销售产品,并接受客户的网上订货,建立一种高效率、低成本的交易方式,形成一种新的经营模式。

(5) 网上营销集成:企业完全融入互联网的市场环境,依靠网络与原料供应商、制造商、经销商建立密切联系,并通过网络收集信息,根据消费者需求,充分利用网络伙伴实现产品设计、生产、制造和销售的全过程。互联网成为营销各环节的中心。

网络互动营销是网络经济时代的主要营销模式,它将传统的推式市场模式转变为拉式市场模式,由以制造商为中心转变为以客户为中心,由等待型销售转变为创造型销售,由一般渠道销售转变为网络直销,以 CRM 为核心的网络一体化营销体系取代了传统的相互分割的营销体系,并成为企业运营的前台系统和订单信息流的源头,产生的订单信息流成为企业生产组织运作计划、控制、协调的管理依据。

市场营销阶段主要产出是完成与客户的沟通和销售过程,产生客户订单信息流,作为生产制造过程控制系统即全面资源管理 ERP 系统的信息输入要素。

三、产品设计流程控制与 PDM/CPC 管理体系

(一) 产品设计理念的变革

客户需求的个性化、市场竞争的全球化,对制造企业的研发能力提出了新的挑战。因此,缩短产品上市周期、提高产品质量和服务质量、降低产品成本成为制造企业生存和发展必须考虑的关键问题;同时,对那些既有研发又有生产的制造企业而言,根据成本积淀理论,产品成本中大约

80％是在产品设计期间决定的，另外，产品的可定制性、可维护性、质量等因素也是在产品设计期间决定的。从某种意义上讲，控制了产品开发的源头就控制了产品本身的性能，因此，必须从产品设计环节入手进行竞争力的培育。产品设计环节能够为企业资源计划（ERP）系统提供产品数据源，没有准确的 BOM 信息，ERP 就成为无源之水；而企业已经应用 OF-FICE 软件和 CAX 软件，生成的大量电子文档也需要进行有效的管理，从而保证企业知识产权的安全。

作为一种新兴的产品设计管理理念，协同产品商务（CPC）是由著名 IT 咨询机构 Aberdeen 集团在 1999 年提出，并迅速得到业界响应。它以产品开发的价值链为核心，在包括产品研发、设计、采购、生产、售后服务在内的全生命周期中进行系统化数据管理，从而形成真正的以产品为核心的知识管理，并提供跨部门甚至跨企业的协作开发环境，使创新成为一种可配置的资源，对创新的配置是通过知识的协同实现的。实现知识的协同需要从三个维度展开：时间、空间、应用。也就是说，在不同的时间、不同的空间范围，不同的应用模式需要不同的协同工具。从时间的维度讲，CPC 将产品大批量制造之前的所有过程通过不同的解决方案形成一个整体。在实际应用中，被授权的 CPC 用户可以使用任何一种标准的浏览器软件查看该系统视图中的信息，这一视图对一组分散的异构产品开发资源进行操作。一般这些资源位于多个信息仓库中，并且由相互独立的实施和维护系统来管理。CPC 的重要特点是将企业间松散的数据和应用功能耦合为一种统一的数据模型，而且这种数据模型并不依赖数据通用性来保证个体之间的相互协作，这样就使企业应用软件之间的集成变得很容易实现。从分散的源头汇集的知识能给企业带来巨大的效益。从空间的角度讲，由于在产品开发的不同阶段需要和不同的对象实现协同，比如在产品定义阶段需要倾听客户的声音，在设计期间需要和合作伙伴的互动，实现这些跨部门、跨企业的协作如果没有 CPC 系统几乎是不可想象的。一个定义良好的 CPC 系统能够支持部门级、企业级、企业之间的合作开发。从应用的角度讲，不同的企业可能会采取不同的制造模式，如按库存生产、按订单生产、按订单设计，不同的制造模式需要不同的解决方案，作为一个归一化的解决方案，CPC 能够为不同的模式提供相应的支撑。

支持产品研发的管理理念主要有 20 世纪 80 年代的并行工程 CE、90 年代的集成产品开发 IPD、协同产品开发 CPD，发展到目前的 CPC。80 年代中期以来，制造业发生了根本性的变化，产品供大于求的现象开始出现，顾客对产品质量、成本、品种的要求越来越高，产品的生命周期越来越短。因此，企业为了赢得市场竞争的胜利，就不得不解决加速新产品开发、提高产品质量、降低成本和提供优质服务等一系列问题。在所有这些问题中，迅速开发出新产品，使其尽早进入市场成为赢得竞争胜利的关键，时间成为竞争的核心。针对如何缩短产品开发时间，工业界和管理界开始了广泛的研究，研究的成果就是"并行工程"。并行工程是通过组织跨部门、多学科的开发小组在一起并行协同工作，对产品设计、工艺、制造等上下游各方面进行同时考虑和并行交叉设计，解决传统的串行产品开发模式中出现的频繁变更、设计质量不高和设计周期长的问题。在并行工程研究的基础之上，管理咨询界通过多年的研究和实践，将项目管理的思想和并行工程相结合，形成集成产品开发体系这一成果。集成产品开发IPD 具有七个核心要素：决策、项目小组、开发活动的结构、开发工具与技术、产品战略过程、技术管理和管道管理。IPD 实际上大大扩充了并行工程的范围，它首先将产品开发看成一个战略过程。协同产品开发体系（CPD）本身建立在 IPD 的基础之上，CPD 在 IPD 的基础上增加了人力资源管理体系，将对产品开发的主体——人的管理纳入到管理中来，体现了CPC 通过协同创造价值体现到产品开发过程中来的理念。CPC 的管理理念所追求的目标以及相应的管理模式详见表 7-1。[①]

表 7-1　　　　　　　　　　　　**CPC 的发展历程**

项目	20 世纪 80 年代	20 世纪 90 年代	21 世纪初
管理软件	PDM	PDM II	CPC
管理模式	各专业开发模型	CE/IPD	CPD
竞争焦点	利润	市场占有率	市场容量
产品开发战略	低成本	产品上市时间短	创新
技术焦点	提高生产率	数据共享	开发、利用智力资产
过程焦点	连续的设计过程	并行工程/IPD	跨企业协同
组织焦点	部门	项目团队	敏捷的市场团队

① 张蓬：《协同产品商务（CPC）理念的演变》，载 www. news. chinabye. com，2002 年 1 月23 日。

实施 CPC 给企业带来的效益是多方面的，直接的效益包括产品开发周期的缩短，产品开发成本和产品制造成本的降低，实现跨地域的协同开发与制造等。正是因为 CPC 能给企业带来多方面的优势，许多跨国制造企业才选择这项技术来增强他们的核心业务过程，提高企业的竞争力。

（二）协同产品商务（CPC）

协同产品商务 CPC 是从计算机辅助设计 CAD 软件开始起步发展的，可以将从 CAD 到 CPC 的发展分为四个阶段：

（1）工具时代：工具时代的管理思想体现在通过为技术人员提供必要的工具以提高其技能。计算机辅助设计（CAD）技术起步于 20 世纪 50 年代后期，随着在计算机屏幕上绘图变为可行而开始迅速发展。人们希望借助此项技术来摆脱烦琐、费时、绘制精度低的传统手工绘图。此时，CAD 技术的出发点是用传统的三视图方法来表达零件，以图纸为媒介进行技术交流，这就是二维计算机绘图技术。在 CAD 软件发展初期，CAD 的含义仅仅是图板的替代品，后来作为 CAD 技术的一个分支而相对单独、平稳地发展。发展到今天，CAD 已经超越了早期的图板替代品所具有的功能，具有了计算机辅助分析、设计自动化等功能。CAD 系统实际上隐含着这样一个管理思想：通过机器提高工人的技能，因此，它是典型的工具时代的产品。在这个时代，没有明显的管理方法与软件相互支撑。

（2）平台时代：平台时代是从工具时代到管理软件时代的过渡阶段。产品数据管理（PDM）是随着 CAD 系统的发展并逐渐成为工程技术人员必不可少的工具，企业内部的各种设计文档开始出现爆炸性的增长，在这样的情况下，原先手动的文档管理方式显然已不能满足企业的需求。与此相对应，开始出现文档管理方面的工具 PDM。这些产品的目标是解决大量电子数据的存储和管理问题，从功能的角度讲，主要包括电子绘图仓库、数据版本控制和初步的产品结构管理。PDM 在发展过程中不断完善，后来又在此基础上增加了产品配置管理等功能。从管理思想的角度来说，这个时代的产品已经不再是为技术人员提供单纯的工具，还提供了简单的管理功能，但这种管理尚未到达企业一级，而是在部门层次上进行一定的管理。因此 PDM 系统属于平台时代的产品。这个时代的管理方式体现在产品开发的过程模型上，进行产品开发的技术人员必须遵循一定的步骤进行产品的开发。

（3）管理软件时代：管理软件时代的产品将项目管理的思想融进产品开发过程，体现了大规模制造的流水线化特征。软件产品类似于工厂中的流水线，技术人员必须按照流水线的步调工作。在管理软件时代所追求的目标体现了大规模制造特征：降低产品开发成本、提高产品开发效率和产品开发生产率；第二代产品数据管理（PDMⅡ）是随着企业竞争的加剧出现的，缩短产品开发时间、降低生产成本已经成为企业所面临的挑战。面对这样的挑战，出现了虚拟企业这样的概念。第一代 PDM 专注于设计阶段工程信息的管理，产品设计与制造的脱节没有得到很好的解决，在这样的背景之下，出现了第二代产品数据管理的概念。PDMⅡ最初由 Gartner group 提出，PDMⅡ有三个核心的要素：虚拟产品开发管理（VPDM）、传统的 PDM 和 ERP 系统。从软件功能的角度讲，这个时代的产品具备了工作流管理和产品生命周期这样的模块，并且管理的范围扩展到企业一级。从 PDMⅡ所提供的功能上可以看出，这个时代的 PDM 系统隐含着这样的基本管理思想：通过流程自动化手段将技术人员放到产品开发的流水线中去，并通过自动化的流程追求产品开发的低成本和高效率。从 PDMⅡ所追求的目标来看，PDMⅡ依然是在大规模制造的范式下追求着大规模制造类似的目标，因此，我们可以认为 VPDM 系统属于管理软件时代的产品。

（4）协同时代：协同时代的产品除了强调企业内部的管理外，还强调企业与供应商以及企业与客户的协同。从管理软件时代过渡到协同时代不仅意味着技术的改进，还意味着一种管理模式的变更和新的制造模式的到来。从 PDMⅡ到 CPC 是一个质的飞跃，二者追求的目标有了非常明显的区别，协同产品商务已经明确地将企业的产品知识和过程看成企业的财富或资源，这就隐含着这样的基本看法：我们可以通过对知识资源的合理配置实现企业财富的创造。对知识资源的合理配置能够带来企业的创新，创新才是网络经济时代的核心竞争力。

所有 CPC 解决方案的基础都是 PDM 系统，PDM 技术的核心在于能够使所有与产品项目相关的人在整个信息生命周期中自由共享与产品相关的异构数据。PDM 系统实现了企业的信息集成、提高企业产品开发效率的目标，其主要提供如下功能：

（1）信息管理：数据定义及其关系的管理，提高信息重用的质量，降低成本，节约重用时间，支持并行工程，改善与客户和供应商的关系。

（2）过程管理：整理产品开发过程，改进项目管理过程，提供项目审查记录；降低开发周期和成本，减少重复工作，可进行工作流程管理、工程变更管理。

（3）集成管理：通过 PDM 系统可以实现企业产品信息应用系统的集成，包括 CAD、CAE、DFX、ERP 等。

（4）访问控制：基本数据的控制与管理，进行访问控制，保证数据使用的安全性，提供异地协同开发环境，改进项目的可视化和状态信息。

CPC 的理念把传统的企业内部产品数据管理的功能扩大到了贯穿整个产品供应链的信息、过程和管理集成平台的高度，从而实现了在所谓"扩展企业"内，对产品知识资产的协同开发和共享。被授权的 CPC 用户可以在产品从概念设计、制造、销售、服务到报废回收的全部生命周期中，访问并操作"扩展企业"信息系统中任何分布、异构的产品开发资源，将数据和应用功能的松散耦合式集成，不依赖数据通用性来保证个体之间的相互协作的统一数据模型是 CPC 系统的重要特点，它使得企业应用软件之间的集成变得很容易实现。采用 Internet 技术的 CPC 将供应链利益相关方以及客户紧密地联系在一起，形成一个全球的产品知识网络，任何使产品在其生命周期过程中增值的工具和服务都将基于这一基础结构运行。一般来说，CPC 在互联网上实现的主要功能包括：文档管理、版本管理、流程管理、产品结构管理、技术形态管理、零部件管理、需求管理、研发项目管理等。

美国 DELL 计算机公司选用的 CPC 软件是 Agile，一个称作 e-HUB 的应用门户以及基于 Internet 的文件服务器构成了访问和共享安全电子文档的主干。产品数据校验器检查产品数据的准确性，是否符合制造条件，并且检查与全球生产点 ERP 系统的物料和产品结构的信息接口；它还提供了与复杂产品的销售配置器之间的接口，后者按照产品配件的工程技术属性，能够自动按照销售订单进行产品配置，从而做到真正按照订单生产。DELL 公司的 CPC 的重点是在 Internet 的基础上，协同全球运营部门以及供应商的文档资料、BOM 创建、产品技术状态管理以及工程变更管理。通过 CPC 系统保证了 DELL 公司能够：

- 使工程变更在 DELL 全球的供应商及制造点间保持一致。
- 保证产品数据的完整性、及时性和准确性。

- 缩短工程变更的时间。
- 提高跨应用的产品数据的自动重用度，减少重复的手工输入。
- 在投入生产前自动检查产品数据的错误，减少产品技术状态管理的负担。

通过自 2000 年初开始约一年半的实施，DELL 的 CPC 系统已经拥有约 3300 名内部用户，120 家供应商，系统管理了约 25 万件料号以及 2 万份文档。通过内部及与供应商的协作，产品工程变更的效率大大提高，产品工程变更管理的人力物力节约了 30%，平均工程变更管理时间缩短了 50%。

（三）协同产品研发（CPD）

协同产品研发 CPD 体系是以并行工程 CE 和集成产品开发 IPD 为基础，以流程为核心，以岗位设计、绩效考评、激励以及协同研发决策与评价为手段，以沿着产品研发和生产、销售、服务全生命周期中相关人员组成的跨部门和跨企业的团队为组织，以项目管理方法和工具为指导，以协同产品研发平台 CPC 为支撑，而形成的能够快速反映市场变化的现代化敏捷产品研发体系。CPD 中的协同包括两个方面的含义：

- 产品全生命周期内各个阶段的协同和管理。
- 产品研发各个阶段或环节上各相关企业、相关部门和相关人员之间的协同。

协同产品研发体系的基本理念是让"正确的人"在"正确的时间"用"正确的方式"和"正确的态度"做"正确的事"。

产品的研究开发过程是一个以信息流为基础的知识创造过程，信息流管理是研究开发管理的关键环节，一个成功的开发项目首先需要及时获取有效市场信息和用户需求信息，为开发活动提供基础和边界；研究开发活动需要各个小组、各个成员之间频繁的信息交流、沟通和反馈，因此，如何在企业内部建立有效的信息沟通渠道、如何对信息流进行有效管理对开发项目的管理有着重要意义。在网络经济时代的企业开发管理中，通过互联网和企业内部网的集成，企业的产品开发过程可以通过建立"虚拟团队"和"在线虚拟开发环境"，实现了全天候、异地、虚拟产品开发体系，结构化的开发过程、有效的信息基础设施能够有效支持跨越时间、跨越空间的协同开发活动的有效管理，加快了新产品的开发进程。虚拟化研发项目利用电子邮件、共享数据库和远程登录、视频会议等手段和工具，保证了分散研发项目的有效运作，实现了虚拟开发过程。"但是，信息和国际通信技术并不能取代传统的项目管理方式。"[1] 研究开发项目的管理在信息技术的支持下，仍然要按照管理流程进行科学有效的管理，遵循一般的研究开发规律。以创新为目标的研究开发活动，还是要以客户为导向，将开发活动分为项目前期阶段、项目阶段和市场投入阶段三个阶段，在不同的阶段按照开发要求进行管理。

（1）项目前期阶段：必须确定系统设计者，强调创造性，产生好想法，而这是一个非线性发展过程，为各种技术寻求知识不应受到地理条件的限制。尽管现代化的共用软件可以为形成想法的流程提供支持，但是计算机会议和独立形成想法还是存在很大的局限性，缄默知识是不可能在全球通过计算机共享的。

（2）项目阶段：是一个可以开展全球性合作的阶段，强调工作效率。系统协调员和核心团队发挥了非常重要的作用，利用现代信息技术和通信技术提供有力支持，不追求创造性，而是需要通过各个自由运作的研究小组进一步获得多样化的想法，需要采取严格的控制手段对阶段性成果进行管理。

（3）市场投入阶段：关键是建立市场壁垒，在市场上推出和建立标准，从而使投入研发活动的巨额经费可以很快得到补偿。

网络化虚拟研发过程是通过建立虚拟任务工作小组来实现的，任务工作小组研发过程的管理，是研究开发成功的重要保证。

四、生产与交付控制过程与 ERP/SCM 管理体系

（一）生产与交付理念的变革

在工业经济时代，在大规模生产的范式下，企业生产与交付管理的思

---

[1] ［瑞士］Roman Boutellier 等编著，曾忠禄等译：《未来竞争的优势——全球研发管理案例研究与分析》，广东经济出版社 2002 年版，第 528 页。

维方式是纵向一体化方式的"自制"观念，对企业的资源实行直接控制，将"原材料—制造—分销—销售—服务"所有环节全部控制在一个企业内部，强调企业内部的分工和功能集成，企业通过规模效益得到发展。这种生产与交付观念具有如下特征：

- 以卖方市场和规模化需求为决策背景。
- 少品种、大批量生产，采用刚性、专用流水线。
- 金字塔式的官僚多层组织结构，管理跨度小、层次多。
- 集权式管理，以追求稳定和控制为主。

在这种观念的指导下，企业为了最大限度地占有市场份额，必然要牢牢控制用于运营的各种资源。在企业的运作模式上采用高度"自制"而非"外包"策略，一个企业囊括了几乎所有的零部件加工、装配活动，而且把分销甚至零售环节的业务也纳入自己的业务范围之内，最后形成了一个无所不包的大型超级组织。这就是所谓的纵向一体化模式。纵向一体化的生产模式存在如下缺陷：

- 拉长了企业的投资范围，增加了企业的投资负担。
- 迫使企业不得不从事某些不擅长的业务活动。
- 在每个业务领域都面对众多的竞争对手。
- 增大了企业的行业风险。

但是，在今天强调快速响应客户需求的条件下，纵向一体化模式已经不再具有效率和吸引力，而且造成了极大的库存和浪费。从 20 世纪 80 年代后期开始，在企业中形成了一种横向一体化的"外包"观念，企业将原有的非核心业务外包出去，自己集中资源发展核心能力，通过业务结成战略联盟占据竞争中的主动地位。这促使企业从纵向一体化的"自制"观念向横向一体化的"外包"观念转变，从"大而全，小而全"向"分散网络化制造"转变。供应链管理就是实现横向一体化的有效手段。

企业应该从培育核心竞争力的观点出发，引入供应链管理，将企业的主要精力放在企业的关键业务上，充分发挥优势，与全球范围内的合适企业建立战略联盟关系，进行非核心业务的外包，形成横向一体化的供应链管理模式。企业要超越企业范围全方位整合社会资源，首先必须有信息系统的支持，保证信息流的畅通和实时交互，是企业实现协同生产的关键。随着全球化竞争的加剧和信息技术的发展，企业的管理创新主要表现在对内要最大限度地发挥企业所有资源的作用，将企业的所有资源的潜力都调动起来，进行企业资源的最佳组合，以产生最大的效益。不仅要利用企业内部的资源，还要利用企业外部的资源，将客户、供应商、分销商的资源组成一条增值的供应链，将客户的需求、企业的制造活动与供应商的资源集成在一起，满足全球市场的需求。ERP集成系统就是一个企业范围的信息系统，是顾客驱动的、基于时间的、面向整个供应链的制造资源计划，它将供应商和企业内部的采购、生产、销售以及客户紧密联系起来，可对供应链上的所有环节进行有效管理，实现对企业的动态控制和各种资源的集成与优化，提升基础管理水平，追求企业资源的合理高效利用。现代企业的竞争不仅是单个企业的竞争，而且是一个企业供应链与另一个企业供应链的竞争，因此企业不能单独依靠自身的力量来参与市场竞争，企业的整个经营过程与整个供应链中的各个参与者都有紧密的联系，企业必须将供应商、制造商、分销商、客户纳入一个衔接紧密的供应链中，这样才能合理有效地安排企业的产供销活动，才能满足企业利用全社会的全方位资源进行有效的生产经营活动，提高效率并在市场上赢得竞争优势。

面对快速变化的市场环境和客户需求，企业必须突破传统企业纵向一体化的大规模生产模式框架体系，通过整合流程和供应链，充分利用企业内外部的资源，来满足客户多样化、个性化、及时化的需求。基于供应链的生产与交付概念实际上就是虚拟企业生产策略，即利用企业内、外部人员、技术、信息、资金等资源，不断增强自身的竞争优势，将自身的劣势功能进行外包。ERP集成系统作为一个完整的信息系统，在客户需求订单的驱动下，企业的各种资源包括人、财、物、时间等都通过信息的形式来表现，通过信息集成，对企业的各种资源进行有效计划和利用，提高企业的竞争力，完成了产品制造过程与产品交付过程的管理。

（二）企业资源计划（ERP）

为了实现对客户定制化的快速响应，作为ERP前端的CRM系统保证了对客户个性化需求的定制要求，作为企业后端的ERP系统要保证客户的订单能够在最短的时间内完成，并通过物流配送系统在规定时间内交付到顾客手中，供应链上的所有企业必须实现协同生产，这就需要在整个企业范围内进行集成管理。

在企业信息化的实施过程中，集成管理包括三个层面的集成，即信息集成、过程集成和企业集成。按照国际标准化组织 ISOTC184 给出的定义:"集成是指两个以上具有各自机构、行为和边界的实体(称为成分实体)组成一个复合实体,显示出其独特的结构、行为和边界。各个成分实体之间通过交换而合作和协调,共同完成赋予复合实体的任务。各个成分实体之间的可操作性是实现集成的基本前提。"[①] 系统集成是企业为了提高竞争能力这一战略目标而实施的全局性举措,信息集成是从系统运行的角度,保证系统中各个部分在运行的每个阶段,都能将正确的信息在正确的时间、正确的地点,以正确的方式传送给正确的需要该信息的人;过程集成就是在信息集成的基础上,进行经营过程之间的协调,消除过程中的各种冗余和非增值的活动,以及由人为因素和资源问题等造成的影响过程效率的一切障碍,使企业过程达到总体最优,实现各个经营过程之间为了实现经营目标,相互支持、相互促进,优化运行;企业集成就是把所有必需的功能和异构的功能整合在一起,包括信息系统、设备装置、应用软件以及人,促成跨越组织边界的信息流、物流更为顺畅,使企业运转得像一个整体,提高其整体的生产率、制造柔性和应变管理的能力。企业集成包含企业内集成和企业间集成两层含义,企业内集成是在过程集成的基础上,在企业内部实现人、组织、技术的集成,从企业内各部门之间实现纵向上下级之间和横向各部门之间的通信、合作和协调;企业间集成包括两个方面,一是不同类型企业沿着供应链的集成,二是不同类型企业基于不同的核心能力,为追逐一个市场机遇而形成虚拟企业所实现的集成。

企业资源计划 ERP 是一种融合了先进信息技术的新型管理工具,将供应商和企业内部的采购、生产、销售以及客户紧密联系起来,可对供应链上的所有环节进行有效管理,实现对企业的动态控制和各种资源的集成与优化,追求企业资源的合理高效利用。ERP 是在 MRPⅡ 的基础上发展起来的,从解决制造问题的物料需求计划 MRP,到开始解决企业生产能力与能力需求计划的闭环 MRP,直至与企业财务相结合的制造资源计划 MRPⅡ,再到 ERP 的发展过程,它们都为企业管理水平的提高提供了良好的理念、环境与技术。MRPⅡ 是面向企业物料和资金的信息集成系统,在 MRP 管理系统的基础上,系统增加了对企业生产中心、加工工时、生产能力等方面的管理,以实现计算机进行生产排程的功能,同时将财务的功

---

① 转引自李清、陈禹六:《企业信息化总体设计》,清华大学出版社 2004 年版,第 18 页。

能包括进来，在企业中形成以计算机为核心的闭环管理系统，这种管理系统已能动态监察到产、供、销的全部生产过程。MRPⅡ最主要的进步在于实现了业务数据同财务数据的集成，同时将 JIT 的运营模式和 MRP 的计划模式进行了整合，改变了财务信息严重滞后于生产信息的现象，并成为指导和修正生产活动的标准，从而达到企业整体盈利的目标。进入 ERP 阶段后，以计算机为核心的企业级的管理系统更为成熟，系统增加了包括财务预测、生产能力、调整资源调度等方面的功能，配合企业实现 JIT 管理全面、质量管理和生产资源调度管理及辅助决策的功能，成为企业进行生产管理及决策的平台工具。ERP 系统是对企业各种资源和各个业务流程的一体化管理，通过共享的数据库和信息流，协同运作。目前的 ERP 软件系统一般包括四个基本模块，即制造、财务、销售和人力资源管理，从而形成了四个基本部分，实现了对企业内部资源的全方位集成与管理。[①]

（1）销售部分：包括预测、订单管理、销售分析、采购管理、仓库管理、运输管理、资产维护、库存控制功能模块。

（2）制造部分：包括主生产计划 MPS、主产品数据管理 PDM、物料需求计划 MRP、能力需求计划 CRP、分销需求计划 DRP、车间控制 SFC、产品配置管理、流程作业管理、重复制造、质量管理等功能模块。

（3）财务部分：包括总账 GL、应收账 AR、应付账 AP、工资、固定资产、现金管理、成本、多币制等功能模块。

（4）人力资源部分：主要是人力资源管理功能模块，包括了全球化劳动力管理、员工自助服务、管理者桌面、招聘、人事行政事务、员工报酬、时间管理、员工培训、人力资源报表等功能。

企业资源计划 ERP 是以 MRPⅡ为核心的，但在三个方面进行了拓展，一是将资源的概念扩大，不再局限于企业内部的资源，而是扩大到整个供应链的资源；二是扩展了 MRPⅡ的功能，如质量管理、流程作业管理、产品数据管理等，而且这些功能由批处理走向了实时化，将时间作为资源计划的关键部分进行控制，满足了实时运营的时间要求；三是所有的功能都是以客户为中心展开的，对客户的需求做出迅速的响应，按照客户要求的交货期交货，满足客户的质量要求和价格，一切围绕客户运作，企业的一切活动围绕客户订单；ERP 打破了企业传统的职能层级体制，将经营流程

---

① 张毅：《企业资源计划（ERP）与 SCM、CRM》，电子工业出版社 2002 年版，第 45 页。

看做一条链，通过全新的流程设计或对现有的流程进行改造，使流程增值。因此，ERP被认为是顾客需求驱动的、基于时间的、流程运行导向的、面向整个供应链的企业制造资源计划。

Internet技术的成熟为企业信息管理系统增加与客户或供应商实现信息共享和直接的数据交换的能力，从而强化了企业间的联系，形成共同发展的生存链，体现企业为达到生存竞争的供应链管理思想。ERP系统相应实现了这方面的功能，使决策者及业务部门实现跨企业的联合运作，企业的生产管理不再是对一个企业或集团企业的生产管理，而是对整个供应链的协同生产的管理。通过协同生产，充分发挥供应链上各个企业的核心技术优势和生产能力，提高生产效率，缩短生产周期，消灭库存生产，降低生产成本，实现对客户个性化需求的快速反应，体现了合作竞争的管理思想。ERP系统的主要管理理念就是基于供应链管理的思想，是面向供应链的信息集成，将资源的概念扩大，不再局限于企业内部的资源，而是扩大到整个供应链的资源；作为实现供应链管理的信息化手段，采用了计算机和网络通信技术的最新成就；同时，为了充分发挥ERP的效益和效果，必须进行企业业务流程重组，因此，ERP系统的总体设计必须面向供应链的业务流程，并能够灵活地支持业务流程变化的要求。

ERP为企业提供了一个完整的运营管理信息平台，其本身实质上就是一套规范流程管理制度，并通过信息技术保证流程的可靠执行，提高企业的竞争力。

五、供应链过程控制与 SCM 管理体系

当公司开始将他们的关注点扩展到顾客和供应商的价值创造时，传统的供应链开始升华，再也不仅仅局限于为公司供应原材料和产生价值上了。有了这个升华后，供应链也随之从原来的只关注有效的原材料供应上升到关注整个公司的价值管理，转向动态的"价值链"管理。

（一）供应链管理理念变革

供应链是由原材料零部件供应商、生产商、批发经销商、零售商、运

输商以及客户等一系列企业所组成，原材料零部件依次经过供应链中的每一个企业，逐步变成产品，产品再通过一系列流通配送环节，最后交到用户手中，这一系列活动就构成了完整供应链的全部活动。供应链管理是一种集成的管理思想和方法，执行供应链中从供应商到最终客户的物流的计划和控制职能，把供应链上的各个企业作为一个不可分割的整体，使供应链上各个企业分担的采购、生产、分销和销售职能成为一个协调发展的有机体。供应链管理使企业资源的概念从单个企业扩展到外部企业，不仅仅是一个企业将自身的资源数据库向客户或供应商延伸，还是整个供应链上许多企业的数据库相互联结，不同企业的数据库一起运营在一个交易平台上，从而实现了整个供应链的协同运作，通过协同生产快速响应客户需求，实现零库存目标，并低成本地制造出客户定制的产品。

在传统的生产与交付管理中，是以制造商为中心的，制造商根据市场订单和经验预测来制订生产计划、销售计划和物料采购计划，然后将这些计划下推至零售商，上推至供应商，整个供应链的运转完全取决于制造商。制造商为了降低预测的风险，必然加大库存量，以防备市场产品的缺货；同理，零售商为了保证销售，也不得不加大库存量，从而使库存成本增加。这种推式供应链不能满足需求的波动，而为了应付需求的波动，库存很大，造成产品和资金积压。面向顾客的拉动式生产交付过程，是一种拉式供应链。通过客户关系管理 CRM 系统，进行客户需求、客户价值方面的分析，了解了市场需求的动向，实现了拉式市场模式。拉式市场模式就是由客户需求来启动的，由客户需求来产生产品需求，是一种将需要的产品，在需要的时间，按照需要的数量供给客户的市场模式，可以称作及时系统 JIT。拉式市场模式客户是主动的，企业是被动的，制造商以客户为导向来组织生产。这种由客户需求驱动生产的方式是一种拉动模式，生产目标由下游客户来拉动，是一种及时生产 JIT 和及时交付为原则的拉式系统。这种拉式供应链能满足客户需求，使整个供应链的库存处于最佳状态。

1. 供应商管理模式从竞争到合作

供应链管理使生产企业与其供应商的关系从竞争模式转向了合作模式。传统的企业与供应商之间的关系是一种短期的、松散的，相互间作为交易对手、竞争对手的关系，该模式的主要特征是：

（1）买方以招标方式选择供应商；选择的唯一标准就是价格，报价最低的供应商被选中。

（2）买方选择为数众多的供应商，每一种物料都有若干家供应商，使供应商之间保持竞争，买方从中保持强势地位。

（3）买方与供应商之间是受市场支配的竞争关系，相互之间缺少信息、技术交流与合作。

（4）买方与供应商之间依靠质量检验来进行质量控制和考核。

这是典型的美国汽车制造商在 20 世纪 80 年代初期选择零部件供应商的模式，在这种模式下，双方讨价还价，缺乏信任和信息沟通，成本难以降低，质量不能很好地满足要求，供应周期拉得很长，难以适应今天快速多变的市场需求。与供应商关系的另一种模式是合作模式，买卖双方视对方为合作伙伴，双方保持一种长期的互惠关系，这种模式的特征是：

（1）买方根据供应商的技术实力和信任关系选择供应商，形成伙伴关系。

（2）买方一般只有数量很少的战略供应商，保证供应商获得规模优势，采用专业化更高的生产方式，实现大批量、低成本的生产。

（3）买方与供应商信息共享。买方积极主动地向供应商提供自己的技术、管理等方面的信息，供应商对于成本信息也不再保密。

（4）实行供应方保证质量的措施，买方可以不用检验，直接使用供应商的材料，大大提高了质量和效率。

供应链管理环境下的企业采购管理出现了三个发展趋势，一是从为库存采购转向为订单采购，采购活动是以订单方式驱动的，用户需求订单驱动制造订单，制造订单驱动采购订单。这种准时化的订单驱动模式，使供应链系统得以准时响应用户的需求，降低库存，提高了物流的速度和库存周转率。二是从采购管理转向外部资源管理，企业根据实际情况选择适当数量的供应商，建立供应商网络，与供应商建立一种长期合作关系，在信任的基础上参与供应商的产品设计和产品质量控制过程，并逐步减少供应商数量，致力于和少数供应商建立战略伙伴关系。三是从一般买卖关系转向战略合作伙伴关系，共同面对问题和风险，共同管理库存和降低采购成本。

2. 配送模式转向第三方物流

企业物流的管理模式将从传统的自营模式转向协同的第三方物流。传统的自营物流模式存在物流效率低下、物流成本过高的问题，主要表现在：

（1）企业从事物流活动需要投入大量的资金和设备，而且可能会由于生产规模的变化和季节性变动导致物流设备的闲置和效率的低下，物流成本居高不下，这对于多数中小企业是个沉重的负担。

（2）物流是一个复杂的、综合性的企业活动，一般企业的物流手段有限，难以承担如集装箱运输、远洋运输等活动，从而难以达到让客户满意的目标。

面对挑战，物流管理必须克服效率与成本两个方面的困难，实现对客户服务的承诺。第三方物流就是由与货物有关的发货人和收货人之外的第三方物流专业企业来承担物流活动的物流形态，通过合同的方式确定回报，物流企业承担货主企业的全部或部分物流活动。第三方物流企业具有如下特点：

（1）第三方物流企业借助信息技术对物流活动进行管理和核算，实现物流管理的信息化和高效化；信息技术实现了数据的快速准确传递，提高了仓库管理、运输管理、采购订货、配送发运、订单处理的自动化水平，使得订单、包装、保管、运输、流通、加工实现一体化。

（2）第三方物流企业能够根据不同的客户需求提供可定制服务，提供个性化的专业物流服务保证物流服务的质量。

（3）第三方物流企业能够提供从物流计划、系统设计、物流管理到系统实施的一系列物流服务能力。

（4）第三方物流提供的是社会化物流服务，将原材料供应企业、生产制造企业、批发零售企业等供应链的上下游相关的物流活动有机地集成起来，形成物流供应链系统。

第三方物流服务将是供应链物流管理的发展趋势。

（二）供应链管理（SCM）

供应链管理（SCM）是对供应链业务及各种伙伴关系进行计划、组织、协调和控制的一体化管理。集成化的 SCM 软件一般包括五项功能

模块：[①]

（1）采购管理：集成 SCM 的采购管理，即 Internet 采购，它包含采购自助服务，采购内容管理，货物来源的分配，供应商的协作、收货及付款，采购智能等功能。在采购管理中，运用及时系统的原理，做到及时采购，实现零库存。

（2）销售管理：集成 SCM 的销售订单管理，客户自助服务，订单配置，需求获取，订单履行，开票以及销售智能等功能。在销售订单管理中，运用客户价值的原理，利用虚拟信息源所获取的需求信息，对客户要求做出迅速反应，以便达到扩大销售，提高利润的目的。

（3）高级计划排程：集成 SCM 的高级计划排程包括综合预测，供应链计划、需求计划、制造计划和排程、供应链智能等功能。高级计划排程可以利用 Internet 优化企业在全球的供应链业务。

（4）灵捷制造：集成 SCM 的灵捷制造包括多模式制造、混合制造、国际化、质量与成本管理以及运作智能等功能。灵捷制造使用最佳的制造方案来提高运营效率和加速业务周转。

（5）交易平台：集成 SCM 为用户提供交易平台，具有订单目录、现货购买、来源分配、拍卖、付款、后勤处理、协作计划与排程、关键绩效指标等功能。交易平台主要有一对一、一对多、多对多三种基本模式，在交易平台上企业与客户、供应商交换的是制造、财务、需求计划和服务等信息。

供应链管理的基础是企业内部管理。ERP 系统具有将管理功能集成的特点，起到了采集数据和读取数据的功能。这种集成仅限于企业内部，一切着眼于本企业，它是企业内部资源的全面管理，而这种仅靠一个企业资源的做法是不能满足市场快速响应的要求的。在现代企业管理中，企业将业务越来越多地外包出去，而自身的精力集中于擅长的核心业务上，外包出去的业务由企业在全球的业务合作伙伴来承担，这样就形成了一种虚拟企业的供应链环境，企业对外的依赖性增强，涉及企业外部的管理，因此，SCM 应运而生。ERP 与 SCM 的发展，使企业之间的信息和资源的集成成为可能，通过 ERP 的销售、采购、生产模块与 SCM 的销售订单、采购和高级计划排程、敏捷制造模块完成了系统集成。总体归纳，供应链管

---

① 张毅：《企业资源计划（ERP）与 SCM、CRM》，电子工业出版社 2002 年版，第 236 页。

理遵循如下管理原则：

- 强调企业的核心竞争力。
- 根据核心能力原则对非核心业务进行业务外包。
- 遵循合作竞争的双赢原则。
- 以顾客满意度为目标。
- 实现了信息流、物流、资金流的集成。
- 借助信息技术实现管理目标。
- 实行延迟制造原则。
- 关注物流企业的参与。
- 缩短物流周期与缩短制造周期同等重要。

供应链管理将多个企业联结而成一个利益共同体，每个企业不必承担过大的投资风险，而又可以实现产品从原材料到加工成品的全过程，供应链管理实现了如下目标：

（1）缩短物流流通时间：供应链上的企业通过信息实时共享，可以对消费者需求作出快速反应，实现整个供应链的各环节即时销售、即时生产和即时供应，将消费者需求满足的前置时间降低到物流速度的最低限度，实现按需生产的要求。

（2）减少库存，降低成本：供应链通过整体合作和协调，在加快物流流通速度的同时减少了各个环节的库存数量，避免了不必要的库存成本耗费。供应链管理消除了非供应链合作企业中上下游之间的成本转嫁，从整体意义上降低了成本。

（3）提高产品的生产和服务质量：参与供应链的各个企业具有各自的核心能力，在产品设计、生产工艺、售后服务等方面都处于行业的领先地位。

（4）加强企业的竞争优势：随着市场竞争的加剧，企业面临的竞争对手由个别企业转变为一些相互关联的企业联盟，仅仅依靠企业自身的能力已经不可能有效地参与竞争，必须把供应链中的各方有效地集成起来组成一个竞争企业群，共同面对竞争。

基于流程的业务控制体系，是在信息技术的支撑下，实现客户价值导向的精准管理模式实现的必然途径，是集成平台型价值链的有效手段。

第八章 研究结论与案例研究

　　网络经济的主体是企业，网络经济在 1995 年以前是互联网技术发展与科技应用阶段，1995 年以后互联网进入到了商业应用阶段，企业开始了大规模的电子商务应用和企业信息化建设，电子商务是网络经济新管理范式下的目标商务模式，企业信息化建设是实现电子商务的基础和手段。本书认为，企业信息化建设的最终目标，就是建立基于互联网技术基础的电子商务模式下的全方位运营管理体系，实现精准管理模式，带来企业运营速度的革命性提升，形成企业的核心能力，提高企业的竞争优势，实现企业的运营目标。著名学者莫顿（Morton. M. s. scott）将信息化给企业管理带来的革命性变化概括为六个方面：①

　　·信息化给企业生产、管理活动的方式带来了根本性的变革。

　　·信息技术将企业组织内外的各种经营管理职能、机制有机结合起来。

　　·信息化将在许多方面改变产业竞争格局和态势。

　　·信息化给企业带来了新的、战略性的机遇，促使企业对其使命和活动进行反思。

　　·为了成功地运用信息技术，必须进行组织结构和管理方法的变革。

　　·对企业管理的重大挑战是如何改造企业，使其有效地运用信息技术，适应信息社会，在全球竞争中立于不败之地。

　　企业信息化本身不是一个纯粹的技术问题，它涉及管理、组织、经营、人的因素等方方面面，是在以互联网为核心的信息技术推动下的企业管理变革问题。因此，企业信息化首先是一个管理问题，即在网络经济时

---

　　① 转引自黄群慧、王陆萱：《信息化：现代企业管理方法创新的主线》，载《经济管理·新管理》2000 年第 13 期。

代，企业为了能够生存和发展，应该建立一个什么样的运营管理体系的问题。为此，本书从企业经营者的视角，从宏观整体全方位考察研究企业运营管理体系，研究的基本目的有三个：一是研究网络经济如何改变了企业的运营环境，企业的运营管理正在发生什么变化，希望能够从理论上探索企业运营管理理论发展的新趋势，并试图进行概括总结，提出适应网络经济时代的企业运营管理体系框架。二是要研究在网络经济新管理范式下的全方位运营管理体系框架是什么，具有什么新的特征，从而为企业经营者在网络经济条件下构筑运营管理体系提供理论思想模型，我们认为思想的冲击才是最根本的冲击，思想的变革才是根本的变革。三是探讨中国企业的信息化建设实践中存在的问题，并根据研究结论提供理论指导建议。

一、研究结论与中国企业的信息化建设

（一）主要研究结论

1. 运营管理体系的概念扩展

互联网和电子商务对于企业运营管理体系的变革提供了新的基础技术平台和资源条件，企业的运营管理体系必须在新的技术基础和资源环境下做出变革，以适应网络经济时代的客户需求与市场规则的变化。对于企业，核心问题是如何变革适应变化的市场环境，关键在于两个方面：一是如何建立有效的客户响应机制（Efficient Customer Response，ECR），能够准确把握客户需求，形成企业的有效订单；二是如何建立企业的快速响应机制（Quick Response，QR），整合企业的资源，使企业能够快速、准确地响应客户需求，在速度、质量、成本、服务、环境、知识等方面具有超越竞争对手的优势。竞争的核心要素是速度，速度成为企业竞争的核心要素，企业要围绕速度构建运营管理体系。

以速度为核心的竞争要求，以互联网为核心的信息技术支撑，要求企业必须形成集成一体化的运营管理理念，摒弃基于职能分工的运营管理理念，为此，本文提出了全方位运营管理体系的概念，并认为运营管理是与战略管理相对应的概念，扩展了运营管理概念的内涵。

2. 精准型运营管理模式

网络经济时代的企业，由于网络经济所特有的全天候经济、虚拟经济、直接经济、需求方规模经济、注意力经济、知识经济六大基本特征以及客户主权、速度制胜、创新为本、合作竞争、产业标准竞争、系统竞争六大运行规则，引发了企业运营观念的变革，要求企业必须树立全球化观念、全天候观念、协作化观念和个性化观念；引发企业管理范式从大规模生产转变为大规模定制的模式。管理观念和管理范式的变革必然要引起企业运营模式的变革，要求企业从工业时代的集约型管理模式走向网络经济时代精准型管理模式，本书提出了网络经济时代精准管理模式的概念与特征。

企业运营管理体系是承载和实现管理理念和管理范式的基础。运营管理体系的变革方向与趋势将体现在如下四个方面：

- 以客户价值为中心，建立面向客户的运营管理体系。
- 以信息资源为中心，建立面向无形资源的运营支撑体系。
- 以核心竞争力为中心，建立以电子商务为核心的运营平台体系。
- 以流程管理为中心，建立以供应链为核心的运营控制体系。

3. 全方位运营管理体系的研究模型

网络经济环境下，如何理解运营管理的内涵和范围，如何构筑基于互联网的企业的运营管理体系，并使运营管理体系有效运作，是企业界目前必须解决的一个紧迫现实问题。实际上运营管理体系必须解决的三个基本命题就是：

- 客户需求与客户价值管理。
- 企业资源与核心能力管理。
- 合作伙伴关系与网络管理。

网络经济时代的运营管理体系，应该是面向客户的运营体系，应该是建构在互联网电子商务平台上的运营管理体系，是要用网络经济时代的信息化范式取代工业经济时代的物质化范式。为此，我们提出全方位运营管理体系的概念框架，探讨实现企业运营管理理论管理范式变革的途径。本书研究认为，网络经济时代企业运营管理体系应该从运营目标、支撑资源、能力平台、流程控制四个方面进行全方位的系统构筑，为此本书提出了新的运营管理体系的 GSPC 概念模型。见图 8-1。

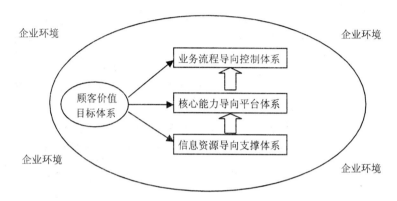

图 8-1　运营管理体系 GSPC 研究模型

运营目标体系主要指企业运营要实现的管理目标及其变化规律、优先次序，是利润目标还是客户满意度目标，是追求成本目标还是质量目标，这是运营管理体系的方向和灵魂；运营支撑体系主要阐明企业运营所依据的核心资源是什么，核心资源如何支持了企业的运营平台的建立和完善，这是运营管理体系建立的资源保证；运营平台体系是企业运行的基础设施，提供了企业的运营能力，是企业竞争的基础，企业运行的基础和保障；运营控制体系是企业在运营平台上对业务活动进行计划和控制的过程。

在以互联网技术为基础的运营管理平台上，企业的运营过程就是和客户、供应商及合作伙伴的共同协作过程，形成了一个价值网链。在这个价值网链中，一方面，在"市场空间"的虚拟价值链上，企业通过与客户、供应商、合作伙伴共享供应链上各环节的信息流，完成企业与客户的互动；另一方面，在"市场场所"的物理价值链上，就是通过供应链的管理和运作完成原材料运输、产品制造、产品配送过程，完成客户价值的创造与传递过程。

4. 客户价值导向的运营目标体系

网络经济时代，时间是企业竞争制胜的关键，而产品或服务创新是制胜的主要武器，快速产品创新是企业面临的主要任务。从工业经济时代以利润为中心的运营目标体系转向以顾客满意度为中心的运营目标体系，以时间为基础，追求顾客在时间、质量、成本、服务、品牌、环保、知识七个方面的全方位满意，是企业运营作业层面的根本目标。

网络经济时代，全方位运营管理体系首先是一个面向顾客的市场导向型的运营管理体系。市场导向型企业，就是企业运营的着眼点放在企业外部的顾客价值链上，具有一种了解、吸引和保留有价值顾客的卓越能力，能够敏锐地察觉顾客需求的变动，整合企业内外的资源以适应市场的变化，努力从与顾客的互动活动周期中发现价值并实现这些顾客价值，同时将顾客价值链与企业内部的价值链、合作伙伴的价值链进行联结和整合，形成完整的企业空间价值网。

5. 信息资源导向的运营支撑体系

我们将企业的资源分为两种基本类别，即有形资源和无形资源，传统工业时代有形资源支撑了企业的发展，企业更多地依靠有形的物质资源获得发展；网络经济时代企业将更多地依赖信息资源、知识资源、人力资源等无形资源获得发展。全方位运营管理体系的支撑体系将从有形物质资源为导向转变为以无形的信息资源为导向，主要是为企业的运营过程提供信息资源、知识资源、人力资源，并提供企业运营能力平台的支援活动支撑，有效形成企业的核心竞争力。

6. 核心能力导向的运营平台体系

企业存在的根本目的，首要的就是要通过产品或服务为客户提供满意的解决方案，核心能力是由不同的能力要素通过有机整合而形成的系统整体能力，而不是单一要素能力，运营管理体系的核心能力应该体现如下三个方面：

• 企业对于客户需求的实时感知和把握能力，实现需求管理功能。

• 企业整合内外资源提供产品和服务的能力，实现自身资源管理与合作网络管理。

• 企业全方位的质量保证能力，实现系统效率与价值功能。

企业组织运行核心能力的三个方面，体现在企业运营管理体系的能力平台体系中，企业运营能力平台体系应该包括如下五个方面，形成上述三个方面的组织运行核心能力：

 ·电子商务平台：基于客户需求的实时感知和把握能力。

 ·产品研发平台：基于客户需求的产品和服务快速开发能力。

 ·生产制造平台：基于供应链理论的资源整合能力和虚拟生产能力。

 ·物流管理平台：基于高效物流体系的准时与便利的交付和服务支持。

 ·质量保证平台：基于整个流程体系的质量控制和质量保证，达到客户的满意度。

电子商务平台和质量保证平台是基础能力平台，贯穿于企业运营的整个过程，并影响着产品研发平台、生产制造平台、物流管理平台三个企业供应链过程能力平台的运营。运营能力平台体系构成了企业的战略性资产，是企业竞争力的本质，是企业在市场中确立主导地位的基础。战略性资产具有稀缺性、不能被模仿、不可替代性等基本特征，体现了企业的核心能力，使企业在行业中不仅仅是一个竞争参与者，而是竞争中的胜利者，而竞争胜利者则与其独一无二的、富有竞争力的战略性资产密切相关，也就是取决于运营能力平台所体现出的核心竞争能力。

7. 业务流程导向的流程控制体系

面向业务流程导向的全方位运营控制体系，就是要在信息技术的支持下，把信息集成的范围扩大到整个供应链，所有的合作伙伴都有基于网络的应用平台和开放的体系结构，可以实时地共享信息，实现协同商务，体现虚拟企业的精神，提高企业或以核心能力为特色的整体供应链的应变能力和竞争力。借助于信息系统对企业供应链的各个环节业务运作进行一体化的集成管理，主要包括：

 ·面向营销和客户服务的客户关系管理系统——CRM 系统。

 ·面向产品研发和协同制造的协同产品商务系统——CPC 系统。

 ·面向企业内部供应链管理的企业资源计划系统——ERP 系统。

 ·面向企业外部供应链与物流管理的供应链管理系统——SCM 系统。

电子商务框架下的客户关系管理 CRM、产品研究与开发（PDM/CPC）、企业资源计划 ERP 和供应链管理 SCM 共同构成了全方位运营管理控制体系的内涵，其运营的基础和核心要素就是信息流。以互联网为技术平台的企业电子商务网站、CRM 系统、PDM/CPC 系统、ERP 系统/SCM

系统也构成了企业全方位运营控制体系的完整方案。四个系统构成了全方位运营控制体系的核心内容，每一个系统都代表了三层含义：

- 管理理念：每一个系统都体现了一种新的企业管理理念和管理思想。
- 信息技术：每一个系统都是一套系统的信息技术解决方案。
- 管理软件：每一个系统都代表了一种软件产品。

8. 精准运营管理模式下全方位运营管理体系的具体运行方式

电子商务模式下的全方位运营管理体系，要求企业必须超越生产运作管理的限制，而要从企业的市场营销、生产协作与供应链协调、研究开发、财务运作、人力资源运作全方位的角度考虑问题，实施精准管理模式，既要考虑企业对消费者需求的响应速度，又要考虑企业运营的费效比，为此不可能将全部运作职能由企业自己独立完成或者是完全依靠自身资源完成，全方位运营管理体系的运作模式超越了传统的生产制造过程实体运作模式和纵向一体化的管理模式，表现出一种"实时化、虚拟化"趋势，出现了两种新的典型运作方式，或者说是企业运营过程中的两个基本特征，即实时运作方式，虚拟运作方式，作为精准管理模式的两种具体实现形式。

（二）对企业管理信息化建设的思考与建议

我们必须明确信息化的最终目的是什么，目标是什么？本书认为，企业信息化的最终目的就是实施精准管理模式，提高企业的核心竞争力，更好地满足用户需求，有效参与市场竞争；信息化的目标就是要建立一个面向客户的全方位运营管理体系。因此，建设信息化技术平台只是一个基础，它可以帮助你更快地实现你所做的事情，但它并不能告诉你应该做什么。或者换句话说，信息化只能帮助你正确地做事情，怎样做正确的事情它不管。所以，更多的是需要实实在在地分析用户到底需要什么，理清企业自身管理的思路和方法，建立一种适合自身的管理模式和管理方法，然后用信息技术实现管理体系运转。

因此，信息化建设的核心问题不是上一个信息化 IT 项目，不是简单地选择一个管理软件的问题，而是如何构筑企业的全方位运行管理体系，并利用信息技术实现该管理体系的运转。探讨企业的运营管理体系是首要问题，业务问题和管理模式问题是第一位的。其次，才是建设 IT 基础设施，IT 基础设施建设必须以价值为出发点，企业建设 IT 基础设施要达到两个方面的目的，一方面要能够创新流程，提高企业运营效率、降低运营成本；另一方面要能够提升企业战略竞争地位，形成核心竞争能力。如何系统地建设 IT 基础设施，系统地发挥 IT 投资的价值，并有效管理 IT 相关运营，这是一个极为关键的管理杠杆。所以，企业信息化建设，要以价值为出发点进行 IT 基础设施建设，进行 IT 运营管理。企业管理者的首要任务，应是建立一个组织性产能，引进类似于其他运营活动的绩效管理制度，运用于 IT 运营上，以确保 IT 成本不会无节制地增长，并获得预期的投资价值。

美国麦肯锡咨询公司设计了一个 IT 管理五角图，从五个方面说明企业应该如何运用并管理 IT 运营。①

（1）应用软件/数据结构：根据核心职能要求和业务流程，决定需要何种应用软件包与数据；了解这些应用软件的开发过程，以及数据模型/架构的需求；确定所有新的应用软件的设计都能符合公司未来希望打造的结构。

（2）IT 基础设施：分析 IT 基础设施是否能为现有应用软件和数据提供妥善的支持；了解既有的执行规划，以确保 IT 系统能不断扩充，支持日益增长的复杂业务。

（3）IT 组织：确保公司具备三大 IT 组织要素，能够充分支持 IT 战略和架构的技术与经验、明确的领导者职责和足以使 IT 与业务目标趋于一致的架构。

（4）控管与投资管理：研究使业务目标与 IT 运营趋于一致的流程和机制，以明确划分投资决策的责任归属；确保业务单元主管确实负起重大 IT 投资计划的决策责任，以及分配有效资源的责任。

（5）绩效管理：确认目前的绩效评估方法能否让业务和 IT 单元确实衡量 IT 投资计划能为业务创造的价值，以及 IT 为企业提供服务的成本，确保 IT 计划的利益和业务单元的损益表能够紧密联结。

---

① Sauro Nicli、叶远扬、Katherine Sinnott：《亚洲的 IT 挑战》，载《IT 经理世界》2002 年 7 月 20 日。

　　麦肯锡的五角管理框架的核心是以价值为出发点，建立制度化的管理流程，以获得较高的价值、更高的利益，以及 IT 投资的满意度。这可以成为我国企业在微观层面上企业信息化建设的指导思想，可以有效解决我国目前企业信息化建设中普遍存在的五个弊端：

　　(1) 基本应用软件和数据架构不足：企业没有坚实的 IT 基础设施，而是在摇摇欲坠的 IT 架构上直接安装先进的系统，如有些银行虽然开始使用 CRM 或 ERP 系统，但是总账还是会出现诸如计息错误这类根本的错误；很少有企业是以战略性的方式管理数据，数据模型的开发和管理通常过于零散，开发者极少思考企业该如何运用数据的问题。因此，以业务流程改善为核心安装系统，是企业的必然出路。

　　(2) 过度投资于硬件，技术基础设施缺乏规划：企业偏重于硬件投资，而且硬件投资缺乏审慎的计划。比如，大企业在昂贵却大材小用的硬件上运转多个数据中心，而应该是将各个独立的数据中心整合起来，将硬件方面的投资转向商业应用软件的投资。

　　(3) IT 组织未与业务充分整合：企业管理层一般认为 IT 只是一种后台支持功能，而非具有战略意义的核心业务。IT 部门无法与业务单元建立正式的组织联结，IT 的角色就是执行 IT 项目，管理 IT 运营，同时业务单元对 IT 项目的成败也不负任何正式的责任。企业组织架构里应具备一个总部级的 IT 部门，业务单元里则应指派 IT 经理负责管理业务单元与 IT 部门之间的联结。有些公司设立"商业技术经理"职务，以期使 IT 运营更贴近业务需求。

　　(4) IT 控管与投资管理效果欠佳：企业高级管理层将企业 IT 视为"黑盒子"，往往不了解如何改善 IT 功能以提升运营绩效，结果造成业务单元与 IT 部门在拟定战略时未能相互配合，出现严重脱节。大部分公司的 IT 指导委员会，只负责管理资金的分配与项目审核，在确保业务单元与 IT 部门的战略方向一致上，未能有效地扮演积极的角色。不具有商业经营理念的 IT 部门负责控管 IT 的投资与运营，未能将 IT 投资的效益清楚地做定量和定性分析。事实上，只要能重新将 IT 控管流程聚焦，以商业为导向，则任何公司都可以立即改善 IT 投资所能创造的价值。

　　(5) IT 的绩效管理落后：对于 IT 部门的管理考核不是以绩效为导向，而是以成本为导向。IT 的成本管理采用自上而下分配预算的方式，需要提升企业业绩时，往往是削减预算，而不是通过绩效评估或与行业公司对比。没有一套完善的以关键绩效指标为基础，设定积极改善绩效的目标，以管控成本。

从而，建立全方位运营管理体系，我们认为应该采取如下策略与措施：

（1）设计并建设可支持核心业务流程的应用软件与数据结构。

（2）积极管理应用软件、基础设施与组织的既有IT支出。

（3）采用联邦式的IT组织架构，使IT与业务单元的关系更为密切。

（4）成立一个业务/IT联合指导委员会，有效管理IT的投资。

（5）建立管理企业内部和外部的IT生产力的流程。

对于企业信息化，人们常常提出一个问题：企业信息化的难点是管理工具革新，还是管理制度和思想理念的革命？我们的回答肯定是后者。如果就企业信息化工作的技术来讲，就是20％是跟踪世界先进技术，而80％是将先进技术变为企业应用产品。要实现先进技术到企业应用产品的转换，就要涉及大量的、艰巨的管理改革问题，例如：

• 我国传统企业职能分工与新的组织方式的结合。

• 信息时代的工程师工作方式与社会分工的结合。

• 以信息链为主线的工作方式与现代企业管理制度的结合。

• 信息时代的企业理想工作模式与管理体系的设计研究。

实现企业信息化以后，企业的管理工作会有哪些方面的改变？

（1）信息化可以缩小企业各个管理层相互形成的等级链的长度，减小矩阵链的规模，简化人为协调，提高管理效率。

（2）企业中大部分的信息和数据是可以利用计算机处理的，因此，可以使企业的管理者把精力集中到少部分需要人脑完成的决策工作上，实现"信息化可以凝聚注意力，提高创造力"的目标。

（3）提高企业"智能"。培育企业的学习型机制和组织。

目前我国企业面临着工业化、信息化的双重挑战，因此，建立市场观念、客户观念，构筑适合市场状态下的运营管理体系仍然是一个关键任务。企业在实施信息化项目的过程中出现的所有问题可以归结为三个层面的问题：思想观念问题、管理体系问题和技术实现问题。这些问题的出现可能会涉及每一个人，从资深的执行官、管理者、客户代表到IT技术人员。当然解决问题的最好方式就是，在问题发生之前就预防问题的出现，而不是在问题出现后来解决它。

（1）第一层面思想观念问题：企业的经营者和全体员工是否树立了"面向客户"的市场观念，是否意识到了企业竞争中存在的管理问题。以客户为导向观念的建立，从存在的管理问题出发思考信息化建设，是信息化建设的出发点。

（2）第二层面管理体系问题：企业是否清楚地意识到了我们最终要建立一个什么样的管理体系，如何为客户提供满意的产品和服务，我们的价值链是一个什么形式，信息基础设施不会自动实现管理体系。

（3）第三层面技术实现问题：最后才是技术实现问题，如何利用合适、先进的技术构筑我们的运营管理体系。

因此，思想观念转变，运营体系的构筑，是信息化建设的关键，信息技术只是实现的手段。中国企业信息化建设的成功率不高，根本的问题在于形式地解决了第一层面的问题，实际上没有真正解决；没有人系统地考虑第二层面的问题，不知道应该建立什么样的运营管理体系，对于信息化的目标不清楚；片面地强调第三层面的问题，精力和资源集中在信息技术的实现问题上。

因此，在中国企业信息化建设的实践中，必须认真思考运营管理体系的建设问题，以全方位运营管理体系理论框架为指导，从三个层面系统地进行信息化建设规划。

二、案例研究

按照本书的研究结论，网络经济时代提出了速度这一核心竞争要素，为了实现企业运营速度的革命性提升，要求企业必须实行精准管理模式，精准管理模式要求企业必须建立集成一体化的全方位运营管理体系，全方位运营管理体系包括四个基本部分：

- 客户价值导向的运营目标体系。
- 信息资源导向的运营支撑体系。
- 核心能力导向的运营平台体系。
- 业务流程导向的运营控制体系。

根据以上观点，下面我们考察四个企业的信息化管理实践，它们分别是：

- 美国 CISCO 公司。
- 美国 DELL 公司。
- 中国海尔集团公司。
- 中国联想集团公司。

（一）美国 CISCO 公司案例研究①

1. 公司背景

CISCO 公司创立于 1984 年，坐落于美国加州的圣何塞（San Jose），1990 年公开上市，是全球领先的 IT 产品及服务提供商，核心技术是路由器，路由器是互联网运行所必需的。1997 年公司首次入选《财富》杂志500 强，2004 财年公司营业额为 414 亿美元。

2. 网络化的运营管理体系的建设与运行

CISCO 公司的成功源于"网络就绪化"，是通过互联网商务解决方案成长为终端到终端的大型互联网公司的典范。该公司最早定位于为电子网络经济提供基础设施，使其发展经验具有革命意义的不是销售，而是它使所有的客户、商业伙伴、供货商和零售商都能通过网络来创造价值。

早在其他公司之前，思科公司就已经认识到互联网的重要性，因此，公司构建了将用户、潜在用户、商业伙伴、供应商及员工联结在同一价值链的复杂网络，思科公司的员工靠网络生存。网络是公司工作的黏合剂，迅速地将思科公司与其网络合作者、供应商和承包商以及相近公司联结起来，而在外界看来，则为同一公司。通过公司的内部网络，外围的承包商直接监控来自思科公司用户的订单，并将硬件集中起来提供给客户。通过将其 70% 的产品外购，在没有兴建任何新厂房的前提下，思科公司将其生产总值翻了四番，同时节省了由一个分部将新产品推向市场的时间；90%以上的客户寻求技术支持的申请都通过电子商务的办法得到了满足，客户

---

① R. L 诺兰（思科系统有限责任公司）：《信息时代的管理》，中国人民大学出版社 2002 年版；《网络就绪在思科》，载《网络就绪》，机械工业出版社、McGraw-Hill 出版公司 2000 年版。

满意度远远高于人为参与的过程；与那些大量出资进行研究与开发的竞争对手来说，运用网络来提供技术支持使思科公司节省了大量资金。

思科公司电子商务方案主要包括三个部分，首先，通过"思科在线"解决直接面对客户的问题，包括运用网络合作平台更好地为世界各地的客户服务；其次，通过"思科生产在线"，思科公司创造了外部应用网络，用以提高全球商业伙伴的产品总量和生产、供货、物流服务的效率；第三，通过"思科员工在线"解决完善员工的服务问题并鼓舞了公司具有创新精神和责任感的员工。思科公司的三大战略性电子商务解决方案横跨价值链的生产、市场、销售和售后服务各大环节。思科公司的电子商务解决方法详见图 8-2。[①]

图 8-2 思科价值链

（1）思科在线 CCO。思科公司的互联网商业所采取的核心举措就是思科在线 CCO 的建立。CCO 是思科公司的前台存储库，是公司针对客户、供货商、分销商和商业伙伴的综合资源库。CCO 共有 150 万网页，实际上是思科公司获取 ERP 数据库、现有系统和客户服务系统信息的途径。CCO 共有五个组成部分：

1）虚拟市场实际上是一个虚拟的购物中心，客户可以通过网络购买诸如网络产品、软件、培训资料、思科公司的促销商品。

2）技术支持、软件图书馆和公开论坛，使客户和商业伙伴能够通过网络获得技术问题的答案、下载最新的软件和使用思科公司的硬件。

3）客户服务机制。以自助的方式向客户提供非技术帮助，包括产品状态、价目表、最新消息和订单服务等项内容。客户可以在 24 * 7 基础上

---

① ［美］Amir Hartman、John Sifonis、John Kador 等著，亚飞、姜竹青、李琳、钱震等译：《网络就绪：电子商务时代的成功战略》，机械工业出版社 2000 年版，第 362 页。

获得高质量的服务。①

4）互联网产品中心。受理客户订单，客户可以直接向思科公司了解价格、发送和提交订单。只有那些被授权的直接客户和商业伙伴的代表才能通过密码使用这一程序。通过这种途径的订单将直接进入数据库等待发货，同时与查询体系直接相连，使客户能够随时了解订货情况。订单服务体系将思科公司的订单管理系统和掌握产品可使用量的系统的安排系统联结起来，因此，每份订单都能够得到及时的处理。很快订单将被分散到思科公司的各个直接链接协议供货商和分销商手中。这种紧密的联系使思科公司能够预计产品的需求量并很快做出反应。

5）状态服务代理。为思科公司的销售人员、客户和商业伙伴提供直接、迅速了解客户订单所处阶段的信息。还负责管理订单的预期运输日期，为所有思科公司的订单提供积压报告，确认每份订单产品的细节，确认货物及寄送地址是否正确及运输方法，通过和联邦快递公司和 UPS 的超级链接，将货物的发送状态登录到网上。

拥有约 15 万来自世界各地的登记用户，CCO 的月访问量达到 150 万次，使之成为最重要的、全天候的问题解答、为客户服务的网站之一。思科公司提供给客户的 80% 以上的技术支持是通过网络实现的，网络商业代理使用户能够通过网络直接查看、估价、发送、提交订单。网站的建立，使产品订货和客户服务都实现了自动化，为公司节约了大约 3.5 亿美元的运营费。思科公司将其大部分精力花在从其现有客户中培养更好的客户，同时注意开发那些由于缺乏网络连接而仍未购买产品的客户，思科公司鼓励所有的供货商完善其供货链并多从客户的角度考虑。

（2）思科生产在线 MCO。思科公司的目标就是在全球创造一种网络生产的氛围。因此，思科公司的互联网商业基础是源于思科生产在线 MCO 的启示。MCO 是将思科公司和其协议生产商、供货商、分销商、商业伙伴完美结合在一起的供应链之门或兴趣社区，MCO 的用户，包括员工、供应商和其他授权物流商业伙伴，都是希望通过 MCO 实现产品生产、情况汇报、工具和相关信息。1999 年 6 月 MCO 投入运行之初，主要是为思科公司的员工和客户更简便和安全地提供及时的生产信息。MCO 降低了成本、压缩了周期、扩大了规模，通过提高客户服务水平的方法实现了

---

① 24 * 7 是指每天 24 小时每周 7 天的全天候服务。

大部分的价值增长。通过运行 MCO，思科公司已经及时地得到供应信息，在执行订单过程中降低了商业投入，在购买过程中提高了员工的生产率，订单完成的时间不断缩短。通过将其终端对终端价值链及网络的紧密联结，思科公司创造了一家虚拟工厂。思科公司的供应链自动化包括五个部分：

1）独立企业。这一理念的建立使思科公司能够将其对客户的服务通过网络分散给公司的会员。通过 MCO 基础设施的建设，思科公司的主要供货商可以对公司的供应链的主要部分进行管理、增值和运作。思科公司对其主要供货商采取了三项鼓励措施，首先，思科公司将 ERP 系统与各供应商相连，通过网络使其主要供应商成为整个生产体系的一部分；其次，通过使用电子数据交换系统（EDI），思科公司实现了数据转化的自动化；第三，思科公司创建了各商业及职能部门间的交叉工作模式，实现了重复性程序的自动化。

2）新产品介绍。思科公司实现了收集产品信息过程的自动化，从而缩短了构建新产品模型的时间和成本。

3）测试自动化。思科公司将几乎所有的生产分散到供应商那里，而将重点放在其竞争优势即新产品开发的测试上。为了解决生产测试问题，思科公司的步骤是，首先，在供应商的网络上建立了标准的测试程序单元；其次，确保测试单元在接到命令后自动设定测试程序；第三，与供应商建立良好的商业伙伴关系，使供应商对大部分测试的质量负责。测试全部由供应商承担，而测试的质量由公司监控。

4）直接完成。1997 年，思科公司转变了商业伙伴生产的产品必须先从商业伙伴到思科公司，再由思科公司到客户的工业时代的完成模式；而是成功地推出了全球一步完成模式，即绝大多数供应商都能够将货物直接发给客户，使思科公司可以在短短三天的时间内完成货物运输过程。

5）动态补偿。在供应链自动化实现之前，思科公司的供应商和生产商无法及时得到供应信息和生产需求，导致了很多延误和错误的产生。动态补偿模式允许生产商及时、直接地获取未经改动的市场需求信息，同时允许生产商查询实际的补偿水平。

通过推行网络就绪化，思科公司及其商业伙伴的商品供应链管理成为并行工程，思科公司及商业伙伴实现了新产品的工程、设计、生产、销售等一系列功能的网络化，降低了新产品设计和原型制造过程中以及新产品发售过程中的大量重复性劳动，新产品整个由生产到销售的时间大大地降低，而产品的质量和产量却不断地上升。

（3）思科员工在线 CEC。思科员工在线 CEC 是为了向思科的员工提供信息和服务而建立的，运用网络作为合作平台，思科员工在线包括很多内容，员工可以通过自助的办法来获得关于公司内部和人力资源方面的信息。CEC 系统提供了便利的联系方法，通过网络将来自世界各地的思科员工都紧密地联系起来，通过向每个员工提供及时有效的信息，为整个思科网络作出了贡献；CEC 使商业过程采用流水作业，统一了商务系统，大大节约了时间和成本，提高了效率。CEC 提供服务的范围包括：

1）工程：提供所有的技术档案、已发布文字、软件图书馆及错误调查。

2）销售：提供产品价格、外形以及订单状态信息。

3）市场：提供完整的技术档案、产品介绍、办公室及服务中心指南、信件、重大事件、新闻发布、广告、思科链接、销售和市场等材料。

4）培训：在线培训注册、发布培训计划及大纲。

5）财务：提供年度报告、思科产品价格及库存量的记录、财务信息发布、可下载的收入说明、资产负债表和差旅费开销管理等信息。

6）人力资源：福利的分配与管理、股票的流向、工作列表、保险计划信息、医疗服务、员工地址变更表、新闻、俱乐部和团体信息、商业部门定义以及组织原则。

7）设施：提供技术中心、网络及系统运作数据、工作申请表、平面图和咖啡馆菜单等信息。

8）获取：提供资产设备及其他非生产性产品的购买信息。

CEC 的不断应用及服务使员工能够控制其工作环境，提高了员工队伍的工作能力和工作效率。CEC 的运用使公司在不必大幅度扩大员工队伍的前提下，不断加强基础设施建设，从而使公司能够灵活地为客户服务。

通过 CCO，MCO，CEC 的应用，整个思科公司共节约了 8 亿多美元，思科公司成功地建立了新的以互联网为基础的管理模式，实现了以客户为中心、基于供应链的生产管理体系。

3. 案例分析与结论

一家公司究竟应该怎样运作才能实现网络就绪化，网络就绪化的核心内容在于只有在领导者、管理、技术以及竞争优势等层面上做好准备，才能进行电子商务。在推行网络就绪化的过程中，思科公司从四个方面做出了不懈的努力，即领导者、管理、竞争优势和技术。公司全面系统地考虑四个方面的因素，实现了公司要通过电子互联网来为用户服务的目标。

（1）领导者：网络就绪的领导者要有能力使机构内的每一个人，从首席执行官到普通的管理者都能够熟悉网络；能够用网络术语进行思考和行动，能够熟练运用电子商务工具，并且用可测评的方式对其行为负责。在思科公司，对每一个员工，尤其是高层领导人来说，电子网络经济是摆在第一位的。不仅每个部门而且每个员工也必须从客户的角度考虑，采取一些有利于电子网络经济的措施。员工每年要做的十件大事中包括："要在各个方面体现决策层在互联网的重要作用"，这恰恰体现了电子经济的思想在思科公司的重要性。

（2）管理：思科公司采用客户投资计划的自由市场模式，建立了健康的网络基础并在IT部门和其他商业部门之间建立了真正的合作关系，并取得了很好的效果。思科公司的IT管理的原则是各商业部门尝试各种实施办法，使公司能够采取最佳商业措施；部门将尝试费用归入商业成本，打入由实施该项办法而获利的成本中心；商务部门和IT部门将各种实施办法汇总，使用同样的MBO标准来衡量其效益；各种标准将通过首席信息官CIO来加以强化。同时为了更加贴近客户，IT必须将重点转移到客户身上，而不是重视如何运作及寻求支持；商务部门决定做什么，IT决定怎样做；商务部门无须为每一个项目的基础建设投资操心，公司希望建立一种公开、规范、企业化的快捷方式。

（3）竞争优势：思科公司的竞争优势包括客户至上；以客户为中心；加强与商业伙伴之间的关系；具有识别良好商机和赋予项目优先权的能力；大胆执行的能力；迅速的应变能力；雇用最优秀的人才。首先，思科公司将解决客户遇到的问题，把提高客户满意度放在首位；其次，思科公司不断改进与商业伙伴的关系；第三，思科公司致力于将各商务部门和IT部门的关系拉近，IT部门同时向各独立商务部门和首席信息官汇报工作，这种双汇报结构在商务部门和IT部门之间建立了非常强的合作关系；第四，思科公司建立起了健康、标准化的网络为新项目的开发和应用提供平台和基础，为新项目的实施提供了条件。

（4）技术：标准化是电子商务程序流畅的关键。思科公司的IT平台在全公司都实现了标准化，服务器 100％ 是 UNIX；局域网是 100％ 的 Windows；数据库使用 Oracle；全球网络则是采用 100％ 的 TCP/IP。在实施互联网商业解决方案时，思科公司充分认识到了建立健康、规范化的网络结构的重要性，并在所有的基础设施建设层面上实现了规范化，包括基础技术层、实施技术层和信息存储层。思科公司网络结构主要遵循的原则是战略性原则，健康、规范化的网络结构是思科公司全局性的战略规划，而非策略性原则，不会随着新产品的开发及引用而改变；每一层面都要进行规范化的原则，公司的整体规范化确保了其可重复使用性及较低的生产成本；可重复使用的原则，但非一成不变的原则，规范化的原则往往是随着不同项目的实施而可灵活变通的。

思科公司利用互联网解决方案成功维系了公司的灵活性和竞争优势。从供应链管理到员工沟通等所有业务都是在互联网上完成的，80％ 的订单履行和 80％ 以上的顾客咨询都是通过万维网实现的。利用互联网技术，思科公司具备了互联网经济所要求的效率。

思科公司很好地从三个层面解决了信息化建设问题。思科系统（中国）网络技术有限公司总裁杜家滨指出："在思科，我们做任何事情都基于四个原则，帮助我们的客户成功；高素质的领导团队；充分利用互联网技术，将以上这些原则应用于我们的整体战略。"正是充分利用了互联网技术，思科公司才能具备互联网经济所要求的效率，与互联网一起迅速成长。企业面向互联网经济转型，问题的实质是如何创建一个真正的基于互联网管理模式的公司，而不是给传统公司加上一个".com"的装饰。

（二）美国 DELL 公司案例研究[①]

1. 企业概况

DELL 计算机公司总部位于美国得克萨斯州的 Round Rock，于 1984 年由企业家迈克尔·戴尔创立。DELL 公司的理念非常简单：按照客户要求制造计算机，并向客户直接发货，使其能够更有效和明确地了解客户需求，继而迅速地作出回应。

---

① 资料来源：迈克尔·戴尔著，谢绮蓉译：《戴尔战略》，上海远东出版社 2001 年版。

这种革命性的举措已经使 DELL 公司成为全球领先的计算机系统直销商，跻身业内主要制造商之列。截至 2002 年 3 月这四季的营业收益达到 320 亿美元，是全球增长最快的计算机公司。根据 IDC 2001 年第一季度的报告，DELL 公司已经成为全球第一大 PC 生产厂商。最新调查数据显示，DELL 公司占全球电脑市场总出货量增长的 95％，DELL 的增长速度是整体产业的平均值的 10 倍。DELL 的全球市场占有率增长了 3％，达到 12.8％。证券分析师指出，在美国市场，当整体产业出货量在 2001 年下降达 3％时，DELL 却比 2001 年同期增长超过 30％。DELL 深信将继续在服务器、存储设备、笔记本电脑与所有策略关键性产品上，表现出高增长的潜力。DELL 已经分别高居 Fortune500（全美 500 大企业）排行榜的第 48 位及 Fortune Global 500（全球 500 大企业）排名榜的第 154 名。DELL 公司在全球各地拥有 40000 名员工。在美国，DELL 是商业用户、政府部门、教育机构和消费者市场名列第一的主要个人计算机供应商。DELL 公司设计、开发、生产、营销、维修和支持一系列从笔记本电脑到工作站的个人计算机系统。每一个系统都是根据客户的个别要求量身订制的。DELL 公司透过首创的革命性"直线订购"模式，与大型跨国企业、政府部门、教育机构、中小型企业以及个人消费者建立直接联系。DELL 公司是首个向客户提供免费直拨电话技术支持，以及第二个工作日到场服务的计算机供应商，这些服务形式现在已经成为全行业的标准。DELL 公司在全球 34 个国家设有销售办事处，其产品和服务遍及超过 170 个国家和地区，遍及全球各地，服务全世界。在 DELL，直接就是其经营的理念，永远为客户创造更高的价值。

2. DELL 直销模式与供应链管理体系

直接模式是 DELL 公司的核心。"直接"是指公司与客户之间的关系，客户包括从个人消费者到全球性大公司等各种类型的客户，直接模式包括三个重要的组成部分：

- 一对一客户关系。
- 根据客户要求定制的产品。
- 任何主要竞争对手都无法比拟的最低成本结构。

计算机行业的传统销售模式见图 8-3。

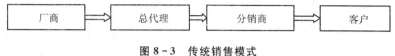

图 8 - 3　传统销售模式

DELL 的直接销售模式见图 8 - 4。

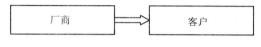

图 8 - 4　直接销售模式

　　直销模式由于避免了中间商层层加价和库存风险，再加上无可比拟的运营效率，DELL 公司才能以低于其他厂商的价格为客户提供功能强大、配置全面的系统，使 DELL 获得了出众的性价比；每一台 DELL 系统都是按单定制的，严格按照客户指定规格打造他们需要的产品，实现了订制服务；超群可靠性和高品质服务与支持，DELL 公司在售前售后与客户进行直接联系，并利用所获得的信息，为客户提供多次获奖的可靠性享受和量身订制的客户服务；采用最先进的技术，与那些采用反应迟缓的间接配送渠道的公司相比，DELL 公司能够更为迅速地引进最先进的相关技术。平均每五天 DELL 公司就能够清空库存，从而将相关成本控制在较低的水平。直接还意味着 DELL 公司能更加清楚地了解客户的期望和喜好。

　　网络为戴尔公司的直销模式提供了技术平台，"因特网可能会是彻底改变电脑业的发展之一"。[①] 1994 年 6 月，DELL 公司推出戴尔的网站 www. dell. com，网站里包含了技术资源的信息，以及寻求支援的电子邮件信箱，主要诉求对象是熟知技术的人；1995 年便推出在线组装，顾客可以在网站上选择一套系统，进行自主配置，再通过电话系统交易；1996 年 6 月，DELL 公司开始通过网络销售台式和笔记本电脑。网络使得直接模式产生合理的延伸，创造出与顾客之间更强的关系。网络取代传统的电话、传真及面对面接触，以更快速更经济更有效的方式，提供顾客所需的信息。DELL 公司将网络与直销商业模式全面结合，不仅仅是将网络运用在销售与组装系统，而是把网络技术全面应用在信息系统上，以便更加快

————————

速有效地与顾客和供应商连接。DELL 公司信息科技的重点，就是为了减少信息起源和流通的障碍，借此简化系统，让商业过程能够真正发挥最大的功效。

DELL 直销模式的成功，建立在其完善的供应链管理体系基础之上。通过与供应商的虚拟整合，让合作伙伴变成公司的一个环节。DELL 公司将传统上依供给决定需求的模式，改变为依需求来决定供给量。让供应商摆脱以往只考虑要运送多少存货的概念，而是鼓励他们思考，从他们的生产线，经过 DELL 的制造线，再到上市销售，这整个流程的速度该多快。要实现这一目标，关键在于要让供应商取得他们所需要的正确信息，帮助他们做决定。因此，必须与供应商无私地分享你的策略与目标，强化供应商的忠诚度和共识，按照需求送货，能带来更高的附加值。必须先做这种调整，才谈得上依顾客需求来生产。为了实现按照顾客需求生产的目标，DELL 公司采取了如下措施：

（1）与供应商建立"双赢"关系。DELL 向专门的公司购买零部件，从他们的投资中获益，而 DELL 专注在自己最在行的部分，也就是直接为客户设计、传达解决的办法及系统。战略联盟关系是公司成功的基本要素。

（2）以信息代替存货。每日的需求趋势，与供应商原料进货之间的连接，是公司成功与否的一大关键。这种连接愈是紧密，对公司愈有好处。信息网络为分享这类信息，提供了有效的渠道。信息的共享，以信息代替存货，使 DELL 能够把存货降低到 8 天以内。

（3）提升供应链的整体效率。互联网提升了与顾客的亲近度，也能用来加强与供应商的紧密度。DELL 提供即时资料给供应商，让他们知道每日所需原料的组合与数量，帮助他们均衡产量，把库存量降至最低。帮助供应商进一步缩短他们在供应链的前置期，并提高他们对市场需求的弹性，也大大有助于缩短整个由下订单到工厂出货的生产周期。

（4）合作研发。DELL 每年花费 30 亿美元，投入 2500 位人员，致力于研发符合顾客需求的科技。该制造什么与购买什么，DELL 依照该产品在一般市场的容易取得的程度来做测试。DELL 愿意运用自身所拥有的工程专业能力来评估不同的公司与产品，并经由提供意见、创意、专门知识与人才给合作伙伴，来共同追求成就。

高效的供应链管理体系是 DELL 直销模式成功的基石，DELL 公司充分利用信息技术，实现了自己的管理模式。

3. 案例分析与结论

DELL 公司是一个以客户为中心的公司，建立了以客户为导向的运营理念，DELL 公司以系统化的程序建立起公司：以最快的速度、最具竞争力的价格和完善的服务为后盾，提供顾客所需要的电脑。在该理念的基础上建立了"直接面向顾客"的运营体系，并运用互联网来经营大部分业务，力求让顾客与 DELL 公司做生意时更方便，体现了精准运营管理模式的速度与费效比原则，能够以低成本迅速满足客户的需求。

在运营管理中 DELL 的三大黄金原则：摒弃存货，倾听顾客需求，坚持直销。在第一次采用网络来拓展生意时，DELL 公司确立了三个目标：简化顾客与 DELL 公司做生意的过程；降低与 DELL 公司的交易成本，加强 DELL 与顾客的关系。

直销模式和高效供应链是 DELL 公司成功的基石，网络技术是成功的助力者和赋能器。

（三）中国海尔集团案例研究[①]

1. 企业概况

海尔集团成立于 1984 年，是中国最优秀的家电生产企业之一，是集科研、生产、贸易及金融各领域为一体的本土国际化企业，目前已经拥有包括白色家电、黑色家电、米色家电在内的 86 大门类 13000 多种规格的产品群，2004 年全球营业额达到 1000 亿元人民币。2004 年 12 月 26 日，海尔集团 CEO 张瑞敏在海尔集团成立 20 周年 "20 年—1000 亿—世界的海尔"主题演讲中指出："近年来，我们所面对的最大的压力就是：信息化和全球化。"海尔的信息化建设与电子商务实践是如何进行的，具有借鉴意义。

---

① 资料来源：《海尔集团公司——拿订单开刀》，载全国企业信息化工作领导小组办公室审定、中国国家企业网主编：《企业信息化优秀案例选》，经济科学出版社 2001 年版，第 341 页；计算机世界企业信息化具有推广价值的 50 个案例：《海尔生于忧患》，2002 年 10 月 28 日。

2. 海尔集团的电子商务

1999 年 1 月世界经济论坛年会上提出，企业在全球化进程中必须做到三点，即要有一套应变能力的管理体制，要开发全球知名的品牌，要有网上销售的战略。根据张瑞敏对新经济的理解，海尔集团进行了"三个方向的转移"的战略性调整：一是在管理方向上从直线职能制组织结构向业务流程再造的市场链转移，以实现组织结构的扁平化、信息化，提高海尔对外界的反应速度；二是从市场方向上从国内市场向国际市场转移，扩展海尔的生存空间；三是在产业方向上利用信息技术对传统的制造业进行改造，从制造业向服务业转移，运用信息技术，实现网络化的管理、网络化的营销、网络化的服务和网络化的采购，为海尔的电子商务打下基础，以确保"海尔国际化"目标的实现。

海尔的主要目标由过去的利润最大化转向以客户为中心、以市场为中心。在企业内部，推行了以市场链理念为核心的业务流程再造，改变"金字塔"式的管理结构，每个人都要由过去的"对上级负责"转变为"对市场负责"。海尔集团成立了物流、商流、资金流三个流的推进本部，分别负责海尔统一物流、销售、财务结算业务。物流是海尔信息化的重中之重，实施和完善后的海尔物流管理系统"一流三网"体现了两个特点：信息化和网络化。"一流"是指以订单信息流为中心，"三网"分别是全球供应链资源网络、全球用户资源网络和计算机信息网络。围绕订单信息流这一中心，将海尔遍布全球的分支机构整合之后的物流平台使得供应商和客户、企业内部信息网络这"三网"同时开始执行，同步运动，为订单信息流的增值提供支持。通过实施 ERP 和 BPR 项目，海尔物流的"一流三网"模式实现了四个目标，见表 8 - 1：

表 8 - 1　　　　　　海尔"一流三网"模式实现的目标

目　　标	效　　果
为订单而采购，消灭库存	1. 采购成本大幅降低； 2. 库存资金周转日数从 30 天降低到 12 天以下； 3. 呆滞物资降低了 73.8%； 4. 仓库面积减少了 50%； 5. 降低库存资金约 7 亿元，比以前减少了 67%。

续表

目　　标	效　　果
建立起全球供应链网络	1. 使原来的 2336 家供应商优化到了 840 家； 2. 由国际化的大集团组成供应商，比例却上升至 71.3%； 3. 这些国际化大供应商参与海尔的产品开发与设计，为海尔的新产品开发和设计提供了强有力的技术支撑。
实现了三个 JIT（即时）	1. 上查询计划与库存，及时补货，即时采购； 2. 根据看板管理 4 小时送料到工位，即时配送； 3. 按照 B2B、B2C 订单的需求生产，交货及时，中心城市实现 8 小时配送到位，区域内 24 小时配送到位，全国 4 天以内到位。
反应快速及时	1. 采购周期由原来的平均 10 天降低到 3 天； 2. 网上支付已达到总支付额的 80%； 3. 降低了人工成本，提高了劳动效率； 4. 提高了物流过程的精细化水平，达到质量零缺陷的目的。

　　海尔的电子商务应用贯穿了整个海尔集团内部的业务流、资金流、商流、物流，同时延伸到企业与用户/分销商、企业与供应商之间，整个体系保障了信息的同步传递，是企业迅速响应市场需求的"信息命脉"。

　　1998 年，海尔开始实施以市场链为纽带的业务流程再造、以订单信息流为中心带动物流、资金流的运动，加快了与用户零距离、产品零库存和零营运成本"三个零"目标的实现。供应链响应速度加快是企业电子商务的真正意义，海尔的信息化建设成果主要体现在如下三个方面：

　　（1）企业与用户/分销商：信息加速增值。首先是加速信息的增值，无论何时何地，只要用户点击 www.ehaier.com，海尔就可以在瞬间提供一个"E＋T＞T"的惊喜；E 代表电子手段，T 代表传统业务，而"E＋T＞T"，就是传统业务加上电子技术手段大于传统业务，强于传统业务。其次加速与全球用户的零距离。无论何时何地，www.ehaier.com 都会给用户提供在线设计的平台，用户可以实现自我设计的梦想。作为海尔与分销商和用户的窗口，网站将持续不断地保持更新的速度，以求提供更丰富的信息和更强大的功能。

　　（2）企业与供应商：协同商务以达"双赢"。物流的速度是海尔在市场竞争取胜的核心竞争力。物流最关键的是做到 JIT（JUST IN TIME），其前提是信息的 JIT。通过与企业内部 ERP 紧密集成的 B2B 采购平台

（www.ihaier.com）实现了海尔与供应商之间的协同商务，使信息的 JIT 变成了现实，企业与供应商之间形成以采购订单为中心的战略合作伙伴关系，实现信息互动沟通，达到"双赢"的目标。供应商由于可以及时获得企业的各种需求信息，提高了其生产和配送的及时有效性；网上开展业务，可以降低成本，而且信息的准确率与办公效率大大提高。海尔则通过信息化对管理的提升，可以在世界范围内选择合适的供应商，进行集中采购和控制，以获得更好的质量和更低的价格，由于准确及时补货和原材料寄售方式的实现，原材料的库存大大降低，仓库面积减少了 2/3。事实上不再是"仓库"，而是原材料的"配送中心"。

（3）企业内部信息化：准确高效低成本。海尔内部信息化中，同步信息流程是基础，模块化设计的产品，则是海尔的个性化特色。海尔的信息化是从网络基础起步的，投资一亿多元建立了自己的信息支持平台，为电子商务服务，主要内容包括基础网络、办公应用、财务系统应用、商流/海外部应用、物流应用、产品设计、管理应用、产品事业部的 ERP 应用等。海尔内部的同步信息流保障了电子商务体系的运转。同时，海尔推行产品设计的模块化，把产品分成基本配置和可变配置，也就是模块配置。用户和分销商都可以根据自己的需要来进行选择和匹配。这种分销商、用户设计产品的理念，满足了消费者的个性化需求。

未来的企业竞争，不仅是核心企业的竞争，更是供应链之间的竞争，海尔未来的电子商务应用将更注重以下三个方面：

- 保持 CRM 精神：以客户的满意度为中心。
- 优化 SCM 效果：与业务伙伴协同商务共同发展。
- 推广 ERP 应用：扩展企业内部市场链的效果。

海尔可以通过虚拟市场将最终客户、经销商、制造厂商和配套厂商的信息系统联结在一起，经销商将通过电子虚拟市场获得订单，并通过集成的制造厂商的产品计划信息甚至配套厂商的配套件能力信息，来进行交货期实时确认，制造厂商按照客户订单进行规模定制生产，并通过共享的配套厂商的供货能力和库存信息进行采购计划的实时调整，配套厂商可以第一时间得知市场的变化从而调整计划。海尔电子商务应用是一个持续的过程，海尔要通过创新机制，大力进行信息化建设并开展推广电子商务应用，缩短进入国际化的进程。

2005 年，海尔集团提出了"人单合一"模式，即"人单合一"、"直销直发"和"正现金流"三个原则。所谓"人单合一",就是每个人都有自己的订单,都要对订单负责,而每一张订单都有人对它负责,实现人与市场的结合,使每一个人都成为创造市场的"SBU"(战略事业单位),每个人都对市场经营;所谓"直销直发"是"人单合一"的基础,就是直接营销到位,直接发运、服务到位;所谓"正现金流",就是通过首先创造客户需要的产品,同时找到优质的客户。按照张瑞敏的说法:"在信息化时代,必须有速度和准确度的统一,才能生存",这就是"人单合一"。

3. 案例分析与结论

海尔的"人单合一"模式被认为是适应信息化时代的一种创新的管理模式,我们认为这就是本书所提出的精准管理模式的企业实践。

海尔是一个企业,企业最关心的首先是生存和发展,其次才是生存与发展的手段。海尔的信息化很大程度上是为企业未来寻找出路的一个管理、业务层面的解决方案。海尔的信息化是从企业所面对的生存与发展问题出发的,是一种自发的信息化。信息化帮助海尔在行业竞争日趋激烈的今天,赢得机会,赢得发展,并成功实现了从传统企业向现代企业的转变,信息化是一场管理变革,只不过采用了新式武器。

海尔的信息化经验说明信息化不只是 IT 技术问题,更重要的是观念问题。企业信息化绝不是企业的信息利用计算机处理,而是一个把企业和市场完全结合的系统工程。海尔的信息化抓住了网络经济时代企业运营管理体系的核心环节,一是牢固树立了以客户为中心的经营目标,工作考核的标准是用户的问题是否得到解决,用户是否满意,形成了每个人都是一个 SBU 的机制;二是通过以市场链为核心理念的业务流程再造,实现了以订单信息流为中心的"一流三网"运营模式,形成了面向供应链的系统生产模式,突出了企业的核心竞争力;强调速度,利用信息技术提高企业满足客户需求的速度。

海尔的信息化具有鲜明的管理、业务烙印,正如海尔总裁杨绵绵所讲:"所以,信息化管理必须和目标,也就是订单结合在一起,你的观念改变了说明经营目标改变了,经营目标改变了你才会设计你的数据采集系统,才会有数据处理、监控的自动化以及管理的信息化。因为数据量太大,你必须使用计算机系统,你会自发地感受到,采用过去的人工方法,永远采集不到每时每刻全国所有的网点动态及其销售状况。记录的数据不加工信息也是没有价值的。你说你做了什么，我们也不知道，不知道就等于没有信息，没有信息就无法做出准确的判断、合理的决策，这是我们最深刻的体会。"

海尔的信息化理念可以概括为两个"最快"，即以最快的速度实现订单，以最快的速度来满足用户需求。信息化应用目标体现为三个"零"，用户零距离，零库存，零运营成本。

（四）中国联想集团有限公司案例研究[①]

1. 企业概况

联想集团成立于 1984 年 3 月，是国内最大的计算机专业生产厂商。联想集团有限公司于 1994 年 3 月重组成立，作为互联网全面技术和服务的提供商，联想集团有限公司始终致力于民族信息产业的振兴与发展，并不断为用户提供领先的信息技术、丰富的信息产品和快捷高效的信息服务，从根本上推动互联网和电子商务在中国的应用。联想能从 1984 年的 11 个人，20 万元投资的小平房发展到上万名员工，年营业额达到 300 亿元的分支机构遍布全球的大型集团公司，不断的机制和管理创新以及持续的信息化应用是主要的推动力量。

2. 信息化建设过程与建设方案

联想的信息化建设是从 1991 年开始起步的，那时主要是很初级的财务电算化应用；到了 1996 年开始了大规模的网络建设和物料需求计划 MR-PII 的实施，但也局限于基础和实施的层面；真正大规模信息化应用是从 1998 年企业资源计划 ERP 项目的实施和随后的客户关系管理 CRM 和供应链管理项目的实施。持续的信息化应用给联想带来了巨大的经济效益。2000 年仅 ERP 上线的第一个季度，联想的净利润就比 1999 年的同期增长了 136％，高于 1999 年净利润增长幅度近一倍；平均交货时间从 1996 年的 11 天，缩短为 5.7 天；存货周转天数由 35 天降到 19.2 天；应收账款周

---

① 资料来源：《联想集团有限公司——成功源自信息化》，载全国企业信息化工作领导小组办公室审定、中国国家企业网主编：《企业信息化优秀案例选》，经济科学出版社 2001 年版，第3 页。

转天数由 23 天缩短为 15 天；集团多法人结账由原来的 30 天下降为 6 天，单一法人结账时间仅仅只需一天。

联想的信息化建设的指导思想是围绕企业发展中的关键业务问题，通过学习先进的管理思想，应用信息化手段来解决问题，在解决问题的过程中发现问题的实质是什么，结合自身实际特点引发组织和管理变革。联想通过信息化主要解决了发展中遇到的四大主要问题：

（1）参与市场的竞争能力问题：联想在销售上是采取分销形式的，遍布全国的 4000 多家代理商结成"大联想"销售同盟。面对庞大的营销网络，对客户的订货需求做出快速反应，及时满足客户的需求，是形成联想市场竞争力的一个重要因素。通过实施信息化，联想形成了以客户订单为驱动，ERP 为基础的，完全基于网络的内部资源一体化订单管理体系，实现了订单收发网络化、订单处理集成化、订单反馈实时化。通过一体化的订单管理体系，大大加强了联想与代理商之间的信息沟通，为代理商开拓市场、争取客户提供了强有力的支持和保障。同时联想初步实现了电子商务的运作模式，2000 年全年，联想通过网上处理订单总额超过了 24 亿美元，通过招商银行每个月的网上结算额就超过了 2 亿元人民币。

（2）规模化带来的管理控制问题：规模化是每一个企业追求的目标，规模化主要表现为多业务、多区域、多平台等特点，但规模发展到一定程度就会面临管理控制的问题，如果控制不好，就会出现很多灰色地区，就会降低企业的营业收入，就会加大企业的经营风险。联想通过实施 ERP 系统，逐步建成了 ERP 支持下的多业务、多区域、多平台，事前预算、事中控制、事后准确核算的矩阵式集中财务管理体系，实现了数据的来源唯一、集成和共享。通过 ERP 系统，可以清楚地掌握各区域、各平台、各业务的资金使用情况。

（3）运营风险问题：联想是一个 IT 企业，IT 企业的特点是零部件成本所占比重很大，零部件价格下降得比较快。联想不仅需要加快库存周转，提高企业的运作水平，同时也要财务上清晰核算成本，降低存货风险。因此，1996 年联想出台了存货计提削价准备金和应收账计提坏账准备金措施，而联想原有的财务系统根本无法完全支持这两种管理措施，特别是联想组织机构变化快，不管系统如何完善都无法满足应用。通过 ERP 的实施应用，有效地解决了这一问题。

（4）内部的管理效率问题：人员管理随着公司规模的扩大成为越来

重要的因素。人员管理的优劣最直接的体现就是员工工作效率的高低。如何有效提高员工的工作效率就成为联想最为关心的问题。为此，联想建成了遍布全球分支机构的广域网。邮件系统已经成为联想员工主要的沟通交流手段。员工不管在何处、什么时间都可以进入联想的邮件系统，查询处理邮件，了解公司业务动态、沟通交流、解决问题。使公司内、外部的信息交流畅通，大幅度降低了沟通成本，把员工从烦琐的工作琐事中解脱出来，提高办公效率。

联想信息化建设的实施方案选择、实施过程是一个循序渐进、从基础到高端的发展过程，主要包括了如下过程：

（1）构建企业的网络基础设施：网络基础设施是企业搭建电子商务系统的基础，因此，要发展企业的电子商务，就必须构建自己的网络基础设施。小型企业可以搭建局域网，大中型企业就可能需要建设覆盖很广的广域网，为构建企业电子商务平台做技术和产品的准备。联想首先建设完成了覆盖全国两个分部（上海和深圳），一个生产制造基地（惠阳），四个大区、20 个城市维修中心站，以及中国香港和荷兰两个海外销售中心的，以北京上地联想智能大厦为中心的基于 Internet 的网络基础架构。

（2）实现网络办公：在网络基础设施的平台上，首先实现了网络办公，包括资源预订，可以网上订车、订票、订会议室等；实现了员工的网上报销、网上培训以及员工论坛等。

（3）建设企业核心的业务管理和应用系统：这里主要就是 ERP，也就是企业资源计划系统，它是企业开展业务的基础平台，用户的订单在经过公司商务部门的过滤之后，进入这个系统，成为系统最主要的输入，系统另外的输入是当前库存的实际情况，运输资源和周期、采购资源和周期、生产产能和周期等，系统在固定的时间运行一次，每次运行得到的输出结果是：一份用户订单的确认情况表、一份采购计划、一份生产计划、一份配送计划。其中用户订单的确认情况表直接反馈到每一个用户。联想于1998 年启动实施了 ERP 系统，通过 ERP 系统整合各自零散的独立的系统，进行数据集中，建立统一集成的企业内部资源共享数据平台。

（4）电子商务直接增值：在前期企业信息化的基础上，联想针对企业经营三个直接增值的环节来设计信息化实施方案，这就是客户关系管理系统 CRM、供应链管理 SCM 以及产品生命周期管理 PLM。联想从 2000 年4 月开始实施 CRM 系统，2001 年 5 月成功上线；从 2001 年开始全面推进实施以综合计划管理系统、制造体系管理系统、运输管理系统、供应商协同系统的 SCM 项目，并将整合成电子商务系统，从而使客户—厂商—供应商协同起来，令物流、信息流和资金流发挥最大效能，实现供应一体化。为了缩短产品从创意到上市的时间，降低产品信息的复杂度，提供产品数据的准确性，联想 2002 年开始实施 PLM 项目。

信息化已经渗透到联想的各个角落，形成了其运营的神经系统，联想将其称为"企业信息化全景图"，主要包括五个基本系统：

（1）客户需求系统：联想的大客户、代理商、专卖店和散户通过 Web、Call Center 和面对面等接触的渠道与厂商发生联系，将客户的需求传递给厂商，同时接收厂商的反馈。

（2）产品研发系统：基于客户市场的细分形成的产品需求，是来自于客户的创意，将进入联想的产品研发管理。产品研发管理包括三个部分：知识管理、研发项目管理、产品数据管理，通过研发项目管理分析、整理客户产品创意，并协同设计商，共同设计产品，反馈给客户新产品。通过结构化的产品设计研发，管理产品数据，并生成 BOM 信息，输入到综合计划系统。

（3）综合计划系统：基于客户对产品的实际需求，包括对订单的需求、销售的预测、产品和服务的定制需求，将进入联想的供应链管理。通过核心的综合计划系统驱动的供应链管理，通过协同客户需求、与供应商的采购协同，生成销售预测、订单确认、采购计划、生产计划、配送计划。并由计划驱动实际操作，进入企业资源管理系统。

（4）资源管理系统：企业资源管理主要接收计划系统下达的操作指示，进行操作执行，主要包括销售订单的执行、生产订单的执行、采购订单的执行和配送的执行。企业的绩效总是通过财务来体现的，企业的资源主要是财、物、人，在财务管理中主要管理控制资金流，有应收、应付和成本；在资产管理中主要管理成品存货、在线存货、材料存货三部分；在人力资源管理中，也是通过成本来体现的，有薪酬、绩效、员工发展和培训四个部分。这三层组成了企业的资源平台。

（5）管理驾驶舱系统：通过实时监控标志企业运作关键指标数据变化的管理驾驶舱，决策者可以清楚掌握企业各个经营环节的情况。同时支持整个企业信息化应用的协同办公网络。

联想的信息化全景图，清楚地描述了集成的企业业务状况，体现了以客户驱动的，资源一体化的企业业务模式，联想的业务与信息化是紧密结合在一起的。

3. 案例分析与结论

联想通过多年的实践，理解到企业信息化的实质就是通过对先进管理思想的消化理解，学习参照最佳行业实践，梳理、优化、再造业务流程，并应用 IT 技术，规范、集成共享信息，从而达到提高效率、降低成本、提升客户满意度和企业运作管理水平的目的。

面向客户的组织机构设置，集成一体化的运营体系，是联想信息化成功的关键。联想信息化的发展过程，就是联想管理变革创新发展的历史。不断的学习进步，不断的引进、消化、应用和推广的先进的理念和思想是联想借助信息化发展到今天如此规模的根本的动力。联想的信息化建设带给联想的不仅仅是运作效率、经营业绩和市场竞争力的提高，更给联想导入了国际先进的经营管理思想，推动了联想业务和管理模式的变革和创新，推动企业由传统向现代企业发展和转变。主要包括如下成果：

（1）统一、规范、集成、电子化了联想的业务流程。通过 ERP 的实施，联想清理、规范和优化了 77 个业务流程，促进了公司管理的扁平化，为新的矩阵式管理的引入和变革提供了技术条件。

（2）搭建了符合公司长远发展要求的信息化平台。联想 ERP 系统正在成为公司运营的信息中心和数据中心，正逐步成为公司制定管理和发展战略的基础信息平台，正在成为公司在新经济时代进行电子商务最基本、最核心的支持系统。

（3）联想从管理理念和管理模式都迈上了新的台阶。通过 ERP 项目的实施，使变革管理的观念在整个管理层有了更加深入的认识；为公司改进管理模式做了准备。实行 ERP 促进了联想对矩阵式管理模式的采用，保证了监督的及时准确，决策的灵活迅速；实行 ERP 促进了联想组织机构的扁平化，降低了信息传递的环节，提高了组织效率；为客户关系管理、供应链管理、产品研发管理的实现打下了基础，在此基础上联想具备了全面开展电子商务增值应用的前提。

（4）信息化打下了联想进入新经济时代的基础，提高了公司的核心竞争力。通过 ERP 的实施，联想培养了一批业务、IT 和管理三结合的复合型人才，代表和体现了行业发展的需要；从经营管理的角度看，对市场的反应速度加快了，增强了企业的动态应变能力；企业运作成本降低了，业务流程得到了优化和集成，减少和避免了因重复环节而造成的损耗；对风险的控制能力大大加强，通过对企业资源计划的优化管理来减少企业在经营发展中面临的风险；为企业进行信息的实时处理、作出相应决策提供了有利的条件，并能够对历史数据进行积累，使企业的业务流程能够预见并响应环境的变化，最终为集团战略制定提供服务。

在网络经济时代，信息化已经不再是一个企业的发展问题，而是一个生存的问题，是能不能活下去的问题。联想为什么要下大力发展信息化建设，就是要使信息化成为公司的核心竞争力，要领先一步达到先进的水平。

未来，信息网络社会将进一步发展，中国企业将直面网络经济时代的挑战。最后，我想引用张召忠教授的话来结束本书："我们一只脚的脚尖刚刚踏入工业社会，另一只脚还深深陷在农业社会的泥潭里，而眼睛又不得不紧盯着信息社会，这就是中国的国情和现实。今天如果不生活在未来，明天你将生活在过去。要想掌握未来，就必须了解未来；要想赢得未来，就必须把握未来。"

参考文献

中文书籍文献

1. 迈克尔·波特著，陈小悦译：《竞争战略》，华夏出版社 1997 年版。

2. David Bovet 等：《价值网》，人民邮电出版社 2002 年版。

3. 比尔·盖茨著，蒋显憬、姜明译：《未来时速——数字神经系统与商务新思维》，北京大学出版社 1999 年版。

4. 林达·M. 阿普尔盖特等著，陈运涛译：《信息时代的管理》，中国人民大学出版社 2003 年版。

5. 孟广均等：《信息资源管理导论》，科学出版社 2000 年版。

6. 小约翰·帕西科、帕特里克亚·让娜·莫里丝著，张昕海、刘彦译：《5I 商业价值观》，机械工业出版社 2000 年版。

7. Gray Hamel、C. K. Prahalad 著，王振西主译：《竞争大未来》，海天出版社 1998 年版。

8. 美卡尔·夏皮罗、哈尔·瓦里安：《信息规则——网络经济的策略指导》，中国人民大学出版社 2000 年版。

9. 凯文·凯利：《网络经济的十种策略》，广州出版社 2000 年版。

10. 杨坚争等：《虚拟市场——经济全球化中的电子商务》，上海社会科学出版社、高等教育出版社 2001 年版。

11. 约翰·奈斯比特著，梅艳译：《大趋势》，中国社会科学出版社 1984 年版。

12. 丹尼尔·贝尔著，高铦、王宏周、魏章玲译：《后工业社会的来临》，新华出版社 1997 年版。

13. 阿尔温·托夫勒：《未来的冲击》，新华出版社 1997 年版。

14. 唐·泰普斯科特、亚历克斯·洛伊、戴维·泰科尔著，陈劲、何丹译:《数字经济蓝图》，东北财经大学出版社、Mc-Graw-Hill 出版公司 1999 年版。

15. 曼纽尔·卡斯特著，夏铸九、王志弘等译:《网络社会的崛起》，社会科学文献出版社 2001 年版。

16. 丹·席勒著，杨立平译:《数字资本主义》，江西人民出版社 2001 年版。

17. 戴维·莫谢拉著，高銛、高戈、高多译:《权力的浪潮》，社会科学文献出版社 2002 年版。

18. 姜奇平等译:《浮现中的数字经济》，中国人民大学出版社 1998 年版。

19. 晏维龙等译:《数字经济——美国商务部 2000 年电子商务报告》，中国人民大学出版社 2001 年版。

20. 托马斯·H. 达文波特、劳伦斯·普鲁斯著，周长才译:《把握 e 时代》，海天出版社 2000 年版。

21. 胡泳、范海燕:《网络为王》，海南出版社 1997 年版。

22. 刘吉、金吾伦等:《信息化与知识经济》，社会科学文献出版社 2002 年版。

23. 萧琛:《全球网络经济》，华夏出版社 1998 年版。

24. 张铭洪:《网络经济学教程》，科学出版社 2002 年版。

25. 孙健:《网络经济学导论》，电子工业出版社 2001 年版。

26. 赵守香:《网络经济学》，中国物资出版社 2001 年版。

27. 姜奇平:《体验经济》，经济科学文献出版社 2002 年版。

28. 托马斯·H. 达文波特等:《信息技术的商业价值》，中国人民大学出版社、哈佛商学院出版社 2000 年版。

29. ［美］肯尼思·C. 兰登、简·P. 兰登著，葛新权、孙志恒、王斌、王慧译:《管理信息系统精要——网络企业中的组织和技术》，经济科学出版社 2002 年版。

30. 刘丽文:《生产与运作管理》，清华大学出版社 2002 年版。

31. 彼得 S. 潘德、罗伯特 P. 纽曼、罗兰 R. 卡瓦纳著，刘合光等译:《6σ 管理法——追求卓越的阶梯》，机械工业出版社 2001 年版。

32. ［美］Roger G. Schroeder 著:《运营管理新概念与案例》，清华大学出版社 2002 年版。

33. 陈荣秋、马士华编著：《生产运作管理》，机械工业出版社 2004 年版。

34. 胡彬、于俭编著：《先进制造管理系统——原理、软件和实施》，电子工业出版社 2002 年版。

35. [美] 米歇尔·罗伯特、伯纳德·拉辛：《精益战略》，机械工业出版社、Mc-Graw-Hill 出版公司 2002 年版。

36. 夏健明主编：《运营管理》，立信会计出版社 2002 年版。

37. 龚国华、龚益鸣主编：《生产与运营管理——制造业和服务业》，复旦大学出版社 1998 年版。

38. 汪星明、施礼明主编：《现代生产管理》，中国人民大学出版社 1995 年版。

39. 施礼明、汪星明主编：《现代生产管理》，企业管理出版社 1997 年版。

40. [美] Richard B. Chase、Nicholas J. Aquilano、F. Robert Jacobs 著，宋国防等译：《生产与运作管理》，机械工业出版社、Mc-Graw-Hill 出版公司 1999 年版。

41. [美] M. Therese Flaherty 著，陈鹤琴、陈雁、陈忠等译：《全球运营管理》，清华大学出版社 2003 年版。

42. Vic Gilgeous 著，杨怀旭等译：《运营与变革管理》，云南大学出版社、Prentice Hall 出版公司 2002 年版。

43. William J. Stevenson 著，张群、张杰等译：《生产与运作管理（原书第 6 版)》，机械工业出版社、Mc-Graw-Hill 出版公司 2000 年版。

44. Jay Heizer、Barry Render 著，潘杰夫等译：《生产与作业管理教程》，华夏出版社、Prentice Hall 出版公司 1999 年版。

45. John O. McClain、L. Joseph Thomas、Joseph B. Mazzola 著，黄卫伟等译：《运营管理》，中国人民大学出版社、Prentice Hall 出版公司 2001 年版。

46. Ronald H. Ballou 著，王晓东、胡瑞娟等译：《企业物流管理——供应链的规划、组织和控制》，机械工业出版社、Prentice Hall 出版公司 2002 年版。

47. 王世良编著：《生产运作管理》，华文出版社 2000 年版。

48. [日] 亚木高矣主编：《经营管理》，中国人民大学出版社 1982

年版。

49.〔日〕村松林太郎主编:《生产管理》,中国人民大学出版社 1982 年版。

50. 杜拉克著,苏伟伦编译:《杜拉克管理思想全书》,九州出版社 2001 年版。

51. 彼得·德鲁克著,潘承烈译:《21 世纪对管理的挑战》,中国企业联合会 2000 年版。

52. 彼得·德鲁克著,孙康琦译:《有效的管理者》,上海译文出版社 1999 年版。

53. 詹姆斯·科塔达、托马斯·哈格雷夫及爱德华·瓦金和 IBM 咨询团队:《网络时代的管理——IBM 和其他公司是如何成功的》,三联书店 2001 年版。

54.〔美〕唐纳德 J. 鲍尔索克斯、戴维 J. 克劳斯著,林国龙等译:《物流管理——供应链过程的一体化》,机械工业出版社、Mc-Graw-Hill 出版公司 1999 年版。

55.〔美〕大卫·辛奇·利维、菲利普·凯明斯基、艾迪斯辛奇·利维著,季建华等译:《供应链设计与管理》,上海远东出版社 2000 年版。

56.〔英〕道格拉斯·K. 麦克贝斯、尼尔弗格森著,季建华等译:《开发供应商伙伴关系——供应链一体化方案》,上海远东出版社 2000 年版。

57. 马士华、林勇、陈志祥:《供应链管理》,机械工业出版社 2000 年版。

58. 侯书森、孔淑红编著:《企业供应链管理》,中国广播电视出版社 2002 年版。

59. 郭斌:《网络企业管理》,浙江大学出版社 2001 年版。

60. 卢向南、李小东、汤兵勇等:《网络企业管理》,高等教育出版社 2001 年版。

61. 覃征、汪应洛、张磊、卫民堂、阎礼祥:《网络企业管理》,西安交通大学出版社 2001 年版。

62. 裴蓉、宋天洪编著:《企业网络化经营》,中国广播电视出版社 2002 年版。

63. 左美云、张昊:《网络企业》,长春出版社 2000 年版。

64. 蒋兴明:《企业网络经营管理》,经济科学出版社 2002 年版。

65. 陈菊红、汪应洛、孙林岩：《灵捷虚拟企业科学管理》，西安交通大学出版社 2002 年版。

66. 董艳玲：《网络经济与管理变革》，中共中央党校出版社 2002 年版。

67. ［美］亚德里安 J. 斯莱沃斯基等：《发现利润区》，中信出版社 2000 年版。

68. 美詹姆斯·迈天著，李东贤等译：《生存之路——计算机技术引发的全新经营革命》，清华大学出版社 1997 年版。

69. ［美］阿莫·哈特曼等著：《网络就绪——电子商务时代的成功战略》，机械工业出版社、Mc-Graw-Hill 出版公司 2000 年版。

70. 彼得·圣吉：《第五项修炼》，上海三联书店 1999 年版。

71. ［美］迈克尔·波特等：《未来的战略》，四川人民出版社 2000 年版。

72. ［美］德鲁克等：《未来的管理》，四川人民出版社 2000 年版。

73. ［美］F. 赫塞尔本等：《未来的组织》，四川人民出版社 2000 年版。

74. 帕特里克·沙利文著，赵亮译：《价值驱动的智力资本》，华夏出版社 2002 年版。

75. 彼得·德鲁克等：《知识管理》，中国人民大学出版社、哈佛商学院出版社 1999 年版。

76. 彼得·德鲁克等：《公司绩效测评》，中国人民大学出版社、哈佛商学院出版社 1999 年版。

77. 赵曙明：《人力资源管理研究》，中国人民大学出版社 2001 年版。

78. 赵曙明：《国际企业：人力资源管理》，南京大学出版社 1998 年版。

79. 白嘉主编：《企业人力资源主管》，经济管理出版社 1999 年版。

80. 郑海航：《企业组织论》，经济管理出版社 2004 年版。

81. ［美］理查德·L. 达夫特著，李维安等译：《组织理论与设计精要》，机械工业出版社 1999 年版。

82. 王德禄：《知识管理的 IT 实现》，电子工业出版社 2002 年版。

83. Stephen Covey：《领导学全书》，南方出版社 2000 年版。

84. 威廉·L. 西蒙著，陆正飞主译：《超越数字——成功企业的取胜之道》，东北财经大学出版社 1998 年版。

85. 孙耀君主编：《西方管理学名著提要》，江西人民出版社 2001 年版。

86. 菲利普·科特勒：《营销管理——分析、计划和控制》，上海人民出版社 1996 年版。

87. 菲利普·科特勒、迪派克·詹恩、苏维·麦森西：《科特勒营销新论》，中信出版社 2002 年版。

88. 王方华编著：《营销管理》，机械工业出版社 2002 年版。

89.〔美〕艾略特·艾登伯格：《4R 营销》，企业管理出版社、麦格劳—希尔教育出版集团 2003 年版。

90.〔美〕艾露斯·库佩：《网络营销学》，上海人民出版社 2002 年版。

91. 弗雷德里克·纽厄尔著，李安方等译：《网络时代的客户关系管理》，华夏出版社、Mc-Graw-Hill 出版公司 2001 年版。

92.〔美〕沃德·汉森著，成湘洲译：《网络营销原理》，华夏出版社、Mc-Graw-Hill 出版公司 2001 年版。

93. 熊波、陈柳、陶永勇编著：《网络营销管理》，中国电力出版社 2001 年版。

94. Daniel Amor 著，董兆一等译：《电子商务——变革与演进》，机械工业出版社 2003 年版。

95. James T. Perry、Gary P. Schneider 著，陈锡筠、刘建昌译：《电子商务新视野》，清华大学出版社 2002 年版。

96. 阿兰·奥佛尔、克里斯托福·得希著，李明志、郭春磊、史晓荀译：《互联网商务模式与战略——理论与案例》，清华大学出版社、Mc-Graw-Hill 出版公司 2002 年版。

97. Ravi Kalakota 、Andrew B. Whinston 著，陈雪美译：《电子商务管理指南》，清华大学出版社、Macmillan USA 出版公司 2000 年版。

98. Martin V. Deise、Conrad Nowikow、Patrick King、Amy Wright 著，黄京华译：《电子商务管理者指南——从战术到战略》，清华大学出版社、PriceWaterhouse Coopers 出版公司 2002 年版。

99.〔美〕希德·拉曼、马赫胥·莱辛哈尼编，周伟民、吕长春、李凌译：《电子商务的机遇与挑战》，华夏出版社 2001 年版。

100. 姚国章编著：《电子商务与企业管理》，北京大学出版社 2002 年版。

101.〔美〕道迪·伯约恩·约尔克斯著，唐少清、赵俊雪译：《电子商务》，人民邮电出版社 2002 年版。

102. Gary P. Schneider、James T. Perry 著，成栋、李进、韩冀东

译:《电子商务》,机械工业出版社 2000 年版。

103. 中国企业网主编:《鼠标唱大戏——电子商务与 B2B》,经济日报出版社 2001 年版。

104. [瑞士] Roman Boutellier、Oliver Gassmann、Maximilian Von Zedtwitz 主编,曾忠禄、周建安、朱甫道主译:《未来竞争的优势——全球研发管理案例研究与分析》,广东经济出版社 2002 年版。

105. [英] Susan Hart 编著,闵丛民译:《新产品开发经典读物》,机械工业出版社 2003 年版。

106. [美] Karl T. Ulrich、Steven D. Eppinger 著,杨德林主译:《产品设计与开发》,东北财经大学出版社 2001 年版。

107. Michael E. McGrath 著,刘求生译:《高技术企业产品战略》,清华大学出版社、Mc-Graw-Hill 出版公司 2002 年版。

108. 陈伟:《创新管理》,科学出版社 1998 年版。

109. [美] Glen L. Urban、John R. Hauser 著,韩冀东译:《新产品的设计与营销》,华夏出版社、Prentice Hall 出版公司 2002 年版。

110. 胡树华:《产品创新管理——产品开发设计的功能成本分析》,科学出版社 2000 年版。

111. 张仁侠编著:《研究与开发战略》,广东经济出版社 1998 年版。

112. 张后启:《再造竞争优势》,中国科学技术大学出版社 2002 年版。

113. 张瑞君:《E 时代财务管理——管理信息化理论与实践的探索》,中国人民大学出版社 2002 年版。

114. 李超、周定文、黄骁俭编著:《网络财务》,中国财政经济出版社 2002 年版。

115. 上海现代物流人才培训中心:《企业资源计划（ERP）与 SCM、CRM》,电子工业出版社 2002 年版。

116. 陈启申编著:《供需链管理与企业资源计划（ERP）》,企业管理出版社 2001 年版。

117. 宋华、胡左浩:《现代物流与供应链管理》,经济管理出版社 2000 年版。

118. 宋华:《现代物流与供应链管理案例》,经济管理出版社 2001 年版。

119. 宋华:《物流供应链管理机制与发展》,经济管理出版社 2002

年版。

120.〔日〕汤浅和夫著，孙玉生译：《供应链下的物流管理》，海天出版社 2002 年版。

121. 陈荣：《物流供应链管理》，东北财经大学出版社 2001 年版。

122. 宋力刚主编：《国际化企业现代物流管理》，中国石化出版社 2001年版。

123. Kent N. Gourdin：《全球物流管理》，人民邮电出版社 2002 年版。

124.〔英〕唐纳德·索尔著，包刚升译：《如何提升公司核心竞争力》，企业管理出版社 1999 年版。

125. 陈乃进、陈琦伟主编：《新经济时代的企业创新》，上海三联书店 2000 年版。

126. MBA 必修核心课程：《管理创新》，中国国际广播出版社 2000年版。

127. 全国企业信息化工作领导办公室审定、中国国家企业网编：《企业信息化优秀案例选》，经济科学出版社 2001 年版。

128. 张召忠：《怎样才能打赢信息化战争》，世界知识出版社 2004年版。

129. 刘列励主编：《信息网络经济与电子商务》，北京邮电大学出版社 2001 年版。

130. Bernard Liautaud，Mark Hammond 著，郑晓舟等译：《商务智能》，电子工业出版社 2002 年版。

131. 赵纯均等：《工商管理研究备要——现状、趋势和发展思路》，清华大学出版社 2003 年版。

132.〔美〕凡丽卡桑德斯著，华经译：《亚马逊网络书店传奇》，机械工业出版社 2000 年版。

133.〔美〕B. 约瑟夫·派思著，操云甫等译：《大规模定制——企业竞争的新前沿》，中国人民大学出版社 2000 年版。

134. Peter Fingar、Harsha kumar、Tarun Sharma 著，董春连、吴宇昕译：《企业电子商务》，海天出版社 2001 年版。

135. 斯蒂芬·P. 布雷德利、理查德·L. 诺兰：《感测与响应》，新华出版社 2000 年版。

136. 周卫民：《精准管理》，上海财经大学出版社 2005 年版。

137. 亚当·斯密:《论劳动分工》,《管理与组织经典文选》,机械工业出版社 2000 年版。

138. 詹姆斯·钱辟著,闫正茂译:《企业再造》,中信出版社 2002 年版。

139. 巴特·维克托、安德鲁·C. 博因顿:《创新的价值——实现增长和盈利的最大化》,新华出版社 2000 年版。

140. 杜胜利:《企业经营业绩评析》,经济科学出版社 1999 年版。

141. [美]乔治·S. 达伊著,百长虹译:《市场驱动型组织》,机械工业出版社 2003 年版。

142. Allan Afuah:《互联网商务模式与战略》,清华大学出版社、McGraw-Hill 出版公司 2002 年版。

143. [美]肯尼思·C. 兰登、简·P. 兰登:《管理信息系统精要》,经济科学出版社 2002 年版。

144. 邵燕华、王云峰、丁铭华:《管理信息系统与企业管理信息化》,苏州大学出版社 2000 年版。

145. 芮明杰、袁安照:《管理重组》,浙江人民出版社 2000 年版。

146. C. K 普拉哈拉德、G. 哈默:《未来的总裁》,四川人民出版社 2000 年版。

147. 布雷德·艾伦·克兰多著,劳帼龄译:《战略华的电子营销》,机械工业出版社 2001 年版。

148. 肯特·N. 卡丁著,綦建红等译:《全球物流管理——新千年的竞争优势》,人民邮电出版社 2002 年版。

149. 安迪·葛鲁夫:《只有偏执狂才能生存》,中信出版社、辽宁出版社 2002 年版。

150. Peter S. Pande、Robert P. Newman、Roland R. Cavanagh 著,刘合光等译:《6σ管理法——追求卓越的阶梯》,机械工业出版社、McGraw-Hill 出版公司 2001 年版。

151. [美] Richard L. Daft 著,李维安等译:《组织理论与设计精要》,机械工业出版社 1999 年版。

152. 张芳杰:《牛津双解词典》,牛津大学出版社 1984 年版。

153. 李清、陈禹六:《企业信息化总体设计》,清华大学出版社 2004 年版。

154. 迈克尔·戴尔著，谢绮蓉译：《戴尔战略》，上海远东出版社2001年版。

中文杂志文献与网站文献

1. 《如何评估客户满意度》，载《世界经理人文摘》2001年第5期。

2. 潘辛平：《互联网、知识管理及企业再造》，载《IT经理世界》2001年5月5日。

3. Sauro Nicli、叶远扬、Katherine Sinnott：《亚洲的IT挑战》，载《IT经理世界》2002年7月20日。

4. 陈国林：《固化组织知识》，载《IT经理世界》2002年7月20日。

5. 郭为：《中国电子商务：基础成就未来》，载《神州数码》2001年第10期。

6. 杨鹏：《第四方物流：供应链服务的创新》2001年7月5日。

7. 方言：《ERP中的财务管理》，载《IT经理世界》1999年3月20日。

8. 龙永图：《关于经济全球化问题》，载《中国外资》1998年第9期。

9. 龙永图：《关于加入世界贸易组织的问题》，载《中国外资》1998年4月17日。

10. 长城战略研究所：《电子商务与中国经济跨越式发展战略》，2000年7月。

11. 长城战略研究所：《虚拟制造体系》，2000年10月。

12. 北京贝瑞企业管理顾问有限公司内部资料：《知识经济与企业重整》。

13. 李宝山：《提高理性思考水平，迎接经济全球化挑战》，载《第二届企业管理研究与学科建设论坛论文》2002年1月。

14. 郭跃进：《知识经济时代企业经营观念的创新》，载《探索》1998年6月。

15. 高礼强：《迅速启动，自由伸展——探讨我国企业e化之路》，载《IT经理世界》2001年3月5日。

16. 杨鹏：《2001中国物流盘点》，载《21世纪经济报道》2001年12月31日。

17. 曾令卫：《从80％中榨取利润》，载《IT经理世界》1999年3月20日。

18. 卡莉·费奥瑞纳:《拥抱变革》,载《IT经理世界》2004年4月5日。

19. 今村英明:《别让竞争对手追上你》,载《中国经营报》1999年5月18日。

20. 陈晓红、陈建革:《面向客户型企业的知识管理》,载《中外管理导报》2002年8月。

21. 郝中军:《企业应该重视全面资源管理》,载中信公司内部资料1997年6月。

22. 宋乐永:《宝钢"二次革命"》,载《计算机世界》2002年10月14日。

23. 陈果(惠普咨询CPC高级顾问):《CPC让企业如虎添翼》,载《计算机世界》2002年10月28日。

24. 蔡文海:《夯实企业信息化的地基——基于IRP的企业信息资源整合之路》,载《计算机世界》2002年11月4日。

25. 易观咨询公司:《企业信息化的六大误区》,载《计算机世界》2002年1月21日。

26. 盛文、王方华:《网络经济时代企业与顾客之间的新型关系》,载《研究与发展管理》2001年第7期。

27. 刘湘丽:《知识管理的发展及其理论》,载《首都经济贸易大学学报》2002年第3期。

28. 吴霞:《再析人力资本产权关系》,载《中国人力资源开发》2002年第12期。

29. 彭亚利(埃森哲公司经理):《创新产品如何成功》,载《计算机世界》2002年1月21日。

30. 陈佳贵:《实体企业应是网络经济的主角》,载《网络时代》2001年第6期。

31. 陈佳贵:《中国企业与网络经济》,载《中国信息导报》2001年第5期。

32. 邓荣霖:《我国企业管理学科建设面临的形势和任务》,载《首都经济贸易大学学报》1999年第1期。

33. 赵树基:《以市场为导向、业务管理为主线,实现系统化管理》,企业发展潜力分析研讨会论文。

34. 蒋镇辉、陈国青：《虚拟企业及其运作》，载《企业管理》1999 年第 1 期。

35. 安盛咨询公司：《如何有效实施 ERP 系统》，载《中外管理》1999 年第 5 期。

36. 张伟、何雪莉：《关于网络营销的三大问题探讨》，载《前沿》2002 年第 8 期。

37. 邵琳琳：《未来将是虚拟生产的天下》，载《经营与管理》2001 年第 3 期。

38. 葛岳静：《浅议信息技术对传统制造业的重塑》，载《管理世界》2002 年第 3 期。

39. 姚立新:《电子商务与管理创新》，载《企业管理》2000 年第 2 期。

40. 司马加（世界经济论坛总干事）:《21 世纪全球经济发展的四大特点》，1999 年 5 月中国企业联合会年会演讲稿。

41. 吴建南、李怀祖：《论企业核心竞争能力》，载《经济理论与经济管理》1999 年第 1 期。

42. 王兴璜：《信息时代管理创新特点》，载《企业管理》1998 年第 4 期。

43. 张亚明：《信息时代企业的价值创造体系》，载《管理前沿》2002 年第 4 期。

44. 陈佳贵、罗仲伟：《网络经济对现代企业的影响》，载《中国工业经济》2001 年第 1 期。

45. 李光：《21 世纪企业管理思想的发展趋势》，载《技术经济与管理研究》2001 年第 3 期。

46. 乌家培：《关于网络经济与经济治理的若干问题》，载《当代财经》2001 年第 7 期。

47. 王凤彬、陈高生：《新经济中的虚拟一体化组织》，载《经济理论与经济管理》2002 年第 3 期。

48. 杨培芳（信息产业部电信研究院副总工程师）：《网络经济对传统理论的挑战》，载《电信软科学研究》2004 年第 1 期。

49. 阮彦：《试论网络财务系统的内部控制》，载《财税与会计》2002 年第 3 期。

50. 刘玉东：《试论网络财务对传统会计的冲击》，载《中国乡镇企业会计》2001 年第 1 期。

51. 孙维琦、刘满成：《决策型财务信息系统是会计电算化之后的必然需求》，载《商业研究》2000 年第 11 期。

52. 刘叶云：《网络财务管理变革及其内部控制模式研究》，载《重庆商学院学报》2001 年第 4 期。

53. 陈良华：《供应链管理与企业管理会计信息重组研究》，载《首都经济贸易大学学报》2001 年第 2 期。

54. 周星、张文涛：《企业核心能力培育与创造持续竞争优势》，载《工业企业管理》1999 年第 4 期。

55. 李建明、王绪君：《21 世纪中国企业的十大趋势》，载《企业研究参考》2000 年 1 月 10 日。

56. 王兴璜：《信息时代管理创新特点》，载《企业管理》1998 年第 4 期。

57. 张蓬（AMT）：《协国产品商务（CPC）理念的演变》，载 www. news. chinabyte. com2002 年 1 月 23 日。

58. 黄卫伟：《以速度冲击规模速度》，载《企业管理》2003 年第 8 期。

59. 陈红斌、黄卫伟：《运营模式与信息强度》，载《中国人民大学学报》2003 年第 2 期。

60. 吕本富、吴文良：《CRM 的隐形钱袋》，载《软件工程师》2003 年第 12 期。

61. 肖克文：《构建平台型价值链》，载 e-works2002 年 9 月 16 日。

62. 马费成：《信息资源管理》，载 e-works2002 年 10 月 5 日。

63. 徐章一：《供应链一体化营销管理的内容》，载 e-works2002 年 9 月 3 日。

64. 张瑞敏：《海尔模式就是"人单合一"》，载《中外管理》2005 年第 11 期。

65. 那国毅：《柯林斯与德鲁克》，载《IT 经理世界》2005 年第 6 期。

66. 冯建秀、田耘：《变革从关键流程开始》，载《中外管理》2005 年第 2 期。

67. 刘志明：《精准营销，营销的 GPS 技术》，载《中外管理》2005 年第 11 期。

68. 肖明超：《信息时代管理的八大悖论》，载博锐管理在线 2003 年第

12 期。

69. 杨杜：《超一流企业卖什么》，载《IT 经理世界》2000 年第 7 期。

70.〔德〕德特勒夫·哈尼施：《知识管理与学习方法创新》，载《企业家信息》2003 年第 3 期。

71. 陈惠维：《知识经济时代人力资源管理的新特点》，载《经济管理》2001 年 7 月。

英文文献

1. Richard B. Chase, Nicholas J. Aquilano, F. Robert Jacobs, "Operations Management for Competitive Advantage", McGraw Hill Education, 机械工业出版社（英文版·原书第 9 版）2002 年版。

2. Alex Miller, "Strategic Management", McGraw Hill Education, 机械工业出版社（英文版·原书第 3 版）1998 年版。

3. William M. Pride, O. C. Ferrell, "Marketing Concepts and Strategies", Houghton Mifflin Company, Boston, New York, 2000.

4. Kenneth C. Laudon, Jane P. Laudon, "Management Information Systems, New Approaches to Organization and Technology", Prentice Hall, 清华大学出版社世界工商管理名著系列（影印本），1998 年。

5. Sunil Chopra, Peter Meindl, "Supply Chain Management, Strategy, Planning, and Operation", Prentice Hall, 清华大学出版社清华管理学系列英文版教材，2001 年。

6. Lynda M. Applegate, M. Bensaou, Michael Earl, "Information Technology Managers", Harvard Business School Publishing, 中国人民大学出版社哈佛商学案例精选集（英文影印版），2002 年。

7. Nicholas G. Carr, Joanna, Jacobson, Clayton M. Christensen, "Business And The Internet", Harvard Business School Publishing, 中国人民大学出版社哈佛商学案例精选集（英文影印版），2002 年。

8. Adrian J. Slywotzky and David J. Morrison, Ted Moser, Kevin A. Mundt, James A. Quella, "Profit Patterns", Times Business, Random House, 1998.

9. William M. Baker, "Eliminate Non-Value-Added Costs", Industrial Management, May/June, 2002, pp. 23 – 25.

10. Mohsen Attaran and Sharmin Attaran, "Catch the Wave of E-procurement" Industrial Management, May/June, 2002, pp. 16 – 25.

11. Thomas Burgess, Brian Hwarng, Nicky Shaw, Claudio De Mattos, "Enhancing Value Stream Agility, The UK Speciality Chemical Industry", European Management Journal Vol. 20, No. 2, pp. 199 – 212, April, 2002.

12. Philip Anderson and Erin Anderson, "The New E-Commerce Intermediaries", Summer 2002, MIT SLOAN MANAGEMENT REVIEW, pp. 53 – 62.

13. Jean Luc Badoc, "The Context of E-Supply Chain Management", Industrial Management, September/October, 2001, pp. 20 – 22.

14. B. S. Sahay, K. B. C. Saxena and Ashish Kumar, "World-Class Manufacturing and Information Age Competition", Industrial Management, May/June, 2001, pp. 20 – 28.

15. Paul Engle, "You Can Outsource Strategic Processes", Industrial Management, January/February, 2002, pp. 13 – 19.

16. Melissa A. Schilling, "Technology Success and Failure In Winner-Take-All Markets: The Impact of Learning Orientation, Timing, and Network Externalities", Academy of Management Journal, 2002, Vol. 45, No. 2, 387 – 398.

17. Ard-pieter De Man, Marten Stienstra, Henk W. Volberda, "e-Partnering: Moving Bricks and Motar Onlie", European Management Journal Vol. 20, No. 4, pp. 329 – 339, August, 2002.

18. Barbara Rosenbaum, "The Technology-Enabled Supply Chain Network", Industrial Management, November/December, 2001, pp. 6-10.

19. Peter Brunn, Martin Jensen, Jakob Skovgaard, "e-Marketplaces: Crafting A Winning Strategy", European Management Journal Vol. 20, No. 3, pp. 286 – 298, June, 2002.

20. Glanmario Verona, Emanuela Prandelll, "A Dynamic Model of Customer Loyalty to Sustain Competitive Advange On the Web", European Management Journal Vol. 20, No. 3, pp. 299 – 309, June, 2002.

21. Kai R. T. Larsen, Claire R. McInerney, "Preparing to work in the virtual organization", Information & Management 39 (2002), 445 -456.

22. Ilyoo B. Hong , "A new framework for interorganization systems based on the linkage of participants' roles ", Information & Management 39 (2002), 261 - 270.

23. Jenni Mehrtens, Paul B. Cragg, Annette M. Mills, "A model of internet adoption by SMEs" , Information & Management39 (2001), 165 -176.

24. Karl L. Smart, Matthew E. Whiting, "Designing systems that support learning and use : a cuntomer-centered approach", Information & Management 39 (2001), 177 - 190.

25. S. Wesley Changchien, Hsiao-Yun Shen, "Supply chain reengineering using a core process analysis matrix and object-oriented simulation", Information & Management 39 (2001), 345 - 358.

26. Tim Coltman, Timothy M. Devinney, Alopi Latukefu, David F. Midgley, "E-Business: Revolution, Evolution, or Hype", California Management Review, Vol. 44, No. 1, Fall, 2001.

27. Maris G. Martinsons, "Electronic commerce in China: emerging success stories", Information & Management 39 (2002) , 571 - 579.

28. Lei-da Chen, Mark L. Gillenson, Daniel L. Sherrell, "Enticing online consumers: an extended technology acceptance perspective", Information & Management 39 (2002), 705 - 719.

29. Man Kit Chang, Waiman, Cheung, "Determinants of the intention to use Internet/ WWW at work: a confirmatory study", Information & Management 39 (2001), 1 - 14.

30. Indranil Bose, Radha K. Mahapatra, "Business data mining-a machine learning perceptive ", Information & Management 39 (2001) , 211 - 225.

后　记

　　本书是在导师郑海航教授的鼓励下，在我的博士论文的基础上修改而成的。我的博士论文写作是在恩师的精心指导下，经过近四年时间的苦苦探索而得以完成的。在论文的选题、研究思路形成、研究模型设计、资料收集、写作、修改过程中，自始至终渗透着恩师的心血和汗水。特别是由于我在论文写作过程中前后两次生病住院，论文的写作断断续续，其中波折甚多，在我情绪最低落的时候，在我感到最困难无助的时候，恩师给了我极大的鼓励和支持。郑老师那宽广博大而又细致精深的学术功底，严谨而又富于创新的学术思想不仅激励和鼓舞我完成了博士学位论文，而且还将影响我今后的学习和工作；郑老师倾心倡导和身体力行的"奋斗人生，其乐无穷"的人生态度，"仁、义、诚、信、和"的做人原则，"爱国、爱校、爱集体；敬职、敬岗、敬师长；亲情、友情、团队情"的敬业精神，将使我受益终生。因此，对恩师的敬佩和感激之情是无法用语言所能够完全表达的，师生一场，情同父子。

　　在论文的写作过程中，得到了首都经贸大学黄津孚教授、吴冬梅教授、戚聿东教授的多次指导和帮助，对论文的思路、观点提出了许多有益的建议。还要感谢邓荣霖教授、李宝山教授、韩岫岚研究员在论文答辩前后对我论文提出的宝贵意见和建议。在收集论文资料、查阅文献方面，我得到了中国人民大学商学院博士付彦女士、中国社会科学院工业经济研究所博士徐炜先生、清华大学自动化系博士后赵骥先生的大力支持和热情帮助。在论文答辩过程中，得到了公司同事于悦先生、付莉小姐的大力帮助。同时，在学习的整个过程中，得到了中国人民大学商学院陈君老师的热心支持、关心和帮助。

　　在此，我向各位老师和朋友致以真诚的谢意。同时，也向曾经在我论文写作过程中给予过各种形式的帮助和关心的师长、同事、同学表示感谢。

　　我的女儿娇娇于 2005 年 8 月 1 日出生，如今已经 3 岁了，孩子非常活泼和招人喜爱，夫人李洁为我和女儿牺牲了巨大的时间和精力，此书算是给女儿的礼物和对夫人的感谢。

高静波

2008 年 6 月 10 日于北京三元桥公司办公室